税理士・会計士試験対策

新会計基準
財務諸表論

想定理論問題集

全49問
〔三訂版〕

菊谷 正人 著
法政大学会計大学院教授
（元公認会計士第二次試験試験委員）

「ありがとう、菊谷先生！」
他の受験生には教えたくない全49問

「基準」の公表経緯・社会的背景、「基準」設定前の制度との相違点をすべての新会計基準について収録。受験に役立つ「コラム」も収録。
新会計基準の「本質」が理解できる財務諸表論（理論）試験対策の決定版！

平成26年2月28日現在、公表されている新会計基準を完全収録！

税務経理協会

三訂版の刊行に際して

　平成25年9月13日に，企業会計基準第22号「連結財務諸表に関する会計基準」が改正・公表されました。この改正により，子会社株式の追加取得・一部売却及び子会社の時価発行増資等による持分変動額は，従来の損益処理から資本剰余金として処理されることになりました。さらに，「少数株主持分」は「非支配株主持分」，「少数株主損益調整前当期純利益」は「当期純利益」，「少数株主利益」は「非支配株主に帰属する当期純利益」，「当期純利益」は「親会社に帰属する当期純利益」に改称されました。

　この大幅改正に伴い，影響を受ける会計基準として，企業会計基準第2号「1株当たり当期純利益に関する会計基準」，企業会計基準第5号「貸借対照表の純資産の部の表示に関する会計基準」，企業会計基準第6号「株主資本等変動計算書に関する会計基準」，企業会計基準第7号「事業分離等に関する会計基準」，企業会計基準第21号「企業結合に関する会計基準」及び企業会計基準第25号「包括利益の表示に関する会計基準」も同日に改正・公表されています。

　三訂版では，このような改正内容が簡潔に追加・解説されています。最新の会計規程を習得することによって，国家試験の合格を勝ち取っていただければ，著者として大慶至極に存じます。

　本書の改訂作業には，追補版に引き続き，今回も，編集部の鈴木利美氏に多大な協力を賜りました。同氏のご芳情に対し，深い謝意を表したい。

　　平成26年2月10日

　　　　　　　　　　　　　　　　　　　　　　　　　　　　　　　　菊谷　正人

は し が き

　本書は，国家試験（税理士試験・公認会計士試験）の受験者のために，財務会計の試験問題のうち，新会計基準（企業会計審議会が平成10年3月13日に公表した「連結キャッシュ・フロー計算書等の作成基準」から，企業会計基準委員会が平成21年12月4日に公表した「会計上の変更及び誤謬の訂正に関する会計基準」までの会計基準）に関する予想問題（全46問）を収録したものです。これに対する模範解答と詳細な解説を付すとともに，コーヒー・ブレイク的に各基準の公表経緯・社会的背景や設定前との相違点及び雑学的なコラムも示しています。

　問題様式は「税理士試験」における「財務諸表論」の出題形態に基づいていますが，問題・解説内容は「公認会計士試験」における論文式問題にも対応できています。

　最近の本試験では，基本的な項目が出題され尽くしましたので，適用年度に合わせて新会計基準からの出題が増加しています。例えば，有価証券の時価評価，退職給付債務，税効果処理，減損処理，リース取引，自己株式，キャッシュ・フロー計算書などのように，従来にはない新規テーマに対して新しい出題方式で作成されているようです。

　本書は，平成22年3月31日現在において公表された新会計基準のすべてを網羅していますので，最新版の受験書・参考書として十分に役立つものと思われます。本書を熟読されることによって，一人でも多くの合格者が輩出されることを切望しています。読者諸賢の健闘を祈ります。

　本書上梓に際しては，㈱税務経理協会社長の大坪嘉春氏のご芳情，企画・編集・校正に携われた編集部の酒井一佳氏のご厚意に対して，深く謝意を表します。

平成22年5月5日　　　　　　　　　　　　　　　　　　　菊谷　正人　九拝

―― 目 次 ――

1 連結キャッシュ・フロー計算書等の作成基準 (平成10年3月13日公表)

問題1～3 (2～4)　解答・解説1～3 (52～60)

2 研究開発費等に係る会計基準 (平成10年3月13日公表)「研究開発費等に係る会計基準」の一部改正 (企業会計基準第23号) (平成20年12月26日公表)

問題4～5 (5～6)　解答・解説4～5 (61～67)

3 税効果会計に係る会計基準 (平成10年10月30日公表)

問題6～8 (7～9)　解答・解説6～8 (68～76)

4 固定資産の減損に係る会計基準 (平成14年8月9日公表)

問題9～10 (10～11)　解答・解説9～10 (77～86)

5 自己株式及び準備金の額の減少等に関する会計基準 (企業会計基準第1号) (平成14年2月21日公表, 平成17年12月27日改正, 平成18年8月11日再改正, 平成25年9月13日最終改正)

問題11 (12)　解答・解説11 (87～90)

6 1株当たり当期純利益に関する会計基準 (企業会計基準第2号) (平成14年9月25日公表, 平成18年1月31日改正, 平成22年6月30日再改正, 平成25年9月13日最終改正)

問題12 (13)　解答・解説12 (91～95)

7 役員賞与に関する会計基準 (企業会計基準第4号) (平成17年11月29日公表)

問題13 (14)　解答・解説13 (96～98)

8 貸借対照表の純資産の部の表示に関する会計基準 (企業会計基準第5号) (平成17年12月9日公表, 平成21年3月27日改正, 平成25年9月13日最終改正)

問題14～15 (15～16)　解答・解説14～15 (99～104)

9　株主資本等変動計算書に関する会計基準（企業会計基準第6号）（平成17年12月27日公表，平成22年6月30日改正，平成25年9月13日最終改正）

　　　　　　　　　　問題16（17）　解答・解説16（105〜108）

10　事業分離等に関する会計基準（企業会計基準第7号）（平成17年12月27日公表，平成20年12月26日改正，平成25年9月13日最終改正）

　　　　　　　　　　問題17〜18（18〜19）　解答・解説17〜18（109〜115）

11　ストック・オプション等に関する会計基準（企業会計基準第8号）（平成17年12月27日公表，平成20年3月10日改正，平成20年12月26日再改正，平成25年9月13日最終改正）

　　　　　　　　　　問題19〜20（20〜21）　解答・解説19〜20（116〜122）

12　棚卸資産の評価に関する会計基準（企業会計基準第9号）（平成18年7月5日公表，平成20年9月26日改正）

　　　　　　　　　　問題21〜22（22〜23）　解答・解説21〜22（123〜129）

13　金融商品に関する会計基準（企業会計基準第10号）（平成18年8月11日改正，平成19年6月15日再改正，平成20年3月10日最終改正）　金融商品に係る会計基準（平成11年1月22日公表）

　　　　　　　　　　問題23〜27（24〜28）　解答・解説23〜27（130〜147）

14　関連当事者の開示に関する会計基準（企業会計基準第11号）（平成18年10月17日公表，平成20年12月26日改正）

　　　　　　　　　　問題28（29）　解答・解説28（148〜153）

15　四半期財務諸表に関する会計基準（企業会計基準第12号）（平成19年3月14日公表，平成20年12月26日改正，平成21年3月27日再改正，平成21年6月26日再改正，平成22年6月30日再改正，平成23年3月25日再改正，平成24年6月29日最終改正）

　　　　　　　　　　問題29（30）　解答・解説29（154〜157）

16　リース取引に関する会計基準（企業会計基準第13号）（平成19年3月30日改正）　リース取引に係る会計基準（平成5年6月17日公表）

　　　　　　　　　　問題30〜31（31〜32）　解答・解説30〜31（158〜166）

17　工事契約に関する会計基準（企業会計基準第15号）（平成19年12月27日公表）

　　　　　　　　　　　問題32（33）　解答・解説32（167～171）

18　持分法に関する会計基準（企業会計基準第16号）（平成20年3月10日公表，平成20年12月26日改正）

　　　　　　　　　　　問題33（34）　解答・解説33（172～177）

19　セグメント情報等の開示に関する会計基準（企業会計基準第17号）セグメント情報の開示基準（昭和63年5月26日公表）（平成20年3月21日改正，平成21年3月27日再改正，平成22年6月30日最終改正）

　　　　　　　　　　　問題34（35）　解答・解説34（178～183）

20　資産除去債務に関する会計基準（企業会計基準第18号）（平成20年3月31日公表）

　　　　　　　　　問題35～36（36～37）　解答・解説35～36（184～192）

21　賃貸等不動産の時価等の開示に関する会計基準（企業会計基準第20号）（平成20年11月28日公表，平成23年3月25日改正）

　　　　　　　　　　　問題37（38）　解答・解説37（193～196）

22　企業結合に関する会計基準（企業会計基準第21号）（平成20年12月26日改正，平成25年9月13日最終改正）　企業結合に係る会計基準（平成15年10月31日公表）

　　　　　　　　　問題38～39（39～40）　解答・解説38～39（197～206）

23　連結財務諸表に関する会計基準（企業会計基準第22号）（平成20年12月26日公表，平成22年6月30日改正，平成23年3月25日再改正，平成25年9月13日最終改正）　連結財務諸表原則（昭和50年6月24日公表，平成9年6月6日最終改正）

　　　　　　　　　問題40～43（41～44）　解答・解説40～43（207～219）

24　会計上の変更及び誤謬の訂正に関する会計基準（企業会計基準第24号）（平成21年12月4日公表）

　　　　　　　　　問題44～45（45～46）　解答・解説44～45（220～228）

25　包括利益の表示に関する会計基準（企業会計基準第25号）
（平成22年6月30日公表，平成24年6月29日改正，平成25年9月13日最終改正）

問題46（47）　解答・解説46（229～235）

26　退職給付に関する会計基準（企業会計基準第26号）（平成24年5月17日改正）　退職給付に係る会計基準（平成10年6月16日公表）「退職給付に係る会計基準」の一部改正（企業会計基準第3号）（平成17年3月16日公表）「退職給付に係る会計基準」の一部改正（その2）（企業会計基準第14号）（平成19年5月15日公表）「退職給付に係る会計基準」の一部改正（その3）（企業会計基準第19号）（平成20年7月31日公表）

問題47～49（48～50）　解答・解説47～49（236～249）

答案用紙（全問題共通）

─ Column ─

ゲーテ絶賛の複式簿記	60
理論問題では問題文をよく読み，効率的に書くこと	76
企業の社会的責任（CSR）とアカウンタビリティ	86
字はなるべく綺麗に書くこと	90
誤字・脱字・造語には気を付けよう!!	95
世界最古の簿記書『ズンマ』	98
損益計算書上の当期純利益を朱記する理由	104
日本最初の複式簿記書及び決算	108
ASBJ・IASBの「東京合意」	115
頭然如救（頭然救うが如し）	122
「金融商品に関する会計基準」とIASとの相違点	147
「関連当事者の開示に関する会計基準」とIASとの相違点	153
解答欄スペースの使い方	166
アレキサンダー・アラン・シャンドの顕彰碑	171
「賃貸等不動産の時価等の開示に関する会計基準」とIASとの相違点	196
「負ののれん発生益」と「割安購入による利益」	206
理論問題の攻略法	228
百尺竿頭進一歩（百尺の竿頭に一歩を進む）	249

問題編

1	連結キャッシュ・フロー計算書等の作成基準	〔問題1～3〕	（ 2～ 4）
2	研究開発費等に係る会計基準	〔問題4～5〕	（ 5～ 6）
3	税効果会計に係る会計基準	〔問題6～8〕	（ 7～ 9）
4	固定資産の減損に係る会計基準	〔問題9～10〕	（10～11）
5	自己株式及び準備金の額の減少等に関する会計基準	〔問題11 〕	（ 12）
6	1株当たり当期純利益に関する会計基準	〔問題12 〕	（ 13）
7	役員賞与に関する会計基準	〔問題13 〕	（ 14）
8	貸借対照表の純資産の部の表示に関する会計基準	〔問題14～15〕	（15～16）
9	株主資本等変動計算書に関する会計基準	〔問題16 〕	（ 17）
10	事業分離等に関する会計基準	〔問題17～18〕	（18～19）
11	ストック・オプション等に関する会計基準	〔問題19～20〕	（20～21）
12	棚卸資産の評価に関する会計基準	〔問題21～22〕	（22～23）
13	金融商品に関する会計基準	〔問題23～27〕	（24～28）
14	関連当事者の開示に関する会計基準	〔問題28 〕	（ 29）
15	四半期財務諸表に関する会計基準	〔問題29 〕	（ 30）
16	リース取引に関する会計基準	〔問題30～31〕	（31～32）
17	工事契約に関する会計基準	〔問題32 〕	（ 33）
18	持分法に関する会計基準	〔問題33 〕	（ 34）
19	セグメント情報等の開示に関する会計基準	〔問題34 〕	（ 35）
20	資産除去債務に関する会計基準	〔問題35～36〕	（36～37）
21	賃貸等不動産の時価等の開示に関する会計基準	〔問題37 〕	（ 38）
22	企業結合に関する会計基準	〔問題38～39〕	（39～40）
23	連結財務諸表に関する会計基準	〔問題40～43〕	（41～44）
24	会計上の変更及び誤謬の訂正に関する会計基準	〔問題44～45〕	（45～46）
25	包括利益の表示に関する会計基準	〔問題46 〕	（ 47）
26	退職給付に関する会計基準	〔問題47～49〕	（48～50）

（注） 問題はすべて25点満点です。答案用紙（全問題共通）は巻末に付しています。

〔問題1〕（連結キャッシュ・フロー計算書等の作成基準）

1 次の文章は「基準」から抜粋したものである。以下の問に答えなさい。

> 第二 作成基準
> 一 資金の範囲
> 　連結キャッシュ・フロー計算書が対象とする資金の範囲は，現金及び現金同等物とする。
> 1 現金とは，手許現金及び ① をいう。（注1）
> 2 現金同等物とは，容易に ② であり，かつ，価値の変動について僅少なリスクしか負わない ③ をいう。（注2）
>
> 二 表示区分
> 1 連結キャッシュ・フロー計算書には，「営業活動によるキャッシュ・フロー」，「 ④ 活動によるキャッシュ・フロー」及び「財務活動によるキャッシュ・フロー」の区分を設けなければならない。
>
> ［中　略］
>
> （注2）現金同等物について
> 　　現金同等物には，例えば，取得日から満期日又は償還日までの期間が ⑤ か月以内の ③ である定期預金，譲渡性預金，コマーシャル・ペーパー，売戻し条件付現先，公社債投資信託が含まれる。

(1) 空欄 ① から ⑤ に適切な用語を記入しなさい。
(2) 現金同等物に含まれる(a)譲渡性預金，(b)コマーシャル・ペーパー，(c)売戻し条件付現先，(d)公社債投資信託について，それぞれ簡潔に説明しなさい（各40字以内）。
(3) 時価の変動により利益を得ることを目的として保有する「売買目的有価証券」が現金同等物に含まれない理由について，説明しなさい（80字以内）。

2 「基準」の公表以前には，「市場性ある一時所有の有価証券」も資金の範囲に含める「資金収支表」が開示されていた。「基準」が資金の範囲を縮小した理由について，説明しなさい（80字以内）。

3 「財務活動によるキャッシュ・フロー」の区分について，以下の問に答えなさい。
(1) この区分のキャッシュ・フローには，どのような収入又は支出があるか，5つ挙げなさい（各20字以内）。
(2) この区分が前記2区分（営業活動及び上記1の空欄 ④ 活動によるキャッシュ・フロー）との関連で捉えた場合，如何なる区分であるのかを説明しなさい（80字以内）。

〔問題2〕（連結キャッシュ・フロー計算書等の作成基準）

1 次の文章は「基準」から抜粋したものである。以下の問に答えなさい。

> 二 表示区分
> 1 連結キャッシュ・フロー計算書には，「営業活動によるキャッシュ・フロー」，「投資活動によるキャッシュ・フロー」及び「　①　活動によるキャッシュ・フロー」の区分を設けなければならない。
>   ① 「営業活動によるキャッシュ・フロー」の区分には，　②　計算の対象となった取引のほか，投資活動及び　①　活動以外の取引によるキャッシュ・フローを記載する。（注3）
>   ② 「投資活動によるキャッシュ・フロー」の区分には，固定資産の取得及び売却，　③　に含まれない短期投資の取得及び売却等によるキャッシュ・フローを記載する。（注4）
>   ③ 「　①　活動によるキャッシュ・フロー」の区分には，資金の調達及び返済によるキャッシュ・フローを記載する。（注5）
> 2 法人税等（　④　及び　⑤　に関連する金額を課税標準とする事業税を含む。）に係るキャッシュ・フローは，「営業活動によるキャッシュ・フロー」の区分に記載する。

(1) 空欄　①　から　⑤　に適切な用語を記入しなさい。

(2) 下線部に関して，具体的なキャッシュ・フローを2つ示し（各10字以内），それらが「営業活動によるキャッシュ・フロー」に区分される理由（40字以内）を簡潔に述べなさい。

(3) 法人税等に係るキャッシュ・フローの表示区分として，「営業活動によるキャッシュ・フロー」の区分に一括して記載する方法が採用されている。その理由について説明しなさい（50字以内）。

2 「営業活動によるキャッシュ・フロー」は，本業（主たる営業活動）から新しく生み出される資金の流れであるが，このキャッシュ・フローはどのような判断・指標を提供できるのかについて，論述しなさい（170字以内）。

3 「投資活動によるキャッシュ・フロー」の区分について，以下の問に答えなさい。
(1) 「投資活動によるキャッシュ・フロー」に区分されるキャッシュ・フローには，どのような収入又は支出があるか，6つ挙げなさい（各30字以内）。
(2) この区分はどのような判断・指標を提供できるかについて，簡潔に説明しなさい（80字以内）。

〔問題3〕（連結キャッシュ・フロー計算書等の作成基準）

1 次の文章は「基準」から抜粋したものである。以下の問に答えなさい。

> 一 「営業活動によるキャッシュ・フロー」の表示方法
> 　「営業活動によるキャッシュ・フロー」は，次のいずれかの方法により表示しなければならない。
> 1 主要な取引ごとにキャッシュ・フローを ① 表示する方法（以下，「直接法」という。）
> 2 ② 当期純利益に ③ 項目，営業活動に係る資産及び負債の増減，「投資活動によるキャッシュ・フロー」及び「 ④ 活動によるキャッシュ・フロー」の区分に含まれる損益項目を加減して表示する方法（以下，「間接法」という。）
> 二 「投資活動によるキャッシュ・フロー」及び「 ④ 活動によるキャッシュ・フロー」の表示方法
> 　「投資活動によるキャッシュ・フロー」及び「 ④ 活動によるキャッシュ・フロー」は，主要な取引ごとにキャッシュ・フローを ⑤ 表示しなければならない。

(1) 空欄 ① から ⑤ に適切な用語を記入しなさい。
(2) 上記空欄 ③ 項目の意義を述べ（15字以内），その具体的な勘定科目を2つ書きなさい。
(3) 「投資活動によるキャッシュ・フロー」及び「 ④ 活動によるキャッシュ・フロー」の表示方法として，原則的に上記二のような処理を行うが，例外処理法も「基準注解」（注8）において容認されている。その表示方法について述べなさい（50字以内）。

2 「営業活動によるキャッシュ・フロー」の表示方法として，(a)直接法と(b)間接法の選択適用が認められている。(a)法と(b)法について，それぞれの長所と短所を簡潔に述べなさい（各70字以内）。

3 連結範囲の変動に伴う子会社株式の取得又は売却に係るキャッシュ・フローは，「投資活動によるキャッシュ・フロー」の区分に独立の項目として記載することになっている。これに関する以下の問に答えなさい（140字以内）。
(1) 「投資活動によるキャッシュ・フロー」の区分に属する理由について，説明しなさい（140字以内）。
(2) この場合における具体的な会計処理について，株式の取得及び売却に分けて説明しなさい（130字以内）。

〔問題４〕（研究開発費等に係る会計基準）

1 次の文章は「基準」において示された基本的な考え方を要約したものである。以下の問に答えなさい。

> 研究とは，新しい ① の発見を目的とした計画的な調査及び探究をいう。
> 開発とは，新しい製品・サービス・生産方法（以下，「製品等」という。）についての計画若しくは設計又は既存の製品等を著しく ② するための計画若しくは設計として，研究の成果その他の ① を具体化することをいう。
> 研究開発活動に費消した研究開発費は，すべて ③ 時に費用として処理しなければならない。
> 費用として処理する方法には，一般管理費として処理する方法と ④ として処理する方法がある。 ④ として処理する場合には， ⑤ の材料費・労務費・経費のいずれかに含められることになる。

(1) 空欄 ① から ⑤ に適切な用語を記入しなさい。
(2) 研究開発費の会計処理として，(イ)費用処理又は(ロ)資産計上を行うことができる。その根拠について，それぞれ論述しなさい（各70字以内）。
(3) 研究開発費は，通常は一般管理費として当該科目名を付して記載することになる。その理由を述べ，さらに，上記空欄 ④ として処理することも認められる理由を述べなさい（130字以内）。

2 「基準」の公表前には，試験研究費及び開発費について費用処理又は資産計上を任意とする「費用・資産任意計上法」も容認されていたが，「基準」では廃棄された。その理由を論述しなさい（170字以内）。

3 開発費について，一定の条件を満たす場合，資産計上を強制する「条件付資産計上法」も設定することができるが，「基準」では否定されている。その理由を論述しなさい（100字以内）。

〔問題５〕（研究開発費等に係る会計基準）

1　次の文章は「基準」から抜粋したものである。以下の問に答えなさい。

> 1　受注制作のソフトウェアに係る会計処理
> 　受注制作のソフトウェアの制作費は，　①　の会計処理に準じて処理する。
> 2　市場販売目的のソフトウェアに係る会計処理
> 　市場販売目的のソフトウェアである製品マスターの制作費は，　②　に該当する部分を除き，資産として計上しなければならない。ただし，製品マスターの　③　維持に要した費用は，資産として計上してはならない。
> 3　自社利用のソフトウェアに係る会計処理
> 　ソフトウェアを用いて外部へ業務処理等のサービスを提供する契約等が締結されている場合のように，その提供により将来の　④　獲得が確実であると認められる場合には，適正な　⑤　を集計した上，当該ソフトウェアの制作費を資産として計上しなければならない。

(1)　空欄　①　から　⑤　に適切な用語を記入しなさい。

(2)　市場販売目的のソフトウェアである製品マスターの制作過程には，通常，研究開発又は製品製造に相当する部分がある。(a)最初に製品化された製品マスターが完成するまでの制作活動を研究開発と考える理由（70字以内）及び(b)研究開発終了後における製品マスターの機能・強化を行う制作活動のための費用は資産として計上しなければならない理由（4つ箇条書き）を述べなさい（各30字以内）。

(3)　自社利用のソフトウェアについて完成品を購入した場合，当該ソフトウェアの取得に要した費用を資産として計上する根拠を論述しなさい（90字以内）。

2　ソフトウェアの取得原価は，当該ソフトウェアの性格に応じて，見込販売数量法その他合理的な方法（例えば，見込販売収益法）により償却しなければならない。ソフトウェアの減価償却方法について，次の問に答えなさい。

(1)　見込販売数量法によるソフトウェア償却額の最低額は，下記算式(a)と(b)のうち，いずれか大きい金額である。下記算式の空欄　①　～　③　に適切な語句を記入しなさい。

(a)　ソフトウェアの未償却残高 × $\dfrac{\text{当該事業年度の}\boxed{①}}{\text{当該事業年度の}\boxed{①}+\text{当該事業年度末の}\boxed{②}}$

(b)　ソフトウェアの未償却残高 ÷ ③

(2)　ソフトウェアの減価償却方法について，(イ)市場販売目的のソフトウェアの製品マスター（30字以内），(ロ)サービス提供目的の自社利用のソフトウェア（30字以内）及び(ハ)社内利用目的のソフトウェア（70字以内）に合理的な方法として，(a)見込販売数量法，(b)見込販売収益法又は(c)定額法のうちどれが妥当であるかを述べ，その理由を簡潔に述べなさい。

(3)　上記(1)の算式で示されたように，見込販売数量法又は見込販売収益法を採用する場合，毎期の償却額の下限が設定された。その理由を簡潔に説明しなさい（50字以内）。

〔問題６〕（税効果会計に係る会計基準）

1 次の文章は「基準」から抜粋したものである。以下の問に答えなさい。

> 1 法人税等については，一時差異に係る税金の額を適切な ① に配分し，計上しなければならない。
> 2 一時差異とは，貸借対照表及び連結貸借対照表に計上されている資産及び負債の金額と ② 計算上の資産及び負債の金額との差額をいう。
> [中　略]
> 3 一時差異には，当該一時差異が解消するときにその期の課税所得を減額する効果を持つもの（以下「 ③ 」という。）と，当該一時差異が解消するときにその期の課税所得を増額する効果を持つもの（以下「 ④ 」という。）とがある。
> 4 将来の課税所得と相殺可能な繰越欠損金等については，一時差異と同様に取り扱うものとする（以下一時差異及び繰越欠損金等を総称して「 ⑤ 」という。）。

(1) 空欄 ① から ⑤ に適切な用語を記入しなさい。
(2) 法人税等の範囲について，法人税等のなかに含まれる税金を簡潔に説明しなさい（50字以内）。
(3) 上記空欄 ③ と ④ に付される勘定科目名を記入しなさい。さらに，③ と ④ に関する法人税等の税効果（法人税等支払額への潜在的影響）を簡潔に説明しなさい（各20字以内）。

2 税効果会計が成立する基盤として，法人税等は企業会計上の費用であることが前提となる。法人税等が企業会計上の費用としての特質を有する根拠を論述しなさい（110字以内）。

3 上記１の空欄 ⑤ には，一時差異のほかに，繰越欠損金等が含まれる。繰越欠損金は一時差異ではないが，一時差異と同様に取り扱われる。その根拠について，繰越欠損金の意義を含めて論述しなさい（160字以内）。

〔問題7〕（税効果会計に係る会計基準）

1 次の文章は「基準」から抜粋したものである。以下の問に答えなさい。

> 一時差異は、例えば、次のような場合に生ずる。
> (1) 財務諸表上の一時差異
>   ① 収益又は費用の ① が相違する場合
>   ② 資産の評価替えにより生じた評価差額が直接 ② の部に計上され、かつ、 ③ の計算に含まれていない場合
> (2) 連結財務諸表固有の一時差異
>   ① 資本連結に際し、子会社の資産及び負債の時価評価により ④ が生じた場合
>   ② 連結会社相互間の取引から生ずる ⑤ を消去した場合
>   ③ 連結会社相互間の債権と債務の相殺消去により貸倒引当金を減額修正した場合

(1) 空欄 ① から ⑤ に適切な用語を記入しなさい。

(2) 一時差異のうち、上記空欄 ① の相違により生じる差異は「期間差異」と呼ばれるが、「基準」の公表前には、一般的に、期間差異のみを税効果会計の適用対象としていた。このアプローチの特徴について、税効果会計に適用される税率を含めて論述しなさい（180字以内）。

(3) 「基準」では、評価差額から生じる一時差異も税効果会計の適用対象とする。このアプローチの特徴について、税効果会計に適用する税率を含めて論述しなさい（170字以内）。

2 資産の評価替えにより生じた評価差額の税効果額は、どのように会計処理されるか、具体的な数値を用いて説明しなさい。なお、実効税率は40％とする（190字以内）。

3 連結財務諸表固有の一時差異について、次の問に答えなさい。
(1) 資本連結に際し、子会社の資産と負債の時価評価により生じた評価差額がある場合、その差額について税効果が生じる理由を説明しなさい（100字以内）。
(2) 連結会社相互間の債権と債務を相殺消去した場合に減額修正した貸倒引当金は、連結財務諸表固有の一時差異として、税効果会計の対象となる。如何なる理由により一時差異となるのか、簡潔に説明しなさい（170字以内）。

〔問題8〕（税効果会計に係る会計基準）

1 次の文章は「基準」から抜粋したものである。以下の問に答えなさい。

> 二 繰延税金資産及び繰延税金負債等の計上方法
> 1 ① に係る税金の額は，将来の会計期間において回収又は支払が見込まれない税金の額を除き，繰延税金資産又は繰延税金負債として計上しなければならない。繰延税金資産については，将来の回収の見込みについて毎期見直しを行わなければならない。(注4)(注5)
> 2 繰延税金資産又は繰延税金負債の金額は，回収又は支払が行われると見込まれる期の ② に基づいて計算するものとする。(注6)
> 3 繰延税金資産と繰延税金負債の差額を期首と期末で比較した増減額は，当期に納付すべき法人税等の ③ として計上しなければならない。
> ［中　略］
> (注5) 繰延税金資産の計上について
> 　　繰延税金資産は， ④ が解消されるときに ⑤ を減少させ，税金負担額を軽減することができると認められる範囲内で計上するものとし，その範囲を超える額については控除しなければならない。

(1) 空欄 ① から ⑤ に適切な用語を記入しなさい。
(2) 繰延税金資産の資産性及び繰延税金負債の負債性について，簡潔に説明しなさい（各120字以内）。
(3) 繰延税金資産の計上額は，上記空欄 ④ の解消時における税金負担額を軽減することができると認められる範囲内に限られる。その理由を簡潔に述べなさい（90字以内）。

2 繰延税金資産の回収可能性については，毎期見直しを行う必要がある。その理由を簡潔に説明しなさい（140字以内）。

3 一般的に，負債とは，過去の取引又は事象の結果として，特定の企業が支配している経済的資源（資産）を放棄もしくは引き渡す義務又はその同等物をいう。繰延税金負債が負債性を有するためには，どのような前提が必要となるかについて，説明しなさい（140字以内）。

〔問題9〕（固定資産の減損に係る会計基準）

1 次の文章は「基準」から抜粋したものである。以下の問に答えなさい。

> **2 減損損失の認識**
> (1) 減損の ① がある資産又は資産グループについての減損損失を認識するかどうかの判定は，資産又は資産グループから得られる ② 将来キャッシュ・フローの総額と帳簿価額を比較することによって行い，資産又は資産グループから得られる ② 将来キャッシュ・フローの総額が帳簿価額を下回る場合には，減損損失を認識する。
> (2) 減損損失を認識するかどうかを判定するために ② 将来キャッシュ・フローを見積る期間は，資産の経済的残存使用年数又は資産グループ中の主要な資産の経済的残存使用年数と ③ のいずれか短い方とする。
>
> **3 減損損失の測定**
> 減損損失を認識すべきであると判定された資産又は資産グループについては，帳簿価額を ④ まで減額し，当該減少額を減損損失として当期の損失とする。

(1) 空欄 ① から ④ に適切な用語を記入しなさい。
(2) 減損損失の認識に際して，上記空欄 ② の将来キャッシュ・フローを利用する理由について，説明しなさい（210字以内）。
(3) 減損損失の測定に際して，帳簿価額と比較する上記空欄 ④ について，(a)その意義（30字以内）及び(b)帳簿価額と比較する理由（100字以内）を簡潔に述べなさい。

2 減損損失を測定する際には使用価値を用いるが，減損処理における使用価値の算定に関する次の問に答えなさい。
(1) 使用価値の算定には将来キャッシュ・フローの適切な見積りが必要とされるが，(c)将来キャッシュ・フローの意義及び(d)見積りの方法について説明しなさい（各100字以内）。
(2) 使用価値とは何か，簡潔に述べなさい（60字以内）。
(3) 使用価値の算定に用いる割引率について論述しなさい（180字以内）。

〔問題10〕（固定資産の減損に係る会計基準）

1　次の文章は「基準の設定に関する意見書」（三・1）から抜粋したものである。以下の問に答えなさい。

> 　　事業用の固定資産については，通常，<u>市場平均を超える成果</u>を期待して事業に使われているため，市場の平均的な期待で決まる時価が変動しても，企業にとっての投資の価値がそれに応じて変動するわけではなく，また，投資の価値自体も，投資の成果である　①　が得られるまでは実現したものではない。
> 　　　　　　　　　　　　　　［中　略］
> 　　しかし，事業用の固定資産であっても，その収益性が当初の予想よりも低下し，資産の　②　を帳簿価額に反映させなければならない場合がある。このような場合における固定資産の減損処理は，棚卸資産の評価減，固定資産の物理的な減失による　③　や耐用年数の短縮に伴う臨時償却などと同様に，事業用資産の過大な帳簿価額を減額し，将来に損失を繰り延べないために行われる会計処理と考えることが適当である。これは，金融商品に適用されている　④　とは異なり，資産価値の変動によって利益を測定することや，決算日における資産価値を貸借対照表に表示することを目的とするものではなく，取得原価基準の下で行われる帳簿価額の臨時的な減額である。

(1)　空欄　①　から　④　に適切な用語を記入しなさい。

(2)　下線部分「市場平均を超える成果」は，一般的に何と呼ばれているか，記入しなさい。

(3)　減損処理後に見積り等の変更により減損損失が減額される場合には，減損損失の戻入れを行う必要があるという考え方があるが，「基準」では減損損失の戻入れを行わない。その理由を2つ列挙しなさい（各40字以内）。

(4)　固定資産の減損処理は，取得原価基準の下で行われる帳簿価額の臨時的な減額であるが，同じ臨時的な減額である上記空欄　③　とは異なる性格を有する。その相違点ついて，論述しなさい（150字以内）。

(5)　上記空欄　④　と減損処理との相違点について，簡潔に述べなさい（200字以内）。

2　上記1において，事業用の固定資産の価値として，「時価」と「企業にとっての投資の価値」の2つの価値が述べられていた。これらの価値に関して，以下の問に答えなさい。

(1)　「基準」の上記1の抜粋文で使われている用語を用いて，これらの価値の具体的内容を簡潔に述べなさい（170字以内）。

(2)　事業用の固定資産の取得原価を決定する際に用いる資産価値について，前述の用語を用いて説明しなさい（50字以内）。

(3)　減損処理に用いる資産価値はどちらかを述べ，その理由を説明しなさい（140字以内）。

〔問題11〕 （自己株式及び準備金の額の減少等に関する会計基準）

1 次の文章は「基準」から抜粋したものである。以下の問に答えなさい。

> 自己株式の会計処理及び表示
> 自己株式の取得及び保有
> 7 取得した自己株式は，　①　をもって純資産の部の　②　から控除する。
> 8 期末に保有する自己株式は，純資産の部の　②　の末尾に自己株式として一括して控除する形式で表示する。
> 自己株式の処分
> 9 自己株式処分差益は，　③　に計上する。
> 10 自己株式処分差損は，　③　から減額する。
> 自己株式の消却
> 11 自己株式を消却した場合には，消却手続が完了したときに，消却の対象となった自己株式の　④　を　③　から減額する。
> 〔中　略〕
> 資本剰余金と利益剰余金の混同の禁止
> 19 資本剰余金の各項目は，利益剰余金の各項目と混同してはならない。したがって，資本剰余金の利益剰余金への　⑤　は原則として認められない。

(1) 空欄　①　から　⑤　に適切な用語を記入しなさい。

(2) 「基準」の公表以前には，自己株式は資産の部に計上されていた。その根拠について，説明しなさい（50字以内）。

(3) 「基準」では，期末保有の自己株式を純資産の部で一括して控除する形式で表示する。その根拠について，説明しなさい（120字以内）。

(4) 会社法では，取締役会等による会社の意思決定により保有する自己株式を消却することができるが，消却の対象となった自己株式の会計処理について説明しなさい（70字以内）。

2 自己株式の取得，処分及び消却時の付随費用に対する会計処理として，(1)損益計算書に計上する方法，(2)取得に要する費用を取得原価に算入し，処分及び消却に要する費用を自己株式処分差額等の調整とする方法があるが，それぞれの論拠を説明しなさい（各70字以内）。

3 連結子会社が保有する親会社株式について，次の各問に答えなさい。
 (1) 親会社の連結財務諸表において，親会社株式をどのように表示するか説明しなさい（50字以内）。
 (2) 連結子会社における親会社株式の売却損益（内部取引によるものを除いた親会社持分相当額）の会計処理について説明しなさい（40字以内）。

〔問題12〕　（1株当たり当期純利益に関する会計基準）

1　次の文章は「基準」から抜粋したものである。以下の問に答えなさい。

> 12　1株当たり当期純利益は，普通株式に係る当期純利益（第14項参照）を普通株式の　①　（第17項参照）で除して算定する。
>
> ［中　略］
>
> 　なお，本会計基準においては，損益計算書上の当期純利益，当期純損失は，連結財務諸表においては，それぞれ　②　当期純利益，　②　当期純損失とする。
>
> ［中　略］
>
> 14　第12項にいう普通株式に係る当期純利益は，損益計算書上の当期純利益から，　③　に関連する項目で普通株主に帰属しない金額（以下「普通株主に帰属しない金額」という。）を控除して算定する。
>
> ［中　略］
>
> 21　潜在株式が希薄化効果を有する場合，　④　1株当たり当期純利益は，普通株式に係る当期純利益（第14項参照）に希薄化効果を有する各々の潜在株式に係る当期純利益調整額（以下「当期純利益調整額」という。）を加えた合計金額を，普通株式の　①　（第17項参照）に希薄化効果を有する各々の潜在株式に係る　⑤　を仮定したことによる普通株式の増加数（以下「普通株式増加数」という。）を加えた合計株式数で除して算定する。

(1) 空欄　①　から　⑤　に適切な用語を記入しなさい。
(2) (a)普通株式（30字以内）と(b)潜在株式（60字以内）の意義について，簡潔に説明しなさい。なお，(c)潜在株式の代表例を2つ列挙しなさい。
(3) 「希薄化効果」の意義を簡潔に説明し，その具体的なケースを示しなさい（150字以内）。

2　「1株当たり当期純利益」は，「1株当たり純資産額」と同様に，金融商品取引法会計上，極めて重要な指標であり，注記により開示される。この指標を算定・開示する目的について，論述しなさい（200字以内）。

3　上記1の空欄　④　1株当たり当期純利益に関して，次の各問に答えなさい。
(1) 「1株当たり当期純利益」とともに上記1の空欄　④　1株当たり当期純利益も算定・開示しなければならないが，開示を行う必要がない場合を3つ列挙しなさい（各25字以内）。
(2) 上記1の空欄　④　を算定・開示する目的について，論述しなさい（160字以内）。

〔問題13〕（役員賞与に関する会計基準）

1 次の文章は「基準」(12(1))から抜粋したものである。以下の問に答えなさい。

> 役員報酬は，① として支給される場合と ② として支給される場合があるが，③ の対価として支給されることにかわりはなく，会計上は，いずれも ④ として処理される。役員賞与は，経済的実態としては ④ として処理される ② と同様の性格であると考えられるため，④ として処理することが適当である。

(1) 空欄 ① から ④ に適切な用語を記入しなさい。
(2) 役員報酬や役員賞与の支給を受ける「役員」に該当する者を4つ示しなさい。
(3) 役員賞与は，利益をあげた功労に報いるために支給されるものであり，利益の有無にかかわらず支給される役員報酬とは性格が異なるとの見解もあるが，「基準」では，役員賞与と役員報酬の類似性が認められ，役員賞与と役員報酬に対する会計処理は同じである。その類似性について，説明しなさい（80字以内）。
(4) 「基準」の公表以前には，役員賞与に対して「基準」とは異なる会計処理が採用されていた。その会計処理について，説明しなさい（60字以内）。

2 当事業年度の職務に係る役員賞与を期末後に開催される株主総会の決議事項とする場合には，どのような会計処理がなされるか簡潔に説明しなさい（80字以内）。

3 子会社が支給する役員賞与に対して，どのような会計処理が考えられるか簡潔に説明しなさい（80字以内）。

〔問題14〕（貸借対照表の純資産の部の表示に関する会計基準）

1 次の文章は「基準」から抜粋したものである。以下の問に答えなさい。

> 6 個別貸借対照表上，資本剰余金及び利益剰余金は，さらに次の区分とする。
> (1) 資本剰余金は，　①　及び　①　以外の資本剰余金（以下「その他資本剰余金」という。）に区分する。
> (2) 利益剰余金は，　②　及び　②　以外の利益剰余金（以下「その他利益剰余金」という。）に区分し，その他利益剰余金のうち，任意積立金のように，株主総会又は取締役会の決議に基づき設定される項目については，その内容を示す科目をもって表示し，それ以外については　③　にて表示する。
> 7 株主資本以外の各項目は，次の区分とする。
> (1) 個別貸借対照表上，　④　（第8項参照）及び新株予約権に区分する。
> (2) 連結貸借対照表上，　④　（第8項参照），新株予約権及び　⑤　に区分する。
> 　なお，連結貸借対照表において，連結子会社の個別貸借対照表上，純資産の部に直接計上されている　④　は，持分比率に基づき親会社持分割合と　⑤　割合とに按分し，親会社持分割合は当該区分において記載し，　⑤　割合は　⑤　に含めて記載する。

(1) 空欄　①　から　⑤　に適切な用語を記入しなさい。

(2) 「企業会計原則」では，貸借対照表は，資産の部，負債の部及び資本の部の三区分に分類されていたが，「基準」では「資本の部」が「純資産の部」と改称されている。その理由について，説明しなさい（200字以内）。

(3) 従来の「当期未処分利益」と「繰越利益」に代え，上記空欄　③　と称されるようになった理由について，説明しなさい（140字以内）。

2 純資産の部は，株主資本とそれ以外の各項目に区分されるが，「株主資本」と称される理由について，説明しなさい（160字以内）。

3 「株主資本」が他の純資産に属する項目から区分される理由を説明しなさい（150字以内）。

〔問題15〕（貸借対照表の純資産の部の表示に関する会計基準）

1 次の文章は「基準」から抜粋したものである。以下の問に答えなさい。

> 8 評価・換算差額等には，　①　や繰延ヘッジ損益のように，資産又は負債は　②　をもって貸借対照表価額としているが当該資産又は負債に係る評価差額を当期の損益としていない場合の当該評価差額や，為替換算調整勘定，　③　等が含まれる。当該評価・換算差額等は，　①　，繰延ヘッジ損益，　③　等その内容を示す科目をもって表示する。
> なお，当該評価・換算差額等については，これらに係る　④　又は　⑤　の額を控除した金額を記載することとなる。

(1) 空欄　①　から　⑤　に適切な用語を記入しなさい。
(2) 評価・換算差額等が株主資本以外の項目として表示される理由について，簡潔に説明しなさい（70字以内）。
(3) 「繰延ヘッジ損益」を「純資産の部」に記載することが適当である理由について，簡潔に説明しなさい（100字以内）。

2 新株予約権は，負債の部に計上されていたが，「基準」では，純資産の部に記載されることになった。(イ)負債の概念（60字以内）を簡潔に述べ，(ロ)新株予約権が負債の部に計上された理由（100字以内）及び(ハ)新株予約権が純資産の部に記載される理由（40字以内）を説明しなさい。

3 連結財務諸表固有の項目として，非支配株主持分が計上されるが，「連結財務諸表原則」では，負債の部と資本の部（現在，純資産の部）の中間項目として表示されていた（110字以内）。「基準」では，「純資産の部」（株主資本以外の項目）に掲記されるようになった（70字以内）。それぞれの理由について，論述しなさい。

〔問題16〕（株主資本等変動計算書に関する会計基準）

1　次の文章は「基準」から抜粋したものである。以下の問に答えなさい。

> **株主資本の各項目**
> 6　貸借対照表の　①　の部における株主資本の各項目は，当期首残高，当期変動額及び当期末残高に区分し，当期変動額は変動事由ごとにその金額を表示する。
> 7　連結損益計算書の親会社株主に帰属する当期純利益（又は親会社株主に帰属する当期純損失）は，連結株主資本等変動計算書において　②　の変動事由として表示する。また，個別損益計算書の当期純利益（又は当期純損失）は，個別株主資本等変動計算書において　③　又はその内訳科目である　④　の変動事由として表示する。
>
> **株主資本以外の各項目**
> 8　貸借対照表の　①　の部における株主資本以外の各項目は，当期首残高，当期変動額及び当期末残高に区分し，当期変動額は　⑤　で表示する。ただし，当期変動額について主な変動事由ごとにその金額を表示（注記による開示を含む。）することができる。

(1)　空欄　①　から　⑤　に適切な用語を記入しなさい。

(2)　下線部の「連結株主資本等変動計算書」又は「個別株主資本等変動計算書」の名称が「株主資本変動計算書」ではなく，「株主資本等変動計算書」と「等」が付されている。その理由について，簡潔に述べなさい（80字以内）。

(3)　株主資本の各項目のうち，「その他資本剰余金」の当期変動事由を4つ列挙しなさい（各20字以内）。

(4)　株主資本以外の各項目における当期変動額を上記空欄　⑤　で表示する理由について，簡潔に述べなさい（120字以内）。

2(1)　「株主資本等変動計算書」と「貸借対照表」の関連について，それぞれの表示項目を用いて論述しなさい（190字以内）。

(2)　「株主資本等変動計算書」と「損益計算書」の関連について，それぞれの表示項目を用いて論述しなさい。なお，「連結株主資本等変動計算書」と「連結損益計算書」の関連について，それぞれの表示項目を用いて論述しなさい（210字以内）。

〔問題17〕 （事業分離等に関する会計基準）

1　次の文章は「基準」の内容を要約したものである。以下の問に答えなさい。

> 10　分離元企業は，事業分離日に，次のように会計処理する。
> (1) 移転した事業に関する<u>投資が清算されたとみる場合</u>には，その事業を分離先企業に移転したことにより受け取った対価となる財の時価と，移転した事業に係る　①　（移転した事業に係る資産及び負債の移転直前の適切な帳簿価額による差額から，当該事業に係る評価・換算差額等及び　②　を控除した額をいう。以下同じ。）との差額を移転損益として認識するとともに，改めて当該受取対価の　③　にて投資を行ったものとする。
> 〔中　略〕
> (2) 移転した事業に関する<u>投資がそのまま継続しているとみる場合</u>，移転損益を認識せず，その事業を分離先企業に移転したことにより受け取る資産の　④　は，移転した事業に係る　①　に基づいて算定するものとする。
> 〔中　略〕
> いずれの場合においても，分離元企業において，事業分離により移転した事業に係る資産及び負債の帳簿価額は，事業分離日の　⑤　において一般に公正妥当と認められる企業会計の基準に準拠した適正な帳簿価額のうち，移転する事業に係る金額を合理的に区分して算定する。

(1) 空欄　①　から　⑤　に適切な用語を記入しなさい。

(2) 事業分離において，下線部(イ)「投資が清算されたとみる場合」とは，(a)どのような場合であるかを述べ（50字以内），(b)具体的な事例を箇条書きで4つ列挙しなさい（各50字以内）。

(3) 下線(ロ)「投資がそのまま継続しているとみる場合」とは，どのような場合に投資が継続しているとみなされるのかについて，論述しなさい（110字以内）。

2　受取対価を現金等の財産のみで行う事業分離において，子会社を分離先企業として事業分離した場合，分離元企業（親会社）における(c)個別財務諸表上の会計処理（180字以内），(d)連結財務諸表上の会計処理（110字以内）について，簡潔に述べなさい。

3　受取対価を分離先企業の株式のみで行う事業分離において，その他有価証券（売買目的有価証券を含む）又は関連会社株式が事業分離により子会社株式となる場合，分離元企業（親会社）における(e)個別財務諸表上の会計処理（70字以内），(f)連結財務諸表上の会計処理（170字以内）について，簡潔に述べなさい。

〔問題18〕 （事業分離等に関する会計基準）

1 次の文章は「基準」から抜粋したものである。以下の問に答えなさい。

> 32 被結合企業の株主は，企業結合日に，次のように会計処理する。
> (1) 被結合企業に関する投資が清算されたとみる場合には，被結合企業の株式と引き換えに受け取った対価となる財の時価と，被結合企業の株式に係る企業結合直前の適正な帳簿価額との差額を ① として認識するとともに，改めて当該受取対価の ② にて投資を行ったものとする。
>
> ［中　略］
>
> (2) 被結合企業に関する投資がそのまま継続しているとみる場合，① を認識せず，被結合企業の株式と引き換えに受け取る資産の ③ は，被結合企業の株式に係る適正な帳簿価額に基づいて算定するものとする。
>
> ［中　略］
>
> 34 市場価格のある結合企業の株式が受取対価とされる場合には，受取対価となる財の時価は，企業結合日の ④ を基礎にして算定する。

(1) 空欄 ① から ④ に適切な用語を記入しなさい。

(2) 企業結合において，下線部(イ)「投資が清算されたとみる場合」とは，(a)どのような場合であるかを述べ（60字以内），(b)具体的な事例を簡潔に箇条書きで4つ挙げなさい（各90字以内）。

(3) 下線部(ロ)「投資がそのまま継続しているとみる場合」とは，どのような場合に投資が継続しているとみなされるのかについて，論述しなさい（160字以内）。

2 受取対価が現金等の財産のみで行う企業結合における被結合企業の株主の会計処理について，子会社・関連会社以外の投資先を被結合企業とした場合における(c)個別財務諸表上の会計処理（110字以内），(d)連結財務諸表の会計処理（60字以内）を説明しなさい。

3 企業結合により結合企業の株主の持分比率が減少する場合，(e)子会社を結合企業とする企業結合（150字以内），(f)子会社や関連会社以外の投資先を結合企業とする企業結合における結合企業の株主の会計処理（100字以内）について，説明しなさい。

〔問題19〕（ストック・オプション等に関する会計基準）

1 次の文章は「基準」から抜粋したものである。以下の問に答えなさい。

> **権利確定日以前の会計処理**
> 4 ストック・オプションを付与し，これに応じて企業が ① 等から取得するサービスは，その取得に応じて費用として計上し，対応する金額を，ストック・オプションの ② 又は失効が確定するまでの間，貸借対照表の ③ の部に新株予約権として計上する。
> 5 各会計期間における費用計上額は，ストック・オプションの公正な評価額のうち， ④ を基礎とする方法その他の合理的な方法に基づき当期に発生したと認められる額である。ストック・オプションの公正な評価額は，公正な評価単価に ⑤ を乗じて算定する。

(1) 空欄 ① から ⑤ に適切な用語を記入しなさい。
(2) ストック・オプションの意義について，簡潔に説明しなさい（40字以内）。
(3) ストック・オプションの失効には，どのような種類の失効があるか，2つ列挙しなさい（各30字以内）。
(4) ストック・オプションを付与した場合，費用として認識・計上する根拠について，簡潔に述べなさい（90字以内）。

2 ストック・オプションを付与した場合，失効等が確定するまでの間，(イ)上記1の空欄 ③ の部に計上する理由（90字以内）を説明し，(ロ)新株予約権として別建計上する理由（70字以内）を説明しなさい。

3 ストック・オプションを付与した場合，費用として計上する費用認識に根拠がないとする見解もあるが，その見解の根拠を2つ列挙しなさい（200字以内）。

〔問題20〕（ストック・オプション等に関する会計基準）

1 次の文章は「基準」から抜粋したものである。以下の問に答えなさい。

> **権利確定日後の会計処理**
> 8 ストック・オプションが権利行使され，これに対して ① を発行した場合には，新株予約権として計上した額（第4項）のうち，当該権利行使に対応する部分を ② に振り替える。
> 　なお，新株予約権の行使に伴い，当該企業が自己株式を処分した場合には，自己株式の取得原価と，新株予約権の ③ 及び権利行使に伴う ④ の合計額との差額は，自己株式処分差額であり，平成17年12月改正の企業会計基準第1号「自己株式及び準備金の額の減少等に関する会計基準」第9項，第10項及び第11項により会計処理を行う。
> 9 権利不行使による失効が生じた場合には，新株予約権として計上した額（第4項）のうち，当該失効に対応する部分を ⑤ として計上する。この会計処理は，当該失効が確定した期に行う。

(1) 空欄 ① から ⑤ に適切な用語を記入しなさい。
(2) ストック・オプションの権利行使日について，具体的な説明を行いなさい（60字以内）。
(3) ストック・オプションの「対象勤務期間」と「権利行使期間」について，「付与日」，「権利確定日」，「権利行使日」，及び「失効日」という用語を用いて，簡潔に説明しなさい（70字以内）。

2 権利不行使による失効が生じた場合，新株予約権として計上した額のうち，当該失効に対応する部分は上記1の空欄 ⑤ として計上されるが，その理由を論述しなさい（200字以内）。

3 ストック・オプションを付与した後，権利確定日までに何らかの理由により当初の条件を変更する場合がある。ストック・オプションに係る「条件変更」について，以下の問に答えなさい。
(1) ストック・オプションの「公正な評価単価」を変動させる条件変更として，行使価額を引き下げる場合があるが，この原因の典型例を簡潔に述べなさい（100字以内）。
(2) 条件変更日の「公正な評価単価」が付与日の「公正な評価単価」を上回る場合における会計処理を説明しなさい（110字以内）。
(3) 条件変更日の「公正な評価単価」が付与日の「公正な評価単価」を下回る場合における会計処理を説明しなさい（80字以内）。

〔問題21〕（棚卸資産の評価に関する会計基準）

1　次の文章は「基準」から抜粋したものである。以下の問に答えなさい。

> 6-2　棚卸資産については，原則として購入代価又は ① に引取費用等の付随費用を加算して取得原価とし，次の評価方法の中から選択した方法を適用して売上原価等の ② と期末棚卸資産の価額を算定するものとする。
> (1) 個別法
>   取得原価の異なる棚卸資産を区別して記録し，その個々の ③ によって期末棚卸資産の価額を算定する方法
>   個別法は，個別性が強い棚卸資産の評価に適した方法である。
> (2) 先入先出法
>   最も古く取得されたものから順次払出しが行われ，期末棚卸資産は最も新しく取得されたものからなるとみなして期末棚卸資産の価額を算定する方法
> (3) 平均原価法
>   取得した棚卸資産の平均原価を算出し，この平均原価によって期末棚卸資産の価額を算定する方法
>   なお，平均原価は， ④ 又は移動平均法によって算出する。
> (4) 売価還元法
>   値入率等の類似性に基づく棚卸資産のグループごとの期末の売価合計額に， ⑤ を乗じて求めた金額を期末棚卸資産の価額とする方法
>   売価還元法は，取扱品種の極めて多い小売業等の業種における棚卸資産の評価に適用される。

(1) 空欄 ① から ⑤ に適切な用語を記入しなさい。
(2) 個別法の長所と短所について，簡潔に述べなさい（各50字以内）。
(3) 先入先出法の長所と短所について，簡潔に述べなさい（各50字以内）。

2　「基準」（平成18年7月5日公表）の公表前には，後入先出法の適用が認められていたが，平成20年9月26日の改正時に廃棄された。後入先出法に関する以下の問に答えなさい。
(1) 後入先出法の長所について，価格下落時を想定して論述しなさい（100字以内）。
(2) 後入先出法が廃棄された理由や短所について，論述しなさい（170字以内）。

3　売価還元法は，個別法，先入先出法と平均原価法とは異なる評価方法である。売価還元法の特徴及び他の評価方法との相違点について，論述しなさい（220字以内）。

〔問題22〕 （棚卸資産の評価に関する会計基準）

1 次の文章は「基準」から抜粋したものである。以下の問に答えなさい。

> 通常の販売目的で保有する棚卸資産の評価基準
> 7 通常の販売目的（販売するための製造目的を含む。）で保有する棚卸資産は，取得原価をもって貸借対照表価額とし，期末における ① が取得原価よりも下落している場合には，当該 ① をもって貸借対照表価額とする。この場合において，取得原価と当該 ① との差額は当期の ② として処理する。
>
> ［中　略］
>
> 9 営業循環過程から外れた ③ 又は処分見込等の棚卸資産について，合理的に算定された価額によることが困難な場合には， ① まで切り下げる方法に代えて，その状況に応じ，次のような方法により ④ の低下の事実を適切に反映するよう処理する。
> (1) 帳簿価額を ⑤ （ゼロ又は備忘価額を含む。）まで切り下げる方法
> (2) 一定の回転期間を超える場合，規則的に帳簿価額を切り下げる方法

(1) 空欄 ① から ⑤ に適切な用語を記入しなさい。
(2) 「通常の販売目的で保有する棚卸資産」の期末評価として，取得原価よりも上記空欄 ① が下落している場合には，当該価額を適用する理由を説明しなさい（150字以内）。
(3) 製造業における原材料に対しては，上記(2)の原則的評価基準に代えて例外的評価基準が認められている。この例外的評価基準の内容とともに，適用要件を述べなさい（90字以内）。

2 当初から加工・販売の努力を行うことなく，単に市場価格の変動により利益を得る「トレーディング目的で保有する棚卸資産」について，以下の問に答えなさい。
(1) 「トレーディング目的で保有する棚卸資産」として区分されるためには，どのような前提が必要であるかを述べなさい（70字以内）。
(2) 「トレーディング目的で保有する棚卸資産」の会計処理，その根拠について論述しなさい（180字以内）。

3 前期に計上した簿価切下額の戻入れに関しては，当期に戻入れを行う「洗替え法」と行わない「切放し法」のいずれかの方法を棚卸資産の種類ごとに選択適用できる。このことに関して，以下の問に答えなさい。
(1) 「洗替え法」を採用する理由を述べなさい（130字以内）。
(2) 「洗替え法」と「切放し法」の選択適用を企業に委ねる根拠について，説明しなさい（140字以内）。

〔問題23〕（金融商品に関する会計基準）

1 次の文章は「基準」から部分的に抜粋したものである。以下の問に答えなさい。

> 6 時価とは公正な評価額をいい，市場において形成されている ① ，気配又は ② その他の相場（以下「市場価格」という。）に基づく価額をいう。市場価格がない場合には合理的に算定された価額を公正な評価額とする。
> 　　　　　　　　　　〔中　略〕
> 7 金融資産の契約上の権利又は金融負債の契約上の義務を生じさせる契約を締結したときは，原則として，当該金融資産又は金融負債の ③ を認識しなければならない。
> 　　　　　　　　　　〔中　略〕
> 8 金融資産の契約上の権利を行使したとき，権利を喪失したとき又は権利に対する支配が他に移転したときは，当該 金融資産の消滅を認識しなければならない。
> 　　　　　　　　　　〔中　略〕
> 10 金融負債の契約上の義務を履行したとき，義務が消滅したとき又は ④ の地位から免責されたときは，当該金融負債の消滅を認識しなければならない。

(1) 空欄 ① から ④ に適切な用語を記入しなさい。

(2) 下線部(イ)「市場」には，公設の取引所及びこれに類する市場のほか，随時に売買・換金等を行うことができる取引システムとして，どのような市場があるか，2つ記入しなさい。

(3) 下線部(ロ)「金融資産の消滅」は，①権利行使，②権利喪失及び③権利に対する支配の移転により認識されるが，(a)有価証券の譲渡，(b)債権譲渡及び(c)債権の回収はどの消滅に該当するか，番号を付しなさい。

(4) 「基準」（7項）では，金融資産及び金融負債の認識時点として「契約締結時」が採択されている。この認識基準を(d)何と呼ぶかを記入し（10字以内），(e)その基準を採用する理由（90字以内）を述べなさい。

2 金融資産の譲渡に係る支配の移転の考え方には，「リスク・経済価値アプローチ」と「財務構成要素アプローチ」がある。(1)それぞれの定義（各80字以内）を述べ，(2)「基準」が採用するアプローチ及びその理由（240字以内）を説明しなさい。

3 金融資産については，一般的に，市場の存在等により客観的な価額として「時価」を把握できるとともに，当該価額により換金・決済等を行うことが可能である。これを前提にして，金融資産が時価評価される根拠について，(1)投資者及び(2)企業の経営者の立場から論述しなさい（各120字以内）。

〔問題24〕（金融商品に関する会計基準）

1　次の文章は「基準」から部分的に抜粋したものである。以下の問に答えなさい。

> 14　受取手形，売掛金，貸付金その他の債権の貸借対照表価額は，取得価額から貸倒見積高に基づいて算定された貸倒引当金を控除した金額とする。ただし，債権を債権金額より低い価額又は高い価額で取得した場合において，取得価額と債権金額との差額の性格が　①　と認められるときは，償却原価法に基づいて算定された価額から貸倒見積高に基づいて算定された貸倒引当金を控除した金額としなければならない。
>
> 〔中　略〕
>
> 28　債権の貸倒見積高は，その区分に応じてそれぞれ次の方法により算定する。
> (1)　一般債権については，債権全体又は同種・同類の債権ごとに，債権の状況に応じて求めた過去の　②　等合理的な基準により貸倒見積高を算定する。
> (2)　　③　については，債権の状況に応じて，次のいずれかの方法により貸倒見積高を算定する。ただし，同一の債権については，債務者の財政状態及び経営成績の状況等が変化しない限り，同一の方法を継続して適用する。
> 　① 債権額から担保の処分見込額及び保証による回収見込額を減額し，その残額について債務者の財政状態及び経営成績を考慮して貸倒見積高を算定する方法
> 　② 債権の元本の回収及び利息の受取りに係るキャッシュ・フローを合理的に見積ることができる債権については，債権の元本及び利息について元本の回収及び利息の受取りが見込まれるときから当期末までの期間にわたり当初の　④　で割り引いた金額の総額と債権の帳簿価額との差額を貸倒見積高とする方法
> (3)　　⑤　については，債権額から担保の処分見込額及び保証による回収見込額を減額し，その残額を貸倒見積高とする。

(1)　空欄　①　から　⑤　に適切な用語を記入しなさい。
(2)　債権に対する償却原価法について，簡潔な説明を行いなさい（80字以内）。
(3)　上記空欄　③　に関する次の問に答えなさい。
　(a)　上記空欄　③　の意義を簡潔に述べなさい（90字以内）。
　(b)　貸倒見積高の算定方法として，2つの方法が認められている。(イ)それぞれ①法と②法の名称，(ロ)①法と上記空欄　⑤　に対する貸倒見積高の算定方法との類似点（20字以内）と相違点（50字以内）を述べなさい。
　(c)　上記②法はどのような仮定に基づく計算方法であるのかについて，説明しなさい（160字以内）。

2　一般に，金銭債権については，活発な市場がない場合が多い。このため，原則として時価評価は行わない。金銭債権のうち，(a)受取手形や売掛金，(b)貸付金について時価評価を行わない理由を述べなさい（各40字以内）。

3　支払手形，買掛金，借入金，社債その他の金銭債務について，決算日における評価を具体的に述べなさい（110字以内）。

〔問題25〕 (金融商品に関する会計基準)

1　次の文章は「基準」から部分的に抜粋したものである。以下の問に答えなさい。

> 15　時価の変動により　①　を得ることを目的として保有する有価証券（以下「売買目的有価証券」という。）は，時価をもって貸借対照表価額とし，評価差額は当期の損益として処理する。
>
> 16　満期まで所有する意図をもって保有する　②　その他の債券（以下「満期保有目的の債券」という。）は，取得原価をもって貸借対照表価額とする。ただし，債券を債券金額より低い価額又は高い価額で取得した場合において，取得価額と債券金額との差額の性格が　③　と認められるときは，<u>償却原価法</u>に基づいて算定された価額をもって貸借対照表価額としなければならない。
> 　　　　　　　　　　　　　　　　　　　　　　　　　　　　　　　　(イ)
>
> 17　子会社株式及び　④　は，取得原価をもって貸借対照表価額とする。
>
> 18　売買目的有価証券，満期保有目的の債券，子会社株式及び　④　以外の有価証券（以下「その他有価証券」という。）は，時価をもって貸借対照表価額とし，評価差額は<u>洗い替え方式</u>に基づき，次のいずれかの方法により処理する。
> 　　　　　　　　　　　　　(ロ)
> 　(1)　評価差額の合計額を純資産の部に計上する。
> 　(2)　時価が取得原価を上回る銘柄に係る評価差額は純資産の部に計上し，時価が取得原価を下回る銘柄に係る評価差額は当期の損失として処理する。
> 　　なお，純資産の部に計上されるその他有価証券の評価差額については，　⑤　会計を適用しなければならない。

(1)　空欄　①　から　⑤　に適切な用語を記入しなさい。

(2)　下線部(イ)「償却原価法」には，2つの方法が認められている。この名称を示すとともに，「基準」が原則法として採用している方法を先(a)に述べなさい（各50字以内）。

(3)　その他有価証券に対しては下線部(ロ)「洗い替え方式」のみが採用されるが，売買目的有価証券には「切り放し法」も適用できる。その会計処理の相違について，論述しなさい（140字以内）。

(4)　子会社株式を取得原価で評価する理由について，簡潔に述べなさい（60字以内）。

2　売買目的有価証券とその他有価証券は時価で評価しなければならないが，時価評価差額の処理は異なる。次の問に答えなさい。

(1)　どちらも時価で評価される根拠について，3つ述べなさい（140字以内）。

(2)　時価評価差額の処理が異なる理由について，論述しなさい（160字以内）。

(3)　その他有価証券における評価差額について，時価が取得原価を下回る銘柄に係る評価差額を当期の損失として処理できる方法も認められているが，その理由を簡潔に述べなさい（50字以内）。

〔問題26〕(金融商品に関する会計基準)

1 次の文章は「基準」の内容を要約したものである。以下の問に答えなさい。

> デリバティブ取引とは，先物取引，① 取引，② 取引，スワップ取引及びこれらに類似する取引をいう。デリバティブ取引により生じる正味の債権及び債務は，時価をもって貸借対照表価額とし，評価差額は，原則として，当期の損益として処理する。
>
> ヘッジ取引とは，ヘッジ対象の資産又は負債に係る<u>相場変動</u>を相殺するか，ヘッジの対象の資産又は負債に係る ③ を固定してその変動を回避することにより，ヘッジ対象である資産又は負債の相場変動等による損失の可能性を減殺することを目的として ④ をヘッジ手段として用いる取引をいう。

(1) 空欄 ① から ④ に適切な用語を記入しなさい。
(2) 下線部「相場変動」の具体例を3つ列挙しなさい。

2 デリバティブ取引に関する次の問に答えなさい。
(1) デリバティブ取引の発生の認識は，どの時点で行うのかについて述べなさい（30字以内）。
(2) デリバティブ取引による債権・債務は時価で評価されるが，その理由について説明しなさい（100字以内）。
(3) デリバティブ取引による時価評価差額は当期の損益として処理されるが，その理由について説明しなさい（80字以内）。

3 ヘッジ取引に関する次の問に答えなさい。
(1) ヘッジ取引のうち一定の要件を充たす場合に適用される会計処理（10字以内）を何と呼ぶか，また，その会計処理の目的（60字以内）は何かについて述べなさい。
(2) ヘッジ取引に適用される会計処理には一定の要件を充たすことが必要であるが，その一定の要件を簡潔に述べなさい（130字以内）。
(3) ヘッジ取引に適用される会計処理として，「基準」は2つの方法を認めているが，この名称を示すとともに，「基準」が原則法として採用している方法を先(a)に述べなさい（各70字以内）。

〔問題27〕 （金融商品に関する会計基準）

1 次の文章は「基準」から抜粋したものである。以下の問に答えなさい。

> (2) 転換社債型新株予約権付社債以外の新株予約権付社債
>
> 発行者側の会計処理
>
> 38 転換社債型新株予約権付社債以外の新株予約権付社債の発行に伴う払込金額は，社債の対価部分と新株予約権の対価部分とに区分する。
> (1) 社債の対価部分は，　① 　の発行に準じて処理する。
> (2) 新株予約権の対価部分は，純資産の部に計上し，権利が行使され，　② 　を発行したときは資本金又は資本金及び資本準備金に振り替え，権利が行使されずに権利行使期間が満了したときは　③ 　として処理する。
>
> 取得者側の会計処理
>
> 39 転換社債型新株予約権付社債以外の新株予約権付社債の取得価額は，社債の対価部分と新株予約権の対価部分とに区分する。
> (1) 社債の対価部分は，　① 　の取得に準じて処理する。
> (2) 新株予約権の対価部分は，　④ 　の取得として処理し，権利を行使したときは株式に振り替え，権利を行使せずに権利行使期間が満了したときは　⑤ 　として処理する。

(1) 空欄　① 　から　⑤ 　に適切な用語を記入しなさい。

(2) 「転換社債型新株予約権付社債以外の新株予約権付社債」のような金融商品を何と呼ぶか，記述しなさい（10字以内）。

(3) 「転換社債型新株予約権付社債以外の新株予約権付社債」（解答では(a)とする）が，「転換社債型新株予約権付社債」（解答では(b)とする）と相違する点について，簡潔に述べなさい。さらに，共通する点についても簡潔に述べなさい（120字以内）。

2 「転換社債型新株予約権付社債以外の新株予約権付社債」の会計処理として，社債本体の対価部分と新株予約権の対価部分を区分する「区分法」が採用されているが，区分法による会計処理が要求される理由について論述しなさい（200字以内）。

3 「転換社債型新株予約権付社債」に関する次の問に答えなさい。

(1) 「転換社債型新株予約権付社債」を発行することにより，社債発行会社と社債権者ともに利点があると思われるが，それぞれの立場からそのメリットを簡潔に述べなさい（各130字以内）。

(2) 会計処理として「区分法」のほかに，社債の対価部分と新株予約権の対価部分と区分しない「一括法」も選択適用できるが，「一括法」が容認される理由について述べなさい（130字以内）。

〔問題28〕 （関連当事者の開示に関する会計基準）

1 次の文章は「基準」から抜粋したものである。以下の問に答えなさい。

> 10 開示対象となる関連当事者との取引がある場合，原則として個々の関連当事者ごとに，以下の項目を開示する。
> (1) 関連当事者の概要
> (2) 　①　　と関連当事者との関係
> (3) 取引の内容。なお，形式的・名目的には第三者との取引である場合は，形式上の取引先名を記載した上で，実質的には関連当事者との取引である旨を記載する。
> (4) 取引の種類ごとの　②
> (5) 取引条件及び取引条件の決定方針
> (6) 取引により発生した　③　に係る主な科目別の期末残高
> (7) 　④　の変更があった場合は，その旨，変更内容及び当該変更が財務諸表に与えている影響の内容
> (8) 関連当事者に対する　⑤　及び破産更生債権等に係る情報（貸倒引当金繰入額，貸倒損失等）。なお，第5項(3)に掲げられている関連当事者の種類ごとに合算して掲載することができる。

(1) 上記空欄　①　から　⑤　に適切な用語を記入しなさい。
(2) 「関連当事者」の意義について，簡潔に説明しなさい（60字以内）。
(3) 「関連当事者」に「財務諸表作成会社の主要株主及びその近親者」も含まれるが，(a)主要株主と(b)近親者の具体的内容を簡潔に説明しなさい（各20字以内）。
(4) 「関連当事者」に「重要な子会社の役員」も含まれるが，その理由を説明しなさい（90字以内）。

2 「関連当事者との取引」のうち，重要な取引を開示しなければならないが，「関連当事者との取引」に関する次の問に答えなさい。
(1) 「関連当事者との取引」の意義について，簡潔に述べなさい（130字以内）。
(2) 「関連当事者との取引」のうち，一般競争入札による取引及び預金利息・配当の受取その他取引の性質からみて，取引条件が「一般取引」と同様であることが明白な取引は，「開示対象外取引」となる。ここでいう(c)「一般取引」の意義（80字以内），(d)取引条件を開示内容として求める理由（50字以内）について，簡潔に述べなさい。

3 「関連当事者の開示」として，「関連当事者との取引の開示」のほかに，親会社・重要な関連会社が存在する場合には「関連当事者の存在に関する開示」が求められている。これらの開示が要求される理由・目的について，論述しなさい（230字以内）。

〔問題29〕（四半期財務諸表に関する会計基準）

1　次の文章は「基準」から部分的に抜粋したものである。以下の問に答えなさい。

> 9　四半期連結財務諸表の作成のために採用する会計方針は，四半期特有の会計処理を除き，原則として　①　の作成にあたって採用する会計方針に準拠しなければならない。ただし，当該四半期連結財務諸表の　②　に係る企業集団の財政状態，経営成績及びキャッシュ・フローの状況に関する財務諸表利用者の判断を誤らせない限り，　③　によることができる。
> 　　　　　　　　　　　　　　　［中　略］
> 12　標準原価計算等を採用している場合において，　④　が操業度等の　⑤　に起因して発生したものであり，かつ，原価計算期間末までにほぼ解消が見込まれるときには，継続適用を条件として，当該　④　を流動資産又は流動負債として繰り延べることができる。

(1)　空欄　①　から　⑤　に適切な用語を記入しなさい。
(2)　四半期会計期間の意義について，簡潔に述べなさい（40字以内）。
(3)　四半期連結財務諸表の作成のために採用する会計処理及び手続について，上記空欄　③　によることができるが，その理由を述べなさい（50字以内）。

2　一定の条件を満たす場合，四半期特有の会計処理が認められる。下記の問に答えなさい。
(1)　上記1の空欄　④　の繰延処理が容認される理由について，簡潔に述べなさい（130字以内）。
(2)　上記1の空欄　④　の繰延処理が認められない場合を2つ列挙しなさい（各30字以内）。
(3)　上記1の空欄　④　の繰延処理のほかに，年金費用の計算が容認されているが，その会計処理を簡潔に説明しなさい（130字以内）。

3　「四半期財務諸表」の性格付けについては，中間財務諸表と同様，「実績主義」と「予測主義」という2つの考え方がある。四半期財務諸表の性格について，次の各問に答えなさい。
(1)　(a)実績主義と(b)予測主義の意義・特徴について，簡潔に説明しなさい（各140字以内）。
(2)　「基準」は「実績基準」を採用しているが，その理由について「予測主義」の欠陥を含めて論述しなさい（220字以内）。

〔問題30〕 （リース取引に関する会計基準）

1 次の文章は「基準」から抜粋したものである。以下の問に答えなさい。

> 4 「リース取引」とは，特定の物件の所有者たる貸手（レッサー）が，当該物件の借手（レッシー）に対し，合意された期間（以下「リース期間」という。）にわたりこれを使用収益する ① を与え，借手は，合意された使用料（以下「リース料」という。）を貸手に支払う取引をいう。
>
> 5 「ファイナンス・リース取引」とは，リース契約に基づくリース期間の中途において当該契約を解除することができないリース取引又は これに準ずるリース取引 で，② が，当該契約に基づき使用する物件（以下「リース物件」という。）からもたらされる ③ を実質的に享受することができ，かつ，当該リース物件の ④ に伴って生じる コストを実質的に負担すること となるリース取引をいう。
>
> ［中　略］
>
> 8 ファイナンス・リース取引は，リース契約上の諸条件に照らしてリース物件の ⑤ が借手に移転すると認められるもの（以下「所有権移転ファイナンス・リース取引」という。）と，それ以外の取引（以下「所有権移転外ファイナンス・リース取引」という。）に分類する。

(1) 空欄 ① から ⑤ に適切な用語を記入しなさい。

(2) 下線(イ)の「これに準ずるリース取引」の具体的内容について，簡潔に述べなさい（70字以内）。

(3) 下線(ロ)の「コストを実質的に負担すること」の具体的内容について，簡潔に述べなさい（60字以内）。

(4) ファイナンス・リース取引における経済的実質に基づく判定要件を2つ列挙しなさい（各30字以内）。

(5) 上記空欄 ⑤ に対する会計処理を説明しなさい（50字以内）。

2 ファイナンス・リース取引によって生じる(a)リース資産の資産性（90字以内）と(b)リース債務の負債性（70字以内）について，論述しなさい。

3 「所有権移転外ファイナンス・リース取引」が「所有権移転ファイナンス・リース取引」と異なる性質について，大きく3つの理由を列挙しなさい（各70字以内）。

〔問題31〕 (リース取引に関する会計基準)

1 次の文章は「基準」から抜粋したものである。以下の問に答えなさい。

> 10 借手は，リース取引開始日に，通常の売買取引に係る方法に準じた会計処理により，① とこれに係る債務をリース資産及びリース債務として計上する。
> 11 リース資産及びリース債務の計上額を算定するにあたっては，原則として，リース契約締結時に合意された ② からこれに含まれている ③ の合理的な見積額を控除する方法による。当該 ③ については，原則として，リース期間にわたり利息法により配分する。
> 12 所有権移転ファイナンス・リース取引に係るリース資産の減価償却費は，自己所有の固定資産に適用する減価償却方法と同一の方法により算定する。また，所有権移転外ファイナンス・リース取引に係るリース資産の減価償却費は，原則として，リース期間を耐用年数とし，④ をゼロとして算定する。
> 13 貸手は，リース取引開始日に，通常の売買取引に係る方法に準じた会計処理により，所有権移転ファイナンス・リース取引についてはリース債権として，所有権移転外ファイナンス・リース取引については ⑤ として計上する。
> 14 貸手における ③ の総額は，リース契約締結時に合意された ② 及び見積残存価額の合計額から，これに対応するリース資産の取得価額を控除することによって算定する。当該 ③ については，原則として，リース期間にわたり利息法により配分する。

(1) 空欄 ① から ④ に適切な用語を記入しなさい。
(2) リース取引開始日の定義について，簡潔に述べなさい（30字以内）。
(3) 上記空欄 ③ には，原則として，「利息法」が採用されているが，この場合における「利息法」について，具体的に説明しなさい（120字以内）。

2 所有権移転外ファイナンス・リースに係る資産の減価償却費は，原則として，リース期間を耐用年数とし，上記1の空欄 ④ をゼロとして算定される。その理由について，論述しなさい（130字以内）。

3 貸手における会計処理として，「所有権移転ファイナンス・リース取引」の場合には「リース債権」として計上するが，「所有権移転外ファイナンス・リース取引」の場合には上記1の空欄 ⑤ として計上する。その異なる理由について，論述しなさい（250字以内）。

〔問題32〕 （工事契約に関する会計基準）

1 次の文章は「基準」から抜粋したものである。以下の問に答えなさい。

> 9 工事契約に関して，工事の進行途上においても，その進捗部分について ① が認められる場合には工事進行基準を適用し，この要件を満たさない場合には工事完成基準を適用する。
> 　　 ① が認められるためには，次の各要素について，信頼性をもって見積ることができなければならない。
> 　(1) ② （第10項及び第11項参照）
> 　(2) ③ （第12項参照）
> 　(3) 決算日における ④ （第13項参照）
> 　　　　　　　　　　　　　〔中　略〕
> 14 工事進行基準を適用する場合には， ② ， ③ 及び決算日における ④ を合理的に見積り，これに応じて当期の工事収益及び工事原価を損益計算書に計上する。
> 　　工事進行基準を適用する場合，発生した工事原価のうち，未だ損益計算書に計上されていない部分は「 ⑤ 」等の適切な科目をもって貸借対照表に計上する。
> 　　　　　　　　　　　　　〔中　略〕
> 18 工事完成基準を適用する場合には，工事が完成し， ⑥ を行った時点で，工事収益及び工事原価を損益計算書に計上する。

(1) 空欄 ① から ⑥ に適切な用語を記入しなさい。
(2) 上記空欄 ② ・ ③ ・ ④ を信頼性をもって見積もることができる場合には，「工事進行基準」を適用しなければならない。信頼性をもって上記空欄 ② ・ ③ を見積もるためには，どのような前提条件を必要とするのかについて簡潔に述べなさい（210字以内）。

2 討議資料『財務会計の概念フレームワーク』によれば，収益・費用は，投下資金が「投資リスク」から解放された時点に把握される。投資に当たって期待された成果が事実となれば，それはリスクから解放されることになる。「工事進行基準」が適用できる根拠について，「工事契約」による事業活動の「投資のリスク」と関連づけて論述しなさい（240字以内）。

3 工事契約の締結以後に生じた資材価格の高騰等によって，工事損失が見込まれる場合もある。この場合における処理について，次の各問に答えなさい。
(1) 「基準」が採用する会計処理を簡潔に説明しなさい（100字以内）。
(2) 「基準」が採用する表示方法を簡潔に説明しなさい（40字以内）。

〔問題33〕（持分法に関する会計基準）

1 次の文章は「基準」から抜粋したものである。以下の問に答えなさい。

> 持分法の会計処理
> 11 投資会社の投資日における投資とこれに対応する被投資会社の ① との間に差額がある場合には，当該差額はのれん又は負ののれんとし，のれんは投資に含めて処理する。
> 12 投資会社は，投資の日以降における被投資会社の利益又は損失のうち投資会社の ② 又は負担に見合う額を算定して，投資の額を増額又は減額し，当該増減額を ③ の計算に含める。のれん（又は負ののれん）の会計処理は，企業会計基準第21号「企業結合に関する会計基準」（以下「企業結合会計基準」という。）第32項（又は第33項）に準じて行う。
> 13 投資の増減額の算定にあたっては， ④ （親会社及び連結される子会社）と持分法の適用会社との間の取引に係る未実現損益を消去するための修正を行う。
> 14 被投資会社から配当金を受け取った場合には，当該配当金に相当する額を ⑤ の額から減額する。

(1) 空欄 ① から ⑤ に適切な用語を記入しなさい。
(2) 被投資会社に該当する会社を2つ列挙しなさい。
(3) 持分法について，以下の問に答えなさい。
　(a) 持分法とは何か，簡潔に述べなさい（70字以内）。
　(b) 被投資会社に持分法を適用する理由を論述しなさい（180字以内）。
(4) 持分法適用関連会社の範囲については，「基準」は影響力基準も容認している。この基準の一般的内容を簡潔に説明しなさい（100字以内）。

2 持分法適用関連会社に運転資金を貸し付けていたが，当該関連会社が債務超過に陥った場合における投資会社の会計処理について，説明しなさい（180字以内）。

3 討議資料『財務会計の概念フレームワーク』によれば，投資の成果はリスクから解放されたときに認識されなければならない。関連会社株式の投資の成果とは何かについて，持分法と関連づけて論述しなさい（290字以内）。

〔問題34〕（セグメント情報等の開示に関する会計基準）

1 次の文章は「基準」から抜粋したものである。以下の問に答えなさい。

> **報告セグメント**
> 10 企業は，第6項から第9項に基づいて識別された事業セグメント又は第11項に基づいて集約された事業セグメントの中から，　①　（第12項から第16項参照）に従って，報告すべきセグメント（以下「報告セグメント」という。）を決定しなければならない。
>
> **集約基準**
> 11 複数の事業セグメントが次の要件のすべてを満たす場合，企業は当該事業セグメントを1つの事業セグメントに集約することができる。
> (1) 当該事業セグメントを集約することが，<u>セグメント情報を開示する基本原則</u>（第4項参照）と整合していること
> (2) 当該事業セグメントの　②　が概ね類似していること
> (3) 当該事業セグメントの次のすべての要素が概ね類似していること
> 　① 製品及びサービスの内容
> 　② 製品の製造方法又は製造過程，サービスの提供方法
> 　③ 製品及びサービスを販売する市場又は顧客の　③
> 　④ 製品及びサービスの　④
> 　⑤ 銀行，保険，公益事業等のような業種に特有の規制環境

(1) 空欄　①　から　④　に適切な用語を記入しなさい。
(2) 「事業セグメント」の識別要件を3つ列挙しなさい（各70字以内）。
(3) 下線部における「基本原則」について，簡潔に述べなさい（110字以内）。
(4) 「報告セグメント」を決定するためには，「集約基準」のほかに上記空欄　①　が必要であるが，上記空欄　①　の要件について，3つ列挙しなさい（各90字以内）。

2 「基準」は，マネジメント・アプローチに基づくセグメント情報を導入した。「マネジメント・アプローチ」に関して，次の問に答えなさい。
(1) 「マネジメント・アプローチ」の特徴を3つ列挙しなさい（各80字以内）。
(2) 「マネジメント・アプローチ」の長所を3つ列挙しなさい（各80字以内）。
(3) 「マネジメント・アプローチ」の短所を2つ列挙しなさい（各60字以内）。

〔問題35〕（資産除去債務に関する会計基準）

1 次の文章は「基準」から抜粋したものである。以下の問に答えなさい。

> **資産除去債務の算定**
> 6 資産除去債務はそれが発生したときに，有形固定資産の除去に要する割引前の将来キャッシュ・フローを見積り，割引後の金額（割引価値）で算定する。
> (1) 割引前の将来キャッシュ・フローは，合理的で説明可能な仮定及び予測に基づく自己の支出見積りによる。その見積金額は，生起する可能性の最も ① 単一の金額又は生起し得る複数の将来キャッシュ・フローをそれぞれの ② で加重平均した金額とする。将来キャッシュ・フローには，有形固定資産の除去に係る作業のために直接要する支出のほか，処分に至るまでの支出（例えば，保管や管理のための支出）も含める。
> (2) 割引率は，貨幣の ③ を反映した無リスクの税引前の利率とする。
>
> **資産除去債務に対応する除去費用の資産計上と費用配分**
> 7 <u>資産除去債務に対応する除去費用は，資産除去債務を負債として計上した時に，当該負債の計上額と同額を，関連する有形固定資産の ④ に加える。</u>資産計上された資産除去債務に対応する除去費用は， ⑤ を通じて，当該有形固定資産の残存耐用年数にわたり，各期に費用配分する。

(1) 空欄 ① から ⑤ に適切な用語を記入しなさい。
(2) 有形固定資産の除去の意義及びその態様を列挙しなさい（70字以内）。
(3) 資産除去債務の意義を簡潔に述べなさい（80字以内）。

2 退職給付債務の算定においても無リスクの割引率が使用されているが，無リスクの割引率の利用が会計基準全体の体系と整合的であることのほかに，資産除去債務の算定に無リスクの割引率が採用される理由について，論述しなさい（190字以内）。

3 上記1の下線部の会計処理に関して，以下の問に答えなさい。
(1) 「基準」が下線部の会計処理（資産負債の両建処理という）を採用した理由について，論述しなさい（200字以内）。
(2) 「基準」が資産除去債務に引当金処理を採用しなかった理由について，簡潔に述べなさい（70字以内）。

〔問題36〕（資産除去債務に関する会計基準）

1 次の文章は「基準」から抜粋したものである。以下の問に答えなさい。

> **割引前将来キャッシュ・フローの見積りの変更**
> 10 割引前の将来キャッシュ・フローに重要な見積りの変更が生じた場合の当該見積りの変更による調整額は，資産除去債務の帳簿価額及び関連する　①　の帳簿価額に加減して処理する。資産除去債務が法令の改正等により新たに発生した場合も，見積りの変更と同様に取り扱う。
>
> **割引前将来キャッシュ・フローの見積りの変更による調整額に適用する割引率**
> 11 割引前の将来キャッシュ・フローに重要な見積りの変更が生じ，当該キャッシュ・フローが増加する場合，その　②　の割引率を適用する。これに対し，当該キャッシュ・フローが減少する場合には，　③　の割引率を適用する。なお，過去に割引前の将来キャッシュ・フローの見積りが増加した場合で，減少部分に適用すべき割引率を特定できないときは，　④　した割引率を適用する。
>
> ［中　略］
>
> 14 　⑤　による資産除去債務の調整額は，損益計算書上，当該資産除去債務に関連する　①　の　⑥　と同じ区分に含めて計上する。

(1) 空欄　①　から　⑥　に適切な用語を記入しなさい。

(2) 割引前の将来キャッシュ・フローの算定には多くの見積りと仮定を前提としているため，資産除去債務の見積りを変更しなければならない状況に陥る場合もあるが，その想定外の理由，原因等を2つ列挙しなさい（各50字以内）。

2 市場利子率等の変動によって割引率も変更せざるを得ない場合もあるが，割引前のキャッシュ・フローの増額変更に適用する割引率として上記1の空欄　②　の割引率を用いる理由について，簡潔に述べなさい（110字以内）。

3 資産除去債務の見積りの変更から生じる調整額に対する会計処理として，(a)レトロスペクティブ・アプローチ，(b)キャッチアップ・アプローチ及び(c)プロスペクティブ・アプローチの3つの方法が考えられている。当該調整額の会計処理法に関して，以下の問いに答えなさい。

(1) それぞれの方法について，簡潔に説明しなさい（各60字以内）。
(2) 「基準」が(c)を採用する理由について，簡潔に述べなさい（160字以内）。

〔問題37〕 （賃貸等不動産の時価等の開示に関する会計基準）

1 次の文章は「基準」から抜粋したものである。以下の問に答えなさい。

> 5 賃貸等不動産には，次の不動産が含まれる。
> (1) 貸借対照表において ① 不動産（ ① の目的で所有する土地，建物その他の不動産）として区分されている不動産
> (2) 将来の使用が見込まれていない ② 不動産
> (3) 上記以外で賃貸されている不動産
> 　　　　　　　　　　　　　［中　略］
> 8 賃貸等不動産を保有している場合は，次の事項を注記する。ただし，賃貸等不動産の ③ に重要性が乏しい場合は注記を省略することができる。また，管理状況等に応じて，注記事項を用途別，地域別等に区分して開示することができる。
> (1) 賃貸等不動産の概要
> (2) 賃貸等不動産の ④ 及び期中における主な変動
> (3) 賃貸等不動産の当期末における時価及びその算定方法
> (4) 賃貸等不動産に関する ⑤

(1) 空欄 ① から ⑤ に適切な用語を記入しなさい。
(2) 「賃貸等不動産」の意義について，簡潔に説明しなさい（40字以内）。
(3) 上記空欄 ② の不動産が時価等の開示を必要とする「賃貸等不動産」に含まれる理由について，簡潔に述べなさい（90字以内）。
(4) 借手側において賃貸されている不動産が時価等の開示を必要とする「賃貸等不動産」に含まれる理由について，簡潔に述べなさい（160字以内）。

2 棚卸資産に分類されている不動産と同様に，物品の製造や販売，サービスの提供及び経営管理に使用されている不動産は，「賃貸等不動産」から除かれ，時価等の開示対象ではない。その理由について，簡潔に述べなさい（120字以内）。

3 賃貸等不動産に関する時価等の開示内容について，以下の問に答えなさい。
(1) 開示対象となる時価の意義について，簡潔に述べなさい（70字以内）。
(2) 当期末の時価のみならず，賃貸等不動産の期中における主な変動や上記1の空欄 ⑤ を注記する理由について，簡潔に説明しなさい（90字以内）。

〔問題38〕（企業結合に関する会計基準）

1 次の文章は「基準」から部分的に抜粋したものである。以下の問に答えなさい。

> 24 市場価格のある<u>取得企業等</u>の株式が取得の対価として交付される場合には、取得の対価となる財の時価は、原則として、<u>企業結合日における株価</u>を基礎にして算定する。
> (イ)　　　　　　　　　　　　　　　　　　　　　　　　　　　　　　　　(ロ)
>
> 25 取得が複数の取引により達成された場合（以下「段階取得」という。）における被取得企業の取得原価の算定は、次のように行う。
>   (1) 個別財務諸表上、支配を獲得するに至った個々の取引ごとの　①　の合計額をもって、被取得企業の取得原価とする。
>   (2) 連結財務諸表上、支配を獲得するに至った個々の取引すべての　②　における時価をもって、被取得企業の取得原価を算定する。なお、当該被取得企業の取得原価と、支配を獲得するに至った個々の取引ごとの　①　の合計額（持分法適用関連会社と企業結合した場合には、　③　）との差額は、当期の　④　として処理する。
>
> 26 　⑤　（外部のアドバイザー等に支払った特定の報酬・手数料等）は、発生した事業年度の費用として処理する。

(1) 空欄　①　から　⑤　に適切な用語を記入しなさい。

(2) 企業結合における「取得」及び「取得企業」と「被取得企業」の意義について、簡潔に説明しなさい（130字以内）。

(3) 下線部(イ)「取得企業」の決定に際しては、対価の種類が株式である場合には、相対的議決権比率、取締役会の構成等の要素を総合的に勘案しなければならないが、株式の交換を条件とした場合、具体的にどのような企業が取得企業となるかについて、説明しなさい（70字以内）。

2(1) 市場価格のある取得企業の株式が取得の対価として交付される場合、「基準」公表前には、取得の対価となる時価は、原則として、企業結合の主要条件（株式の交換比率等）が合意されて公表された日前の合理的な期間における株価を基礎にして算定された。この「合意日モデル」の採用理由（長所）と短所について簡潔に述べなさい（各110字以内）。

(2) 「基準」では、取得の対価となる時価として、上記1の下線部(ロ)「企業結合日における株価」に基づく「取得日モデル」が原則として採択された。その採用理由について、簡潔に述べなさい（140字以内）。

3(1) 「基準」公表前には、段階取得の会計処理として、取得原価は、取得企業が被取得企業に対する支配を獲得するに至った個々の取引ごとの原価を合計している。その根拠を簡潔に説明しなさい（110字以内）。

(2) 「基準」では、段階取得における被取得企業の取得原価は、支配を獲得するに至った個々の取引すべての上記1の空欄　②　における時価で算定される。その根拠を簡潔に説明しなさい（130字以内）。

〔問題39〕（企業結合に関する会計基準）

1 次の文章は「基準」から部分的に抜粋したものである。以下の問に答えなさい。

> 28 取得原価は，　①　から受け入れた資産及び引き受けた負債のうち企業結合日時点において識別可能なもの（識別可能資産及び負債）の企業結合日時点の時価を基礎として，当該資産及び負債に対して企業結合日以後1年以内に配分する。
> 29 受け入れた資産に　②　など分離して譲渡可能な無形資産が含まれる場合には，当該無形資産は識別可能なものとして取り扱う。
> 30 取得後に発生することが予測される特定の事象に対応した費用又は損失であって，その発生の可能性が　③　の算定に反映されている場合には，負債として認識する。当該負債は，原則として，固定負債として表示し，その主な内容及び金額を連結貸借対照表及び個別貸借対照表に注記する。
> 31 取得原価が，受け入れた資産及び引き受けた負債に配分された　④　を上回る場合には，その超過額はのれんとして次項に従い会計処理し，下回る場合には，その不足額は負ののれんとして第33項に従い会計処理する。
> 32 のれんは，資産に計上し，　⑤　年以内のその効果の及ぶ期間にわたって，定額法その他の合理的な方法により規則的に償却する。ただし，のれんの金額に重要性が乏しい場合には，当該のれんが生じた事業年度の費用として処理することができる。

(1) 空欄　①　から　⑤　に適切な用語を記入しなさい。
(2) 下線部(イ)「企業結合日」として，「基準」が定義している日を具体的に述べなさい（60字以内）。
(3) 取得後に発生することが予測される下線部(ロ)「特定の事象に対応した費用又は損失」の具体例及び負債計上理由について，論述しなさい（230字以内）。

2(1) 「基準」公表前には，一定の要件を満たした場合には，企業結合を「持分の結合」とみなし，「持分プーリング法」を適用することができた。「持分の結合」の本質及び「持分プーリング法」の考え方について，論述しなさい（200字以内）。
(2) 「基準」では，企業結合を「取得」とみなし，「パーチェス法」が適用される。パーチェス法の目的及び考え方について，論述しなさい（200字以内）。

3 のれんは，「規則的償却法」により償却されるが，米国会計基準や国際会計基準では「減損テスト法」が採用されている。「基準」が「規則的償却法」を採択した理由について，簡潔に説明しなさい（220字以内）。

〔問題40〕（連結財務諸表に関する会計基準）

1　次の文章は「基準」から抜粋したものである。以下の問に答えなさい。

> 14　子会社のうち次に該当するものは，連結の範囲に含めない。
> 　(1)　　①　　が一時的であると認められる企業
> 　(2)　(1)以外の企業であって，連結することにより　　②　　を著しく誤らせるおそれのある企業
> 15　連結財務諸表の作成に関する期間は1年とし，　　③　　の会計期間に基づき，年1回一定の日をもって連結決算日とする。
> 16　子会社の決算日が連結決算日と異なる場合には，子会社は，連結決算日に正規の決算に準ずる　合理的な手続　により決算を行う。
> 　　　　　　　　　　　　　　　　　　　(イ)
> 17　同一環境下で行われた同一の性質の取引等について，親会社及び子会社が採用する　　④　　は，原則として統一する。
> 18　連結貸借対照表は，親会社及び子会社の個別貸借対照表における資産，負債及び純資産の金額を基礎とし，子会社の資産及び負債の評価，　　⑤　　相互間の投資と資本及び債権と債務の相殺消去等の処理を行って作成する。

(1)　空欄　①　から　⑤　に適切な用語を記入しなさい。

(2)　連結の範囲に含めない「非連結子会社」として，上記空欄　②　を著しく誤らせるおそれのある企業が列挙されているが，当該非連結子会社の具体例を1つ挙げなさい（90字以内）。

(3)　子会社の決算日が連結決算日と異なる場合には，子会社は，連結決算日に正規の決算に準ずる合理的な手続により決算を行う。下線部(イ)「合理的な手続」について，具体的に説明しなさい（130字以内）。

(4)　「基準」では，連結範囲の判定基準として「支配力基準」が採用されているが，「他の企業の意思決定機関を支配している企業」として，議決権の過半数所有の企業のほかに，具体的にどのような企業が子会社になると判定されるかについて，簡潔に述べなさい（90字以内）。

(5)　親会社及び子会社が採用する上記空欄　④　は，原則として，統一しなければならないが，どのように統一するのかについて，説明しなさい（100字以内）。

2　連結財務諸表作成における一般原則の1つとして，「連結財務諸表は，企業集団の財政状態，経営成績及びキャッシュ・フローの状況に関して真実な報告を提供するものでなければならない」と規定している「連結財務諸表真実性の原則」があるが，ここでいう「真実性」とは，「企業会計原則」における「真実性」と同様に，ある条件の下での「相対的真実性」を意味する。連結財務諸表において，真実性の意味が相対的でならざるを得ない理由について，論述しなさい（200字以内）。

〔問題41〕（連結財務諸表に関する会計基準）

1　次の文章は「基準」から抜粋したものである。以下の問に答えなさい。

> 23　親会社の子会社に対する投資とこれに対応する子会社の資本は，相殺消去する。
> (1) 親会社の子会社に対する投資の金額は，　①　日の時価による。
> (2) 子会社の資本は，子会社の個別貸借対照表上の純資産の部における株主資本及び評価・換算差額等と　②　からなる。
> 〔中　略〕
> 25　　③　相互間の投資とこれに対応する他の子会社の資本とは，親会社の子会社に対する投資とこれに対応する子会社の資本との相殺消去に準じて相殺消去する。
> 26　子会社の資本のうち　④　に帰属しない部分は，非支配株主持分とする。
> 27　子会社の欠損のうち，当該子会社に係る非支配株主持分に割り当てられる額が当該非支配株主の負担すべき額を超える場合には，当該超過額は，親会社の持分に負担させる。この場合において，その後当該子会社に利益が計上されたときは，親会社が負担した欠損が回収されるまで，その利益の金額を親会社の持分に　⑤　する。

(1) 空欄　①　から　⑤　に適切な用語を記入しなさい。
(2) 連結貸借対照表を作成に当たっては，子会社の資産及び負債のすべてを上記空欄　①　の日における時価により評価する「全面時価評価法」が適用されるが，この方法が採用される理由について，連結基礎概念に関連づけて論述しなさい（150字以内）。
(3) 「基準」の公表以前には，上記空欄　①　の日における時価評価法として，時価評価する子会社資産・負債の範囲を親会社の持分に相当する部分に限定する方法も認められていた。その方法の名称を記入し（10字以内），その方法が採用された理由について，連結基礎概念に関連づけて論述しなさい（110字以内）。
(4) 上記空欄　②　が生じる原因について述べなさい（110字以内）。

2　非支配株主持分は，(a)負債の部，(b)負債と純資産の中間項目又は(c)純資産の部に表示することが考えられる。それぞれの表示根拠を連結基礎概念に関連づけて，論述しなさい（各110字以内）。

〔問題42〕 （連結財務諸表に関する会計基準）

1 次の文章は「基準」から部分的に抜粋したものである。以下の問に答えなさい。

> 28 子会社株式（子会社出資金を含む。以下同じ。）を追加取得した場合には，追加取得した株式（出資金を含む。以下同じ。）に対応する持分を ① から減額し，追加取得により増加した親会社の持分（以下「追加取得持分」という。）を ② と相殺消去する。追加取得持分と ② との間に生じた差額は， ③ とする。
>
> 29 子会社株式を一部売却した場合（親会社と子会社の支配関係が継続している場合に限る。）には，売却した株式に対応する持分を親会社の持分から減額し， ① を増額する。売却による親会社の持分の減少額（以下「売却持分」という。）と投資の減少額との間に生じた差額は， ③ とする。
> なお，子会社株式の売却等により被投資会社が子会社及び関連会社に該当しなくなった場合には，連結財務諸表上，残存する当該被投資会社に対する投資は，個別貸借対照表上の ④ をもって評価する。
>
> 30 子会社の時価発行増資等に伴い，親会社の払込額と親会社の持分の増減額との間に差額が生じた場合（親会社と子会社の支配関係が継続している場合に限る。）には，当該差額を ③ とする。

(1) 空欄 ① から ④ に適切な用語を記入しなさい。
(2) 子会社株式の追加取得による追加取得持分及び減額する上記空欄 ① はどのように計算するのかについて，説明しなさい（40字以内）。
(3) 子会社株式の追加取得の結果，負ののれんが生じる場合における会計処理を説明しなさい（30字以内）。
(4) 支配獲得前に他の企業の株式を複数回により取得して，子会社株式の取得が達成される「段階取得」の場合，「基準」公表前では，複数回の株式取得ごとの原価の合計額が当該投資の金額とされたが，「基準」ではどのような会計処理を行うのかについて説明しなさい（90字以内）。

2 子会社株式の一部売却によって支配従属関係が継続しなくなったとき，当該子会社を連結範囲から除外しなければならないが，(1)依然として当該会社に重要な影響を与えることができる場合（40字以内），(2)当該会社に重要な影響を与えることができない場合（70字以内）における会計処理を説明しなさい。

3 子会社の時価発行増資等に伴う持分変動差額の処理について，下記の問に答えなさい。
(1) 「基準」は上記1の空欄 ③ の増減として処理するが，その理由を連結基礎概念に関連づけて論述しなさい（160字以内）。
(2) 持分変動差額を損益として処理する方法も考えられるが，その理由を連結基礎概念に関連づけて論述しなさい（150字以内）。

〔問題43〕（連結財務諸表に関する会計基準）

1 次の文章は「基準」から抜粋したものである。以下の問に答えなさい。

> 34 連結損益及び包括利益計算書又は連結損益計算書及び連結包括利益計算書は，親会社及び子会社の ① 等における収益，費用等の金額を基礎とし，連結会社相互間の取引高の相殺消去及び未実現損益の消去等の処理を行って作成する。
>
> ［中　略］
>
> 36 連結会社相互間の取引によって取得した棚卸資産，固定資産その他の資産に含まれる未実現損益は，その ② を消去する。ただし，未実現損失については，売手側の ③ のうち回収不能と認められる部分は，消去しない。
>
> 37 未実現損益の金額に重要性が乏しい場合には，これを消去しないことができる。
>
> 38 売手側の子会社に非支配株主が存在する場合には，未実現損益は，親会社と非支配株主の ④ に応じて，親会社の持分と非支配株主持分に配分する。

(1) 空欄 ① から ④ に適切な用語を記入しなさい。
(2) 連結会社相互間の取引を相殺消去しなければならない理由について，簡潔に述べなさい（110字以内）。
(3) 連結会社間で金銭の貸借があった場合，連結会計上，どのような会計処理を行うかについて，説明しなさい（80字以内）。

2 未実現損益の消去法に関する次の問に答えなさい。
(1) 連結会社相互間における未実現利益の消去法として，(a)全額消去・親会社負担方式，(b)全額消去・持分按分負担方式及び(c)部分消去・親会社負担方式が考案されているが，それぞれについて簡潔に説明しなさい（各50字以内）。
(2) 親会社から子会社に資産を販売し，親会社が利益を計上しているダウン・ストリームの場合，未実現利益の消去方法として「基準」はどの方法を採用しているかについて，その理由とともに説明しなさい（100字以内）。
(3) 子会社から親会社に資産を販売しているアップ・ストリームの場合，未実現利益の消去法として「基準」はどの方法を採用しているかについて，その理由とともに説明しなさい（110字以内）。
(4) 子会社から子会社に販売している場合，未実現利益の消去方法として，どの方法を使用するべきかについて，その理由とともに説明しなさい（110字以内）。

3 未実現損益について，回収不能と認められる部分を消去しない理由を説明しなさい（160字以内）。

〔問題44〕（会計上の変更及び誤謬の訂正に関する会計基準）

1 次の文章は「基準」から抜粋したものである。以下の問に答えなさい。

> 6 会計方針の変更に関する原則的な取扱いは，次のとおりとする。
> (1) 会計基準等の改正に伴う会計方針の変更の場合
>   会計基準等に特定の経過的な取扱い（－省略－）が定められていない場合には，　①　を過去の期間のすべてに遡及適用する。会計基準等に特定の経過的な取扱いが定められている場合には，その経過的な取扱いに従う。
> (2) (1)以外の　②　による会計方針の変更の場合
>   　①　を過去の期間のすべてに遡及適用する。
> 7 前項に従って　①　を遡及適用する場合には，次の処理を行う。
> (1) 表示期間（－省略－）より前の期間に関する遡及適用による　③　は，表示する財務諸表のうち，最も古い期間の　④　の資産，負債及び純資産の額に反映する。
> (2) 表示する過去の各期間の財務諸表には，当該各期間の影響額を反映する。
> 　　　　　　　　　　　　　［中　略］
> 13 表示方法は，次のいずれかの場合を除き，毎期継続して適用する。
> (1) 表示方法を定めた会計基準又は法令等の改正により表示方法の変更を行う場合
> (2) 　⑤　等を財務諸表により適切に反映するために表示方法の変更を行う場合
> 14 財務諸表の表示方法を変更した場合には，原則として表示する過去の財務諸表について，新たな表示方法に従い財務諸表の組替えを行う。

(1) 空欄　①　から　⑤　に適切な用語を記入しなさい。
(2) 「会計方針」と「表示方法」の意義及び相違点について，簡潔に説明しなさい（200字以内）。
(3) 会計方針の変更に対する「遡及適用」と表示方法に対する「財務諸表の組替え」の意義及び類似点について，簡潔に説明しなさい（150字以内）。

2 会計方針の変更に対する「遡及適用」が実務上不可能である場合も考えられる。下記の問いに答えなさい。
(1) 企業が合理的な努力を行っても，遡及適用による影響額を算定できない場合を2つ列挙しなさい（各90字以内）。
(2) 「基準」では，遡及適用が実務上不可能である場合を二区分し，それぞれの取扱いを明示している。それぞれの場合における会計処理を簡潔に説明しなさい（各150字以内）。

3 「基準」公表前では，「会計方針の変更」や「表示方法の変更」に関して遡及処理（遡及適用や組替え）を行わず，注記を求めていたが，「基準」では過去の財務諸表への遡及処理が要求される。注記による開示と比較して，遡及処理の長所を述べなさい（180字以内）。

〔問題45〕（会計上の変更及び誤謬の訂正に関する会計基準）

1 次の文章は「基準」から抜粋したものである。以下の問に答えなさい。

> **会計上の見積りの変更に関する原則的な取扱い**
> 17 会計上の見積りの変更は，当該変更が変更期間のみに影響する場合には，当該変更期間に会計処理を行い，当該変更が ① の期間にも影響する場合には， ① にわたり会計処理を行う。
>
> 〔中　略〕
>
> **過去の誤謬に関する取扱い**
> 21 過去の財務諸表における誤謬が発見された場合には，次の方法により修正再表示する。
> (1) ② より前の期間に関する修正再表示による ③ は，表示する財務諸表のうち，最も古い期間の期首の資産，負債及び純資産の額に反映する。
> (2) 表示する過去の各期間の財務諸表には，当該各期間の ④ を反映する。
>
> **過去の誤謬に関する注記**
> 22 過去の誤謬の修正再表示を行った場合には，次の事項を注記する。
> (1) 過去の誤謬の内容
> (2) 表示期間のうち過去の期間について，影響を受ける財務諸表の主な表示科目に対する ④ 及び ⑤ 情報に対する影響額
> (3) 表示されている財務諸表のうち，最も古い期間の期首の純資産の額に反映された， ② より前の期間に関する修正再表示の ③

(1) 空欄 ① から ⑤ に適切な用語を記入しなさい。
(2) 「会計上の見積りの変更」及び「過去の誤謬の修正再表示」の意義について，簡潔に説明しなさい（110字以内）。
(3) 財務諸表作成時に入手可能な情報を使用しなかったり，誤用したことによる「誤謬」として，3つ列挙しなさい（各30字以内）。

2 「会計上の見積りの変更」に関する次の問に答えなさい。
(1) 「会計方針の変更」と「会計上の見積りの変更」との相違点について，簡潔に説明しなさい（140字以内）。
(2) 「基準」公表前には，有形固定資産の耐用年数の変更等の会計処理として，当該変更等による影響を変更期間に一時に認識する「キャッチ・アップ方式」が採られていたが，「基準」では，変更期間以降の費用配分に影響させる「プロスペクティブ方式」が採用されている。(a)「キャッチ・アップ方式」が廃止された理由（240字以内）及び(b)「プロスペクティブ方式」が採用された理由（120字以内）について，簡潔に説明しなさい。

3 「過去の誤謬」の会計処理に関する次の問に答えなさい。
(1) 「基準」公表前において採用されていた会計処理について，簡潔に説明しなさい（90字以内）。
(2) 「基準」で採用される「修正再表示」のメリットを述べ，重要性の乏しい「過去の誤謬」に関する会計処理を説明しなさい（140字以内）。

〔問題46〕（包括利益の表示に関する会計基準）

1　次の文章は「基準」から部分的に抜粋したものである。以下の問に答えなさい。

> 4　「包括利益」とは，ある企業の特定期間の財務諸表において認識された純資産の変動額のうち，当該企業の純資産に対する持分所有者との直接的な取引によらない部分をいう。当該企業の純資産に対する持分所有者には，当該企業の株主のほか当該企業の発行する　①　の所有者が含まれ，連結財務諸表においては，当該企業の子会社の　②　も含まれる。
>
> 5　「その他の包括利益」とは，包括利益のうち　③　に含まれない部分をいう。連結財務諸表におけるその他の包括利益には，親会社株主に係る部分と　②　に係る部分が含まれる。
>
> 〔中　略〕
>
> 7　その他の包括利益の内訳項目は，その内容に基づいて，その他有価証券評価差額金，繰延ヘッジ損益，為替換算調整勘定，　④　等に区分して表示する。持分法を適用する被投資会社のその他の包括利益に対する投資会社の持分相当額は，一括して区分表示する。
>
> 8　その他の包括利益の内訳項目は，　⑤　を控除した後の金額で表示する。ただし，各内訳項目を　⑤　を控除する前の金額で表示して，それらに関連する　⑤　の金額を一括して加減する方法で記載することができる。いずれの場合も，その他の包括利益の各内訳項目別の　⑤　の金額を注記する。

(1)　空欄　①　から　⑤　に適切な用語を記入しなさい。
(2)　下線(イ)・(ロ)・(ハ)はどのような原因によって生じているのか記述し（各15字以内），さらに，(ニ)それらに共通する特徴を述べなさい（40字以内）。

2　「その他の包括利益」について，以下の問に答えなさい。
(1)　「その他の包括利益」を表示する目的について，簡潔に述べなさい（160字以内）。
(2)　クリーン・サープラス関係の(a)意義（50字以内）及び(b)「その他の包括利益」との関連（90字以内）について，簡潔に述べなさい。
(3)　組替調整（リサイクリング）と「その他の包括利益」の関連について，説明しなさい（120字以内）。

3　包括利益を表示する計算書として，2計算書方式と1計算書方式の選択適用が認められているが，次の問に答えなさい。
(1)　2計算書方式の意義及び長所を述べなさい（150字以内）。
(2)　1計算書方式の意義及び長所を述べなさい（100字以内）。

〔問題47〕（退職給付に関する会計基準）

1 次の文章は「基準」から抜粋したものである。以下の問に答えなさい。

> 13 退職給付債務（第16項参照）から年金資産の額（第22項参照）を控除した額（以下「　①　」という。）を負債として計上する。
>   ただし，年金資産の額が退職給付債務を超える場合には，資産として計上する。
>   〔中　略〕
> 16 退職給付債務は，退職により見込まれる退職給付の総額（以下「　②　」(イ)という。）のうち，期末までに発生していると認められる額を割り引いて計算する。
>   〔中　略〕
> 18 　②　は，合理的に見込まれる退職給付の変動要因を考慮して見積る。(ロ)
> 19 　②　のうち期末までに発生したと認められる額は，次のいずれかの方法を選択適用して計算する。この場合，いったん採用した方法は，原則として，継続して適用しなければならない。
>   (1) 　②　について　③　で除した額を各期の発生額とする方法（以下「期間定額基準」という。）
>   (2) 退職給付制度の給付算定式に従って　④　に帰属させた給付に基づき見積った額を，　②　の各期の発生額とする方法（以下「給付算定式基準」という。）

(1) 空欄　①　から　④　に適切な用語を記入しなさい。
(2) 下線部(イ)の典型例を2つ列挙しなさい。
(3) 下線部(ロ)における変動要因として，合理的に見込まれる退職給与の変動要因を挙げなさい。
(4) 個別貸借対照表上，「退職給付に係る負債」はどのような科目名をもって計上されるか，当該科目名を記入しなさい。

2 上記1の空欄　②　に関する次の問に答えなさい。
(1) 予想退職時における　②　の測定法を3つ列挙し，それぞれ簡潔に説明しなさい（各90字以内）。
(2) 　②　の配分計算法として「給付算定式基準」が選択適用される理由について，論述しなさい（130字以内）。

3 年金資産に関する次の問に答えなさい。
(1) 企業年金制度に基づき退職給付のために資産を企業外部で運用する場合，貸借対照表上，退職給付債務から当該年金資産を差し引くことになるが，その理由について述べなさい（210字以内）。
(2) 当該年金資産を企業内部で運用する場合，如何なる会計処理を行うかについて，その理由を含めて説明しなさい（110字以内）。

〔問題48〕 （退職給付に関する会計基準）

1 次の文章は「基準」から抜粋したものである。以下の問に答えなさい。

> 17 勤務費用は，│ ① │のうち当期に発生したと認められる額を割り引いて計算する。
>
> 〔中　略〕
>
> 21 利息費用は，期首の│ ② │に割引率を乗じて計算する。
> 22 年金資産の額は，期末における時価（公正な評価額）により計算する。
> 23 │ ③ │は，期首の年金資産の額に合理的に期待される収益率（長期期待運用収益率）を乗じて計算する。
> 24 数理計算上の差異は，原則として各期の発生額について，予想される退職時から現在までの平均的な期間（以下「平均残存勤務期間」という。）以内の一定の年数で按分した額を毎期費用処理する。
> 　　また，当期に発生した未認識数理計算上の差異は税効果を調整の上，│ ⑤ │を通じて純資産の部に計上する（第27項参照）。
> 25 過去勤務費用は，原則として各期の発生額について，│ ④ │以内の一定の年数で按分した額を毎期費用処理する。
> 　　また，当期に発生した未認識過去勤務費用は税効果を調整の上，│ ⑤ │を通じて純資産の部に計上する（第27項参照）。

(1) 空欄│ ① │から│ ⑤ │に適切な用語を記入しなさい。
(2) 退職給付費用の構成要素である(イ)「勤務費用」（30字以内）及び(ロ)「利息費用」（40字以内）の意義について，簡潔に説明しなさい。
(3) 利息費用は年々増加していくが，その理由及び利息費用の性格について，説明しなさい（100字以内）。

2 「過去勤務費用」及び「数理計算上の差異」に関する次の問に答えなさい。
(1) (a)「過去勤務費用」（40字以内）と(b)「数理計算上の差異」（70字以内）の意義について，簡潔に説明しなさい。
(2) 「基準」では，過去勤務費用及び数理計算上の差異については，原則として，一時の費用とせずに平均残存勤務期間に按分して退職給付費用に追加する「遅延認識」が採用されているが，「遅延認識」を認める理由について簡潔に述べなさい（140字以内）。

3 退職給付費用を算定するに際して，企業年金制度を採用している場合，上記1の空欄│ ③ │を勤務費用と利息費用の合計額から控除することになるが，その理由について簡潔に述べなさい（130字以内）。

〔問題49〕（退職給付に関する会計基準）

1 次の文章は「基準」から抜粋したものである。以下の問いに答えなさい。

> 15 数理計算上の差異の当期発生額及び過去勤務費用の当期発生額のうち，費用処理されない部分（未認識数理計算上の差異及び未認識過去勤務費用となる。）については，　①　に含めて計上する。　②　に計上されている未認識数理計算上の差異及び未認識過去勤務費用のうち，当期に費用処理された部分については，その他の包括利益の調整（組替調整）を行う（第24項また書き及び第25項また書き参照）。
>
> 〔中　略〕
>
> 27 積立状況を示す額（第13項参照）について，負債となる場合は「　③　」等の適当な科目をもって固定負債に計上し，資産となる場合は「　④　」等の適当な科目をもって固定資産に計上する。未認識数理計算上の差異及び未認識過去勤務費用については，税効果を調整の上，純資産の部における　②　に「退職給付に係る調整累計額」等の適当な科目をもって計上する。
>
> 〔中　略〕
>
> 29 当期に発生した未認識数理計算上の差異及び未認識過去勤務費用並びに当期に費用処理された　⑤　（第15項参照）については，その他の包括利益に「退職給付に係る調整額」等の適当な科目をもって，一括して計上する。

(1) 空欄　①　から　⑤　に適切な用語を記入しなさい。
(2) 下線部(イ)は，「基準」公表前には(a)何と呼ばれていたのかを記入し（10字以内），(b)改称された理由を説明しなさい（40字以内）。
(3) 下線部(ロ)の具体的内容を述べなさい（20字以内）。

2 「未認識数理計算上の差異」及び「未認識過去勤務費用」について，上記1の空欄　①　又は　②　に計上される理由を論述しなさい（250字以内）。

3 当期に発生した「未認識数理計算上の差異」，「未認識過去勤務費用」及び「当期に費用処理された　⑤　」については，区分表示ではなく，「退職給付に係る調整額」等の適当な科目をもって一括して計上・表示する。その理由を論述しなさい（200字以内）。

解答・解説編

1	連結キャッシュ・フロー計算書等の作成基準	〔問題1～3〕	（52～60）
2	研究開発費等に係る会計基準	〔問題4～5〕	（61～67）
3	税効果会計に係る会計基準	〔問題6～8〕	（68～76）
4	固定資産の減損に係る会計基準	〔問題9～10〕	（77～86）
5	自己株式及び準備金の額の減少等に関する会計基準	〔問題11〕	（87～90）
6	1株当たり当期純利益に関する会計基準	〔問題12〕	（91～95）
7	役員賞与に関する会計基準	〔問題13〕	（96～98）
8	貸借対照表の純資産の部の表示に関する会計基準	〔問題14～15〕	（99～104）
9	株主資本等変動計算書に関する会計基準	〔問題16〕	（105～108）
10	事業分離等に関する会計基準	〔問題17～18〕	（109～115）
11	ストック・オプション等に関する会計基準	〔問題19～20〕	（116～122）
12	棚卸資産の評価に関する会計基準	〔問題21～22〕	（123～129）
13	金融商品に関する会計基準	〔問題23～27〕	（130～147）
14	関連当事者の開示に関する会計基準	〔問題28〕	（148～153）
15	四半期財務諸表に関する会計基準	〔問題29〕	（154～157）
16	リース取引に関する会計基準	〔問題30～31〕	（158～166）
17	工事契約に関する会計基準	〔問題32〕	（167～171）
18	持分法に関する会計基準	〔問題33〕	（172～177）
19	セグメント情報等の開示に関する会計基準	〔問題34〕	（178～183）
20	資産除去債務に関する会計基準	〔問題35～36〕	（184～192）
21	賃貸等不動産の時価等の開示に関する会計基準	〔問題37〕	（193～196）
22	企業結合に関する会計基準	〔問題38～39〕	（197～206）
23	連結財務諸表に関する会計基準	〔問題40～43〕	（207～219）
24	会計上の変更及び誤謬の訂正に関する会計基準	〔問題44～45〕	（220～228）
25	包括利益の表示に関する会計基準	〔問題46〕	（229～235）
26	退職給付に関する会計基準	〔問題47～49〕	（236～249）

（注） 問題はすべて25点満点であり，白ヌキ数字（❶など）は配点を示します。

〔問題1〕（連結キャッシュ・フロー計算書等の作成基準）

1(1)

①	要求払預金 ❶	②	換金可能 ❶	③	短期投資 ❶
④	投　資 ❶	⑤	3 ❶		

(2)

(a)	銀行が利付で支払うことを約定した無記名の譲渡可能な定期預金証書 ❶
(b)	短期資金の調達手段として発行する短期・無担保の約束手形 ❶
(c)	売買価格差を利用し，一定期間後に当初の価格で売り戻す条件で売買した公社債等 ❶
(d)	投資家から集めた資金で公社債の債券を運用し，その利益を分配する投資形態 ❶

(3)

売買目的有価証券は，短期間に利益を得ることを目的として保有される短期投資であるが，その保有には価格変動リスクが大きいので，現金同等物に含まれない。❸

2

資金の範囲が広く，企業における資金管理活動の実態が的確に反映されないため，その判定基準として，換金の容易性，価格変動リスクの僅少性と投資の短期性に絞った。❹

3(1)

財務活動による キャッシュ・フロー の具体的内容	株式の発行による収入 ❶
	自己株式の取得による支出 ❶
	配当金の支払 ❶
	社債の発行及び借入による収入 ❶
	社債の償還及び借入金の返済による支出 ❶　※　順不同

(2)

財務活動による キャッシュ・フロー の区分の意味	将来の営業キャッシュ・フローの創出能力を生み出すための投資支出を営業活動資金より賄った結果の不足額が，いかなる手段で補われたのかを示す区分である。❹

〔問題2〕 (連結キャッシュ・フロー計算書等の作成基準)

1 (1)

①	財　務 ❶	②	営業損益 ❶	③	現金同等物 ❶
④	住民税 ❶	⑤	利　益 ❶		

(2)

具体的なキャッシュ・フロー	①	災害による保険収入 ❶
	②	損害賠償金の支払 ❶　　※　①と②は順不同
区　分　理　由		積極的に営業活動に区分されないが、投資活動又は財務活動のいずれにも属さないため。 ❷

(3)

課税所得を営業・投資・財務活動の3区分のそれぞれに分けて記載することは、一般的に困難であるため。 ❸

2

営業キャッシュ・フローの金額は、新規投資、借入金の返済、配当金の支払等に必要な資金をどの程度生み出したかを示す指標であり、営業能力の維持に必要な資金創出能力を表す。本業の資金創出能力が高く、それだけ余裕資金が多ければ、その資金で事業拡張のために新規の設備投資を行ったり、借入金返済のために有効利用して、財務の健全性に貢献できる。 ❹

3 (1)

投資活動によるキャッシュ・フローの具体的内容	有形固定資産及び無形固定資産の取得による支出 ❶
	有形固定資産及び無形固定資産の売却による収入 ❶
	有価証券(現金同等物を除く)及び投資有価証券の取得による支出 ❶
	有価証券(現金同等物を除く)及び投資有価証券の売却による収入 ❶
	貸付けによる支出 ❶
	貸付金の回収による収入 ❶　　　　　　　　※　順不同

(2)

財務活動によるキャッシュ・フロー区分の判断・指標	投資活動をどの程度行っているか否かにより、将来の営業キャッシュ・フローの創出能力が予測されることになるため、企業の将来性に関する重要な判断基準となる。 ❸

〔問題3〕(連結キャッシュ・フロー計算書等の作成基準)

1(1)

①	総 額 ❶	②	税金等調整前 ❶	③	非資金損益 ❶
④	財 務 ❶	⑤	総 額 ❶		

(2)

意 義	資金の流れを伴わない損益 ❷	
勘定科目名	① 減価償却費 ❶	※ ①と②は順不同
	② 貸倒引当金繰入額 ❶	別解:のれん償却など

(3)

期間が短く,かつ,回収が速い項目に係るキャッシュ・フローについては,純額で表示することができる。 ❷

2

(a) 直接法	長所	キャッシュ・フローの動きを忠実に表現でき,主要な取引ごとにキャッシュ・フローが総額で表示される。 ❷
	短所	主要な取引ごとにキャッシュ・フローに関する基礎データを用意する必要があり,実務上手数を要する。 ❷
(b) 間接法	長所	損益計算書の税引前当期純利益からスタートして,この中に含まれる非資金損益などを加減して作成されるので,基礎データを用意する手数がない。 ❷
	短所	本源的なキャッシュ・フローの動きを忠実に表現できない。キャッシュ・フローの総額が表示されない。 ❷

3(1)

他の会社の株式の新規取得又は追加取得を行うことにより,当該他の会社を連結子会社化することは,事業投資の一環としてのキャッシュ・アウトフローである。連結対象であった子会社の株式を売却することにより,連結子会社から除外することは,投資の回収としてのキャッシュ・インフローである。 ❸

(2)

他の会社の株式の取得又は追加取得により新たに連結子会社となった場合,当該会社の現金及び現金同等物の額は株式の取得による支出額から控除する。他の会社の株式の売却により連結子会社ではなくなった場合,当該会社の現金及び現金同等物の額は株式の売却による収入額から控除する。 ❸

〔問題1〕（連結キャッシュ・フロー計算書等の作成基準）

1

　企業における経営活動にとって，企業における血液に相当する資金，すなわち「キャッシュ」の流れは企業経営の存続のために必要である。血液の流れが止まってしまえばヒトが生存できないのと同様に，企業もまたキャッシュ・フローが止まってしまえば，その活動を継続できない。

　現実に，「勘定あって，銭足らず」と表現される「黒字倒産」のように，資金の滞留時間が長く続き，資金不足が生じたため，倒産するという事態も生じている。

　基本的には，赤字（損失）が続いた欠損（損失の累積）による「赤字倒産」が多いが，損益計算書上，利益を計上しているにもかかわらず，事業活動のなかで資金が滞留したための資金不足による「黒字倒産」もあり得る。

　その資金的な状況を明らかにするために，企業の血液である資金の流れ，すなわちキャッシュ・フローの状況を開示した明細表が「キャッシュ・フロー計算書」である。

　キャッシュ・フロー計算書では，一会計期間における資金の流れ（キャッシュ・インフローとキャッシュ・アウトフロー）が原因別に区分・計上され，その残高が表示される。すなわち，キャッシュ・フロー計算書は資金の流れを「営業活動」，「投資活動」及び「財務活動」に区分し，資金の残高を示す財務諸表である。

　つまり，キャッシュ・フロー計算書とは，一会計期間におけるキャッシュ・フローの状況（資金の流れ）を原因別に区分・表示し，その残高を示す財務諸表である。キャッシュ・フロー計算書は，企業の利害関係者が当該企業の資金創出能力・支払能力や資金調達の必要性等を評価するために作成される。

2

　キャッシュ・フロー計算書が対象とする「資金」とは，現金及び現金同等物である。

　「現金」とは，手許現金及び要求払預金をいう（「基準」第二・一・1）。要求払預金には，例えば，当座預金，普通預金，通知預金が含まれる（「基準注解」注1）。

　「現金同等物」とは，容易に換金可能であり，かつ，価値の変動について僅少なリスクしか負わない短期投資をいう（「基準」第二・一・2）。「現金同等物」には，例えば，取得日から満期日又は償還日までの期間が3か月以内の短期投資である定期預金，譲渡性預金，コマーシャル・ペーパー，売戻し条件付現先，公社債投資信託が含まれる（「基準注解」注2）。

　ちなみに，「譲渡性預金」とは，通常，券面記載の預金金額を利付で支払うことを約定した譲渡可能定期預金を指す。「コマーシャル・ペーパー」とは，企業や金融機関が短期資金の調達手段として発行する短期・無担保の約束手形のことである。「売戻し条件付現先」とは，公社債等の売買価格差を利用して，一時的な余資の運用のために一定期間後に当初の価格で売り戻すことを条件に売買した公社債等をいう。

　このような現金同等物の判定基準としては，①換金の容易性，②価格変動リスクの僅少性及び③投資の短期性という要件が満たされなければならない。

> 資金＝現金＋現金同等物
> 　　現金＝手許現金＋要求払預金
> 　　現金同等物の性格：換金の容易性＋価格変動リスクの僅少性＋投資の短期性

3

「営業活動によるキャッシュ・フロー」とは，本業である売上・仕入，経費関係のキャッシュ・フローであり，損益計算書の営業損益計算の対象となった取引によるキャッシュ・フローである。

「投資活動によるキャッシュ・フロー」とは，事業拡張のための設備投資，子会社への投資など，将来のための投資によるキャッシュ・フローであり，貸借対照表で扱う資産の動きから生じる。

「財務活動によるキャッシュ・フロー」とは，営業活動・投資活動のための資金調達活動から生じるキャッシュ・フローであり，貸借対照表の負債・純資産の動きから生じる。

したがって，キャッシュ・フロー計算書は，資金の流れを理解するために，①本業で獲得した資金を，②将来の事業拡張のための投資に使い，③資金の過不足分を調整した財務諸表であると言える。

一会計期間における営業・投資・財務活動によるキャッシュ・フローの状況を明らかにする「キャッシュ・フロー計算書」により，多様な利害関係者が次のような評価を行うために役立つものと思われる。

① 将来においてプラスの正味キャッシュ・フローを企業が生み出す能力の評価
② 企業の債務返済能力，配当支払能力及び外部資金調達の必要性の評価
③ 純利益と，関連した現金収入及び支払との間の差異の理由の評価
④ 当期の投資・財務取引（現金を伴わない取引を含む）の企業の財政状態に対する影響の評価

〔問題2〕（連結キャッシュ・フロー計算書等の作成基準）

1

「営業活動によるキャッシュ・フロー」は，本業から生み出す資金の流れであり，営業損益計算に算入される取引やその他の事象からもたらされる。「営業活動によるキャッシュ・フロー」の区分には，例えば，次のようなものが記載される（「基準注解」注3）。

(1) 商品及び役務の販売による収入
(2) 商品及び役務の購入による支出
(3) 従業員及び役員に対する報酬の支出
(4) 災害による保険金収入
(5) 損害賠償金の支払

上記(4)「災害による保険金収入」や(5)「損害賠償金の支払」のように，積極的には「営業活動によるキャッシュ・フロー」とは呼べないが，「投資活動によるキャッシュ・フロー」又は「財務活動によるキャッシュ・フロー」のいずれにも属さないものも含まれて

いる。

　また，商品の販売及び役務の提供により取得した手形の割引による収入等，営業活動に係る債権・債務から生ずるキャッシュ・フローも，「営業活動によるキャッシュ・フロー」の区分に記載される。

　法人税等（住民税及び利益に関連する金額を課税標準とする事業税を含む）の表示区分として，(a)「営業活動によるキャッシュ・フロー」の区分に一括して記載する方法と(b) 3つの区分のそれぞれに分けて記載する方法とが理論上考えられる。

　ただし，それぞれの活動ごとに課税所得を分割することは一般的には困難であるため，「法人税等に係るキャッシュ・フロー」は，「営業活動によるキャッシュ・フロー」の区分に記載する（「基準」第二・二・2）。

2

　「営業活動によるキャッシュ・フロー」の金額は，企業本来の営業活動（本業）が外部資金調達に頼らずに，借入金の返済，営業能力の維持，配当金の支払，新規投資等に必要なキャッシュ・フローをどの程度生み出したかを示す基本的指標である。

　「営業活動によるキャッシュ・フロー」は，主として企業の収益を生み出す主要な営業活動から生まれる。本業の資金創出能力が高く，それだけ余裕資金が多ければ，その資金で新規の設備投資や証券投資を行ったり，借金返済のために有効利用して，財務の健全性に貢献できる。

　反対に，不良債権による貸倒れ，過大在庫による資金滞留などによって「営業活動によるキャッシュ・フロー」がマイナスになった場合，本業を続ければ続けるほど資金が減少し，その資金不足を外部から資金調達することになり，その資金の利子負担がいずれ重くなる。

　「営業活動によるキャッシュ・フロー」のマイナスが長期にわたり続くならば，金融機関も支援を打ち切るであろうから，経営破綻・倒産に陥ることになる。

3

　「投資活動によるキャッシュ・フロー」は，貸付けとその回収，社債・株式等の有価証券の取得及び売却，有形固定資産及び生産に使われる資産，すなわち企業による商・製品又は用役の生産のために所有もしくは使用される資産の取得及び売却によるキャッシュ・フローである。

　投資活動がどの程度行われているか否かにより，将来の営業キャッシュ・フローの創出能力を予測することができるため，「投資活動によるキャッシュ・フロー」は企業の将来性に関する重要な判断材料となる。

　さらに，受取利息と受取配当金も「投資活動によるキャッシュ・フロー」の区分に記載することができる。ただし，「営業活動によるキャッシュ・フロー」の区分に記載することもできる。利息と配当金に係るキャッシュ・フローの表示区分は，次のいずれかの方法による（「基準」第二・二・3）。

　　① 受取利息，受取配当金及び支払利息は「営業活動によるキャッシュ・フロー」の区分に記載し，支払配当金は「財務活動によるキャッシュ・フロー」の区分に記載する

方法
　②　受取利息及び受取配当金は「投資活動によるキャッシュ・フロー」の区分に記載し，支払利息及び支払配当金は「財務活動によるキャッシュ・フロー」の区分に記載する方法

　利息と配当金に係るキャッシュ・フローに対して，2通りの表示区分が認められているのは，①これらの項目が損益算定に含まれるか否かで表示区分を判断する考え方，②これらの項目が投資活動の成果か財務活動の成果かで表示区分を判断する考え方とがあり，両者の考え方はともに合理性が認められるためである。

　したがって，継続適用を条件として，いずれの方法によることも認められる。ただし，支払配当金は剰余金の配当項目であるので，どちらの方法によっても，「財務活動によるキャッシュ・フロー」の区分に記載されることになる。

　なお，①の方法による場合，受取利息と支払利息が「営業活動によるキャッシュ・フロー」の区分に記載されることになるが，その場合には利息の受取額及び支払額は，総額で表示する（「基準注解」注6）。

〔問題3〕（連結キャッシュ・フロー計算書等の作成基準）

1

　「営業活動によるキャッシュ・フロー」を表示する方法として，「直接法」と「間接法」がある。

　「直接法」とは，主要な取引ごとにキャッシュ・フローを総額表示する方法であり，キャッシュ・フローの発生原因を忠実に表現できる方法である。

　「間接法」とは，税引前当期純利益（連結財務諸表では，税金等調整前当期純利益）に非資金損益項目，営業活動に係る資産・負債の増減，投資・財務活動によるキャッシュ・フローの区分に含まれる損益項目を加減して表示する方法である。

　ここに「非資金損益項目」とは，資金の流れを伴わない損益である。例えば，減価償却費や貸倒引当金繰入などの非資金損益項目は，損益計算書では資金の動きがないのに控除されているので，キャッシュ・フロー計算書上プラスにして元に戻すことになる。

2

　「直接法」は，主要な取引ごとにキャッシュ・フローを総額表示する方法であり，キャッシュ・フローの動きを忠実に表現することになるため，「キャッシュ・フロー計算書」の本来の性格からすれば，本源的な表示方法であるということができる。

　直接法による表示方法には，営業活動に係るキャッシュ・フローが総額で表示される点に長所が認められる。

　ただし，直接法により表示するためには，親会社及び子会社において主要な取引ごとにキャッシュ・フローに関する基礎データを用意することが必要であり，実務上，手数を要する点に短所がある。

　他方，「間接法」は，損益計算書における税引前当期純利益からスタートし，この中に含まれる非資金損益項目などを調整して作成する方法である。

したがって，主要な取引ごとにキャッシュ・フローに関する基礎データを用意することが必要とされる「直接法」のような実務上の手数を要さず，営業活動に係るキャッシュ・フローを表示する点に長所が認められる。

さらに，税引前当期純利益と営業活動に係るキャッシュ・フローとの関係が明示され，フリー・キャッシュ・フローを重視する利害関係者に有用な情報を提供できるという長所も存在する。

ただし，「間接法」による表示方法では，本源的な資金の流れが忠実に表現できない。また，主要な取引ごとにキャッシュ・フローが総額で表示されない。

3

株式所有関係がなかったか，株式所有関係はあったものの「支配」を及ぼしていなかった状況にある他の会社の株式を，新規に取得又は追加取得することにより，当該他の会社が連結対象子会社となった場合，それは「事業投資」の一環としてのキャッシュ・アウトフローであると捉え，「投資活動によるキャッシュ・フロー」の区分に「連結範囲の変更を伴う子会社株式の取得」という独立項目により記載される。

反対に，連結対象子会社が株式売却により子会社でなくなった場合には，「投資活動によるキャッシュ・フロー」の区分に「連結範囲の変更を伴う子会社株式の売却」という独立項目により記載される。

この場合，新たに連結対象子会社となった会社の「現金及び現金同等物の額」は株式の取得による支出額から控除し，連結対象子会社でなくなった会社の「現金及び現金同等物の額」は株式の売却による収入額から控除して記載する（「基準」第二・二・4）。

したがって，例えば現金・現金同等物を有する子会社を連結する場合には，当該連結子会社の資産額から現金・現金同等物の額を控除した金額で計上し，同時に減少させる投資勘定からも同額を控除する。

同じ考え方に基づいて，営業の譲受け又は譲渡に係るキャッシュ・フローも，「投資活動によるキャッシュ・フロー」の区分に，同様に計算した額をもって，独立の項目として記載する（「基準」第二・二・4）。

なお，株式の取得により新たに連結子会社となった会社の資産・負債又は株式の売却により連結子会社でなくなった会社の資産・負債に重要性がある場合，営業の譲受け又は譲渡により増減した資産・負債に重要性がある場合には，当該資産・負債の主な内訳を注記する必要がある（「基準」第四・3）。

例えば，株式の取得により新たに連結子会社が生じた場合，連結子会社となった資産・負債は当期末の連結貸借対照表には含まれるが，前期末の連結貸借対照表には含まれず，それぞれの項目は当期の連結キャッシュ・フロー計算書に含まれている。ただし，連結キャッシュ・フロー計算書からだけではそれが読みとれないため，そのような資産・負債の金額に重要性がある場合には，その主な内訳の注記により，連結キャッシュ・フロー計算書の利用者の意思決定に役立てようとするのである。

● 「基準」の公表経緯・社会的背景

　従来，証券取引法に基づくディスクロージャー制度における資金情報として，昭和62年4月以降，有価証券報告書及び有価証券届出書の「経理の状況」において，「財務諸表外の情報」として個別ベースの「資金収支表」が開示されていた。

　平成9年6月に「連結財務諸表制度の見直しに関する意見書」が公表され，連結情報重視の観点から，連結ベースの「キャッシュ・フロー計算書」の導入とともに個別ベースの「資金収支表」の廃止・「キャッシュ・フロー計算書」の導入が提言されている。この提言に基づき，平成10年3月31日に「基準」が企業会計審議会から公表され，連結ベースの「キャッシュ・フロー計算書」，連結財務諸表を作成しない会社については「資金収支表」に代えて個別ベースの「キャッシュ・フロー計算書」が作成されることとなった。

　その際，「資金収支表」が財務諸表外の情報として位置付けられてきたが，「キャッシュ・フロー計算書」は，主要財務諸表の1つとして位置付けられている。

　すなわち，資金情報については，従来，証券取引法（現在，金融商品取引法）会計上，「財務諸表外の情報」として作成されてきたが，連結キャッシュ・フロー計算書の作成・公表の義務化に際し，損益計算書・貸借対照表と並ぶ「主要財務諸表」の1つとして位置づけられ，公認会計士の監査対象となった。

● 「基準」設定前の制度との相違点

　従来の「資金収支表」では，「現・預金」及び「市場性のある一時所有の有価証券」が資金の範囲とされてきたが，資金の範囲が広く，企業における資金管理活動の実態が的確に反映されていないとの問題点が指摘されていた。

　そのため，「キャッシュ・フロー計算書」においては，対象とする資金の範囲を「現金」及び「現金同等物」に限定し，「現金同等物」から価格変動リスクの高い株式等を資金の範囲から排除している。

　さらに，「資金収支表」が財務諸表外の資金情報であったのに対し，「キャッシュ・フロー計算書」は主要財務諸表の1つとして作成されることになった。

　連結財務諸表提出会社においては「連結キャッシュ・フロー計算書」の作成が義務付けられ，連結財務諸表を提出しない会社には個別ベースの「キャッシュ・フロー計算書」の作成が義務付けられた（つまり，連結財務諸表提出会社では，個別ベースの「キャッシュ・フロー計算書」の作成は必要としない）。

Column

ゲーテ絶賛の複式簿記

　哲学者・ゲーテ曰く，「複式簿記は人智の生んだ最も立派な発明の1つである。」，と。

〔問題４〕（研究開発費等に係る会計基準）

1(1)

①	知　識 ❶	②	改　良 ❶	③	発生（別解：支出）❶
④	当期製造費用 ❶	⑤	製造原価報告書 ❶		

(2)

(イ) 費用処理する根拠	その性質上，投機性が高く，将来の収益の獲得が確実であるとはいえないため，保守主義の原則に基づいて即時費用処理する。 ❸
(ロ) 資産計上する根拠	支出効果が発現する期間にわたり繰延経理し，費用収益対応の原則に基づいて配分・償却することにより，経過的に繰延資産として計上する。 ❸

(3)

> 研究開発費は，新製品の計画・設計又は既存製品の著しい改良等のために発生する費用であり，一般的には原価性がないと考えられる。ただし，従来の実務において試験研究費が製造原価に含められていることから，研究開発費も当期製造費用として処理することが認められた。 ❺

2

> 研究開発費の発生時に将来の収益を獲得できるかは不明であり，研究開発計画が進行し，将来の収益の獲得期待が高まったとしても，その獲得が確実でないために，資産として計上する会計処理は適当でない。しかも，重要な投資情報である研究開発費について企業間の比較可能性を担保するためには，費用処理又は資産計上を任意とする会計処理は適当でない。 ❺

3

> 資産計上の要件を厳格に定める必要があるが，実務上，客観的に判断可能な要件を規定することは困難である。抽象的な要件のもとで資産計上を強制した場合，企業間の比較可能性が損なわれる恐れがある。 ❹

〔問題5〕（研究開発費等に係る会計基準）

1
(1)

①	請負工事 ❶	②	研究開発費 ❶	③	機　能 ❶
④	収　益 ❶	⑤	原　価 ❶		

(2)

(a) 研究開発費とする理由	新しい知識の具体化までの過程が研究開発であり，製品マスターの完成は，工業製品の研究開発における量産品の設計完了に相当する。❷
(b) 資産計上する理由 ※　順不同	製品マスター自体が販売の対象物ではない。❶
	機械装置等と同様に製品マスターを複写して製品を作成できる。❶
	製品マスターは法的権利（著作権）を有している。❶
	適正な原価計算により取得原価を明確化できる。❶

(3)

外部から購入した完成品としてのソフトウェアを利用することにより，社内的に費用削減（又は将来の収益獲得）が期待され，将来的な成果に関連する支出として資産性が付与される。❸

2
(1)

①	実績販売数量 ❶	②	見込販売数量 ❶	③	残存有効期間 ❶

(2)

	減価償却方法	理　由
(イ)	(a) 又は (b)	将来の収益獲得と直接的な対応関係が認められるため ❷
(ロ)	(b)	将来の収益獲得の確実性のもとに利用されるため ❷
(ハ)	(c)	経営内部における費用削減を期待して利用されるので，収益に対する直接的対応関係が薄く，物理的な劣化を伴わない無形固定資産の償却であるため ❷

(3)

販売数量又は販売収益の見積りが困難であるという理由により，償却期間の長期化を防止するため ❷

〔問題4〕（研究開発費等に係る会計基準）

1

「研究」とは，新しい科学的又は技術知識と理解を得るために着手した独創的な調査・探究である。「開発」とは，特定の製品・工程の導入あるいは既存の製品・工程の改良のために当該研究等の成果を実用化することである。

「研究開発」の具体的な典型例として，次のような項目がある（「研究費実務指針」2項）。

① 従来にはない製品，サービスに関する発想を導き出すための調査・探究
② 新しい知識の調査・探究の結果を受け，製品化又は業務化等を行うための活動
③ 従来の製品に比較して著しい違いを作り出す製造方法の具体化
④ 従来と異なる原材料の使用方法又は部品の製造方法の具体化
⑤ 既存の製品，部品に係る従来と異なる使用方法の具体化
⑥ 工具，冶具，金型等について，従来と異なる使用方法の具体化
⑦ 新製品の試作品の設計・製作及び実験
⑧ 商業生産化するために行うパイロットプラントの設計，建設等の計画
⑨ 取得した特許を基にして販売可能な製品を製造するための技術的活動

研究開発活動のために費消した費用は「研究開発費」と呼ばれるが，研究開発費には，人件費，原材料費，固定資産の減価償却費及び間接費の配賦額等，研究開発のために費消されたすべての原価が含まれる（「基準」二）。

特定の研究開発プロジェクトのために使用される予定であり，かつ，転用不可能な機械装置や特許権等は，将来における収益獲得可能性が不明確であるため，資産計上し償却処理することには問題がある。特定の研究開発目的にのみ使用され，他の目的に使用できない機械装置や特許権等を取得した場合の原価は，取得時の「研究開発費」とする（「基準注解」注1）。

「研究開発費」の会計処理法には，次のような方法が考案・実践されている。

(a) 研究開発費の全額を発生時に費用として計上する「費用処理法」
(b) 研究開発費の全額を発生時に資産として計上し，合理的な期間にわたって配分・償却する「資産計上法」
(c) 研究開発費について費用処理又は資産計上を任意とする「費用・資産任意計上法」
(d) 一定の条件を満たせば，資産計上を強制する「条件付資産計上法」

「研究費基準意見書」（三・2）によれば，研究開発費の発生時には将来の収益を獲得できるか否か不明であり，研究開発計画が進行し，将来の収益の獲得期待が高まったとしても，いぜんとしてその獲得が確実であるとはいえないため，研究開発費を資産として計上する(b)の会計処理は適当ではない。

重要な投資情報である研究開発費について，企業間の比較可能性を担保することが必要であり，費用処理又は資産計上を任意とする(c)の会計処理も適当ではない。

一定の要件を満たすもののみについて資産計上を強制する(d)では，資産計上の要件を定める必要があるが，実務上，客観的に判断可能な要件を規定することは困難であり，抽象的な要件のもとで資産計上を求めることとした場合，企業間の比較可能性が損なわれる恐れがある。

したがって,「研究開発費」は,すべて発生時に費用として処理しなければならない(「基準」三)。すなわち,「基準」は,研究開発費の全額を発生時に費用として処理する(a)の会計処理を採択した。

「研究開発費」を即時償却する理由は,研究開発活動が会社の業務及びその競争上の地位を維持するために必要とされる継続的な営業活動の一部であり,将来の収益獲得が高まったとしても,その支出効果を将来の期間に特定化するには不確実性が多いからである。

「研究開発費」は,新製品の計画・設計又は既存製品の著しい改良等のために発生する費用であり,一般的には原価性がないと考えられる。通常は,一般管理費として当該科目名を付して記載することになるが,現行実務においては,例えば試験研究費に属するような費用性支出が製造原価に含められているので,「研究開発費」を当期製造費用として処理することも認めている。

その場合には,製造原価報告書の材料費・労務費・経費のいずれかに含められる。

一般管理費及び当期製造費用に含まれる「研究開発費」の総額は,財務諸表に注記しなければならない(「基準」五)。

2

「基準」の公表前には,試験研究費や開発費(及び創立費,開業費,社債発行差金,社債発行費,新株発行費,建設利息)について,支出効果が将来に発現するという事実及び収益との対応関係の重視という理由によって,「繰延資産」として繰延経理処理し,配分・償却する「資産計上法」が容認されていた(「連続意見書第五」第一,二)。

つまり,当該費用を支出した年度のみの費用とせず,将来の一定期間にわたる費用とするため「繰延資産」として貸借対照表に計上できる「資産計上法」の選択適用が認められている。

ただし,平成17年改正前商法(290条)の規定においても,債権者保護の立法趣旨の立場から,換金能力(すなわち担保能力)のない繰延資産の貸借対照表能力には否定的であり,とりわけ金額が多額に上る試験研究費,開発費及び開業費の合計額が法定準備金(資本準備金及び利益準備金)を超える場合には,その超過額について配当制限が加えられていた。

3

英国基準や国際会計基準では,一定の要件を満たすならば,開発費は資産として認識しなければならない。わが国のように「繰延資産の部」は存在しないので,開発費は「無形固定資産の部」に計上される。

無形資産として認識するためには,将来の経済的便益を創出する可能性が高いかどうかを問題とされ,次のような要件が要求される(IAS第38号,59頁)。

(a) 使用又は売却可能となるように,無形資産を完成させる技術上の実行可能性の立証
(b) 無形資産を完成させ,これを使用又は売却する企業の意思の立証
(c) 無形資産を使用又は売却する能力の立証
(d) 無形資産が将来の経済的便益を創出する方法の立証
(e) 無形資産を完成させ,これを使用又は売却するために必要となる技術・財務上の利用可能性その他の資源の利用可能性の立証

(f) 無形資産に帰属させる支出額を信頼性をもって測定できる能力の立証

〔問題5〕（研究開発費等に係る会計基準）

1

「ソフトウェア」とは，コンピュータを機能させるように指令を組み合わせて表現したプログラム等をいう（「基準」一・2）。

「ソフトウェア」には，具体的には，①コンピュータに一定の仕事を行わせるためのプログラム，②システム仕様書・フローチャート等の関連文書が含まれる。ただし，経済的・機能的に一体不可分と認められないコンテンツ（情報そのもの，例えば，ゲームソフトにおける映像・音響，シナリオ等）は，「ソフトウェア」には含まれない。

2

ソフトウェアの受注制作は建設業の請負工事と共通するので，受注制作のソフトウェア制作費は，工事契約の会計処理（問題32参照）に準じて，一定の要件の下で「工事進行基準」が適用される（「基準」四・1）。

市場販売目的のソフトウェアである製品マスターの制作費は，研究開発終了時点までの研究開発費に該当する部分を除き，「ソフトウェア」として無形固定資産の区分に計上しなければならない。ただし，製品マスターの機能維持に要した費用（バグ取り等の費用）は，資産として計上してはならない（「基準」四・2）。

自社利用のソフトウェア（外部へ業務処理等のサービスを提供する契約等が締結されている場合，社内利用のために完成品を購入した場合）については，その提供又は利用により将来の収

図表5－1　ソフトウェアの会計処理

制作目的等				会計処理
研究開発				研究開発費として費用処理
受注制作				工事契約の会計処理に準じた処理（進行基準又は完成基準）
市場販売	研究開発終了時点まで			研究開発費として費用処理
	研究開発終了後	製品マスターの著しい改良		
		製品マスターの機能維持		費用処理
		上記以外		
自社利用	サービス提供			無形固定資産（又は仮勘定）として資産計上
	社内利用	購入	将来の収益獲得又は費用削減が確実である	
		自社・委託制作	将来の収益獲得又は費用削減が不確実である	費用処理
	機械装置等への組込み			当該機械装置等の原価に算入

出所：菊谷正人＝石山　宏『新会計基準の読み方（第4版）』税務経理協会，平成20年，10頁。

益獲得又は費用削減が確実であると認められる場合には，資産として計上しなければならない。なお，機械装置等に組み込まれているソフトウェアについては，当該機械装置等の取得原価に含めて処理する（「基準」四・3）。

　無形固定資産として計上された「ソフトウェア」の取得原価は，その性格に応じて将来の収益獲得（又は費用削減）と合理的に対応できる方法に基づいて償却される。

　商業生産段階に入った「市場販売目的ソフトウェア」に関する製品マスターには，将来の収益獲得と直接的な対応関係が認められる場合が多いので，「見込販売数量法」又は「見込販売収益法」が合理的である。

　例えば，下記条件により「見込販売収益法」に基づき，ソフトウェアの償却仕訳を行えば，次のとおりになる（単位：千円）。なお，販売開始時点の見込販売数量・単価は実際販売数量・単価と一致している。

(イ)　ソフトウェアの取得原価：546,000千円
(ロ)　見込有効期間：3年
(ハ)　販売開始時点における見込販売数量と見込販売単価
　　　初年度：3,000個　@60千円　　2年度：2,160個　@50千円
　　　3年度：4,050個　@40千円

初年度：（借）ソフトウェア償却費　　218,400※1　（貸）ソフトウェア　　218,400

　　※1 (a)　$546,000千円 \times \dfrac{60千円 \times 3,000}{60千円 \times 3,000 + 50千円 \times 2,160 + 40千円 \times 4,050} = 218,400千円$

　　　(b)　546,000千円 ÷ 3年 = 182,000千円
　　　　(a)＞(b)　∴　218,400千円

2年度：（借）ソフトウェア償却費　　163,800※2　（貸）ソフトウェア　　163,800

　　※2 (c)　$(546,000千円 - 218,400千円) \times \dfrac{50千円 \times 2,160}{50千円 \times 2,160 + 40千円 \times 4,050} = 131,040千円$

　　　(d)　(546,000千円 - 218,400千円) ÷ 2年 = 163,800千円
　　　　(c)＜(d)　∴　163,800千円

3年度：（借）ソフトウェア償却費　　163,800　（貸）ソフトウェア　　163,800

　　※3　546,000千円 - 218,400千円 - 163,800千円 = 163,800千円

　「サービス提供目的の自社利用ソフトウェア」は，将来の収益獲得の確実性のもとに利用されるのであるから，「見込販売収益法」が合理的である。

　「社内利用目的の自社利用のソフトウェア」は，経営内部における費用削減を期待して利用されるので，収益に対する直接的対応関係が薄く，物理的な劣化を伴わない無形固定資産の償却であるので，一般的には，「定額法」が合理的である。

●「基準」の公表経緯・社会的背景

　近年における商品サイクルの短期化，新規技術に対するキャッチアップ期間（新技術を導入して生産に結びつける期間）の短縮及び研究開発の広範化・高度化等により，研究開発の支出も相当な金額となり，企業の将来の収益性を左右する研究開発の重要性が増していた。企業の収益性・競争力を維持・改善しようとするならば，新製品・改良品あるいは新技法の研究・開発のために巨額な資本を投下する必要があり，とりわけ技術進歩・技術革新の激しい業種においては，研究・開発活動は通常の営業活動の一部を構成している。研究開発費の総額や研究開発の内容等の情報は，企業の経営方針や将来の収益予測に関する重要な投資情報として位置づけられている（「基準意見書」二）。

　さらに，コンピュータの発達による高度情報化社会では「ソフトウェア」の果たす役割が急速に重要性を増し，その制作額もしだいに多額となり，ソフトウェアの制作過程には研究開発にあたる活動が含まれているが，ソフトウェアに関する明確な会計基準の整備が望まれていた（「基準意見書」二）。

　このように，「基準」公表の背景には，近年における企業の研究開発活動の重要性，ソフトウェア開発に関する技術の高度化・多様化が存在する。

　平成10年3月13日に企業会計審議会が公表した「基準」は，企業結合により被取得企業から受け入れた資産（受注制作，市場販売目的及び自社利用のソフトウェアを除く）を「基準」の適用範囲から除外するように，「企業会計基準委員会」（Accounting Standards Board of Japan：以下，ASBJと略す）によって，平成20年12月20日に修正・公表されている。なお，ASBJは，会計基準を開発する民間機関として平成13年7月26日に発足し，「企業会計基準」を作成・公表している。

●「基準」設定前の制度との相違点

1　従来の「試験研究費」と「開発費」が「研究開発費」と称されることになった。「連続意見書第五」（第一・三）によれば，「試験研究費」は新製品の試験的製作あるいは新技術の研究等のために特別に支出した金額をいい，「開発費」とは，新技術の採用，新資源の開発，新市場の開拓等の目的をもって支出した金額，並びに現に採用している経営組織の改善を行うために支出した金額等であった。

　前述したように，「基準」では，「研究」と「開発」の概念を明確にしている。例えば，「基準」は，探査，掘削等の鉱業における資源の開発に特有の活動については適用しない（「基準」六・2）。鉱業における資源の開発（天然資源に係る開発）は，同じ「開発」という用語が用いられているものの，そこには本源的な差異があり，また，会計基準の国際的調和化の見地からも「基準」の適用対象とはされない。

　試験研究費と開発費の範囲が必ずしも明確ではなく，資産計上が任意であること等から，内外企業間の比較可能性が阻害されていると考えられるので，「研究開発費」の会計処理として「費用処理」の強制適用に変更された。

2　「基準」において，研究開発費に該当しないソフトウェア制作費に係る会計処理も定めていることから，「ソフトウェア」についてもその定義を明示した。

〔問題６〕（税効果会計に係る会計基準）

1(1)

①	会計期間 ❷	②	課税所得 ❷	③	将来減算一時差異 ❷
④	将来加算一時差異 ❷	⑤	一時差異等 ❷		

(2)

法人税のほかに，都道府県民税，市町村民税及び利益に関連する金額を課税標準とする事業税が含まれる。 ❷

(3)

番号	勘定科目名	税　　効　　果
③	繰延税金資産 ❶	法人税等の支払いが前払いとなる。 ❶
④	繰延税金負債 ❶	法人税等の支払いが未払いとなる。 ❶

2

法人税等は，当該期間における法人の事業活動から生じ，納税義務に基づく租税債務の増加という形態をとる。租税債務の増加としては，経済的便益をもつ資源（現金）の流出をもたらし，結果として，資本減少の原因となるからである。 ❹

3

税法上，青色申告法人は，当期前９年以内に生じた欠損金を，当期における課税所得の計算上，損金の額に算入できる。欠損金の９年間の繰越控除により，将来の課税所得と相殺可能な繰越欠損金は，翌期以降の繰越可能期間に生じる課税所得と相殺することができ，将来の課税所得を減額する効果があるので，一時差異と同様に取り扱われる。 ❺

〔問題7〕（税効果会計に係る会計基準）

1 (1)

①	帰属年度 ❶	②	資本(別解：純資産) ❶	③	課税所得 ❶
④	評価差額 ❶	⑤	未実現損益 ❶		

(2)

　　期間差異のみを対象とする繰延法では，期間差異の発生年度における税負担額又は税軽減額を差異解消期まで繰延税金資産又は繰延税金負債として計上し，将来の期間に費用又は収益として償却していく。期間差異発生年度の法人税等の期間対応を主目的とするので，適用される税率として差異発生年度の現行税率が適用され，その後に税率が変更されても，新税率による再計算を行わない。❹

(3)

　　企業会計上の資産・負債と納税申告上の資産・負債との差額を一時差異として把握する資産負債法では，企業会計上の資産・負債の将来における回収・返済により一時差異が解消されるまで，前払税金又は未払税金の形で繰延税金資産又は繰延税金負債として計上される。税効果額には差異解消期の予測税率が適用され，その後に税率が変更された場合には，修正計算を行う。❹

2

　　評価差額が直接純資産の部に計上される場合，時価が取得原価を上回る評価差額には繰延税金負債，時価が取得原価を下回る評価差額には繰延税金資産が計上される。評価差額に係る繰延税金資産又は繰延税金負債は，当該差額から控除して計上する。例えば，資産の時価が300，取得原価が200である場合，評価差額100は資産に借記し，貸方には40を繰延税金負債として，残額60を評価差額金として計上する。❹

3 (1)

　　資本連結上，子会社の資産と負債を時価評価するが，子会社の個別財務諸表に基づく課税所得には当該評価差額は算入されないため，時価評価された資産・負債は処分・決済された時に解消されるので，一時差異になる。❸

(2)

　　相殺消去した金額に基づいて減額修正した貸倒引当金繰入額は，連結会計上の利益を増加させる。将来，相殺消去の対象となった債権が回収される場合には，連結会計上の利益を減少させるが，課税所得金額には変動がないので，実際の法人税等の支払額が相対的に増加する。貸倒引当金の減額修正時に将来加算一時差異が生じたとみなし，繰延税金負債として計上する。❺

〔問題8〕（税効果会計に係る会計基準）

1 (1)

①	一時差異等 ❷	②	税　率 ❷	③	調整額 ❷
④	将来減算一時差異 ❷	⑤	課税所得 ❷		

(2)

> 繰延税金資産は，将来の法人税等の支払額を減額する効果を有し，法人税等の前払額に相当するため，資産としての性格を有する。繰延税金負債は，将来の法人税等の支払額を増額する効果を有し，法人税等の未払額に相当するため，負債としての性格を有する。❸

(3)

> 繰延税金資産は法人税等の前払いの性格を有するが，所得課税である法人税等は所得が生じない限り課税されないため，将来，課税される金額の範囲内でしか資産計上はできない。❸

2

> 繰延税金資産の回収可能性は，その計上時点の見積りに過ぎない。繰延税金資産の計上により法人税等の額は減少し，当期純利益が増加するので，その資産計上には十分な回収可能性の保証がなければ，資金の社外流出を招き，将来の企業の継続性に影響を及ぼすため，毎期見直しが要求される。❹

3

> 繰延税金負債は，将来に所得を稼得できると前提した場合，将来の一時差異解消時に税金の支払という形で将来の経済的資源を引き渡すことができるので，将来の課税所得の存在を前提とする一種の条件付債務である。当該条件が満たされる将来時点で初めて，法人税等を支払う義務が生ずる。❺

〔問題６〕（税効果会計に係る会計基準）

1

　法人税法上の課税所得は，「別段の定め」を除き，会社法決算で確定した当期純利益（決算利益）に基づいて算定される。つまり，法人税法上の益金・損金と企業会計（会社法会計）の収益・費用と一致しない「別段の定めのある事項」（益金算入項目，益金不算入項目，損金算入項目，損金不算入項目）を加減・調整すること（税務調整という）によって，課税所得は算出される。企業会計上の収益・費用と法人税法上の益金・損金の認識時点の相違（「期間差異」という），資産又は負債の金額の相違（上記の期間差異を含めて「一時差異」と総称する）が存在する場合，その相違の存在を起因とする法人税等支払額への将来的影響が潜在する。

　このような法人税等支払額への潜在的影響が「税効果」と呼ばれ，この税効果を考慮して，税引前当期純利益と法人税等の対応を達成しようとする会計処理が「税効果会計」である。すなわち，「税効果会計」とは，企業会計上の資産又は負債の額と課税所得計算上の資産又は負債の額に相違がある場合，法人税等の額を適切に期間配分することにより，法人税等控除前の当期純利益と法人税等を合理的に対応させることを目的とする手続である（「基準」第一）。

　「法人税等」には，「法人税」のほか，「住民税」及び利益に関連する金額を課税標準とする「事業税」が含まれる（「基準注解」注１）。

　「一時差異」は，将来の期間において課税所得に算入される差額であり，将来の期間の課税所得に含められることによって，解消できる差異である。「一時差異」は税効果会計の適用対象となり，法人税等については，一時差異に係る税金の額を適切な会計期間に配分・計上しなければならない。

　「一時差異」は，当該差異が解消するときに課税所得の減額効果を持つ「将来減算一時差異」と課税所得の増額効果を持つ「将来加算一時差異」に分けることができる。

2

　法人税等の会計的性格については，費用項目とみる説と利益処分項目とみる説が存在する。

　法人税等を「利益処分項目」として捉えるならば，それは損益計算書には計上されず，株主資本等変動計算書に記載されることになり，税効果会計の問題は生じないはずである。したがって，法人税等が「企業会計上の費用」であることを前提として，税効果会計という特殊な技術が成立することになる。

　法人税等は，(イ)当該期間における法人の事業活動から生じ，(ロ)納税義務に基づく租税債務（将来の見積額も含む）の増加であり，(ハ)租税債務の増加により経済的便益をもつ資源（現金）の流出を伴い，(ニ)結果として資本減少の原因となるので，企業会計上の費用としての特質を有する。

3

　税効果会計の対象は，「一時差異等」である。一時差異等は，一時差異と繰越欠損金等から成る。「繰越欠損金等」には，「繰越欠損金」のほかに，「繰越外国税額控除」が含まれる。

　税法上，所得に対する国際二重課税を排除する方策として，外国税額の控除が認められている。控除する外国税額が大きく，その年度において十分に控除しきれない場合には，翌年度以降3年間の繰越可能期間に生じる外国税額控除余裕額を限度として，税額控除の繰越が認められる。「繰越外国税額控除」も，将来の課税所得を減額する税効果を有するので，「一時差異」と同様に取り扱われている。

> 一時差異等＝一時差異＋繰越欠損金等※
> 　　※　繰越欠損金等＝繰越欠損金＋繰越外国税額控除

〔問題7〕（税効果会計に係る会計基準）

1

　会社法会計と法人税法の計算目的あるいは租税政策等により，確定決算に基づく損益計算書上の「当期純利益」と法人税法上の「課税所得金額」は，通常，一致しない。当該差異が生じる原因を形態的に分類すると，「永久差異」と「一時差異」がある。

　「永久差異」は，例えば損金不算入項目である交際費等・罰科金等のように，企業会計上及び課税所得計算上，永久に解消されることはない。永久差異は，将来のいかなる期間においても課税所得計算に影響を及ぼさないので，税効果会計の対象とはならない。

　他方，「一時差異」は，①収益又は費用の帰属年度の相違に基づく差異（期間差異という），②評価差額が純資産の部に計上され，かつ，当期の課税所得の計算に含まれない差異から成り，将来のいずれかの期間において解消される差異である。したがって，「一時差異」は税効果会計の対象となる。

　つまり，法人税等については，「一時差異」に係る税金の額を適切な会計期間に配分し，計上しなければならない。

　税効果会計の方法には，期間差異のみを対象とする「繰延法」，一時差異を対象とする「資産負債法」がある。

　期間帰属の相違に基づく「期間差異」について，発生した期の差異に対する税負担額又は税軽減額を差異解消期まで，「繰延税金資産」又は「繰延税金負債」として計上し，これを将来の期間に対応する費用又は収益として償却していく「繰延法」は，期間差異発生年度の法人税等の期間対応を主目的とする。

　この繰延法では，当期の企業会計上の利益に対応しない部分を繰り延べるので，適用される税率として，差異発生年度の現行税率が適用され，その後に税率の変更があっても新税率による再計算，新税に対する修正を行わない。

　他方，貸借対照表上の資産と負債及び納税申告上の資産と負債との差額を「一時差異」として把握する「資産負債法」は，企業会計上の資産又は負債の将来における回収又は返済により一時差異が解消されるときに，税効果を将来支払うべき税金（つまり負債）ある

いは将来の税金の前払い（つまり資産）として会計処理する方法である。翌期以降に支払うか軽減される税額を「未払税金」又は「前払税金」の形で「繰延税金負債」又は「繰延税金資産」として貸借対照表に計上することを主目的とする。

この資産負債法では，税効果額は，前払税金の場合には将来軽減される期の税率により，未払税金の場合には将来実際に支払われる期の税率により計算され，差異解消期の予測税率が適用される。その後の税率に変更があったり，新税が賦課されれば，修正計算を行う。「基準」は，「資産負債法」を採用している。

前述したように，一時差異には「将来減算一時差異」と「将来加算一時差異」がある。「将来減算一時差異」は，例えば，貸倒引当金等の引当金の損金算入限度超過額，減価償却費の損金算入限度超過額，損金不算入となる評価損等のほか，連結会社相互間の未実現利益等がある（「基準注解」注2）。「将来減算一時差異」は，法人税等の支払いが前払いとなることにより，これに法定実効税率を乗じた金額が「繰延税金資産」という資産勘定で処理される。損益計算書上，一時差異発生時には法人税等の減算調整額として表示される。

　　　（借）繰延税金資産　　　×××　　　（貸）法人税等調整額　　　×××

「将来加算一時差異」は，例えば，剰余金の処分による準備金の計上・圧縮記帳，連結会社相互間の債権と債務の相殺消去による貸倒引当金の減額等がある（「基準注解」注3）。「将来加算一時差異」は，法人税等の支払いが未払いとなることにより，これに法定実効税率を乗じた金額が「繰延税金負債」という負債勘定で処理される。損益計算書上，一時差異発生時には法人税等の加算調整額として表示される。

　　　（借）法人税等調整額　　　×××　　　（貸）繰延税金負債　　　×××

図表7－1　納税申告書と損益計算書の関係

納税申告書		損益計算書	
当期利益	××	税引前当期純利益	××
加算（益金算入・損金不算入）	＋××	法人税，住民税及び事業税	××
減算（損金算入・益金不算入）	－××	法人税等調整額	±××
課税所得	××	当期純利益	××

課税所得×法定実効税率＝納付税額

2

企業会計上，資産について時価評価を行い，その評価差額を純資産の部に直接プラス又はマイナスの項目として計上する場合，当該評価差額が税務上益金又は損金の額に算入されないとなれば，企業会計上の資産の貸借対照表価額（時価評価額）と税務上の資産の価額（時価評価前の帳簿価額）との間に差異が生じる。

この差異は課税所得の計算に含まれないので，時価が取得原価を上回る場合の評価差額は「将来加算一時差異」として繰延税金負債，時価が取得原価を下回る場合の評価差額は「将来減算一時差異」として繰延税金資産に計上される。その場合，評価差額に係る「繰延税金負債」又は「繰延税金資産」を当該評価差額から控除して計上するものとする（「基準」第二・二・3）。

3

　資本連結に際しては、「全面時価評価法」により、子会社の資産・負債を時価で評価するが、連結手続上の時価評価は、子会社の個別財務諸表上の資産・負債の評価には影響を与えない。
　つまり、資本連結時に子会社の資産・負債を時価評価しても、子会社の資産・負債の税務上の帳簿価額は個別財務諸表上の帳簿価額であるので、個別財務諸表の金額に基づいて算定される課税所得の金額には、資本連結時における評価差額は含められていない。
　当該評価差額は、時価評価された資産又は負債の売却・回収・処分又は決済が行われる時に解消されるので、一時差異として取り扱われる。すなわち、資本連結に際し、子会社の資産又は負債の時価評価により生じた評価差額がある場合には、当該評価差額に係る時価評価時点の「繰延税金資産」又は「繰延税金負債」を当該評価差額から控除した額をもって、親会社の投資額と相殺対象となる子会社資本とする（「基準」第二・二・3）。
　連結会社間の債権・債務は、企業グループ内部の取引に基づく債権・債務であるので、連結決算上、相殺消去される。
　この場合、債権・債務は同額減少するので、債権減少による「将来減算一時差異」と債務減少による「将来加算一時差異」も相殺される。
　ところが、連結会社間の債権・債務が相殺消去されると、連結決算上、相殺消去後債権の金額に基づく貸倒引当金の設定額に変更する必要がある。貸倒引当金繰入額の減少は、連結会計上の利益を増加させるが、将来、相殺消去の対象となった債権が回収された時に、連結会計上の利益を減少させる。
　ただし、その解消時には、個別会計上の課税所得金額には変動がないので、実際に支払う法人税等の金額は相対的に増加することになり、将来加算一時差異とみなされる。
　そこで、貸倒引当金繰入額の減額時には、当該減少額に実効税率を乗じた金額を繰延税金負債として計上する必要がある。

　　（借）貸 倒 引 当 金　　×××　　（貸）貸倒引当金繰入額　　×××
　　　　　法 人 税 等 調 整 額　　×××　　　　　繰 延 税 金 負 債　　×××

〔問題8〕（税効果会計に係る会計基準）

1

　「繰延税金資産」は前払税金に相当する税金を将来減少させる効果があり、「繰延税金負債」は未払税金に相当する税金を将来増加させる効果があるので、資産性・負債性があると考えられる。
　ただし、「繰延税金資産」については、将来の回収の見込みについて毎期見直しを行う必要がある（「基準」第二・二・1）。
　「繰延税金資産」の計上は、法人税等を減少させ、当期純利益を増加させるので、その資産計上に十分な回収可能性の保証がなければ、資金の社外流出を招き、将来の企業の継続性に影響を及ぼす。そのため、「繰延税金資産」に対しては、将来の支払税金を減額する効果（将来の回収の見込み）について毎期の見直しが要求されている。

2

　繰延税金資産の「回収可能性」の判断は，「税効果会計」の適用に当たって最重要の課題である。

　日本公認会計士協会が平成11年11月9日に公表した監査委員会報告第66号「繰延税金資産の回収可能性の判断に関する監査上の取扱い」によれば，その重要な理由として次のような事項が列挙されている。

(1) 「基準」が「繰延法」でなく「資産負債法」を採用したことにより，繰延税金資産・負債は会計上の税引前利益と税法上の所得金額の期間差異によって生じた法人税等の繰延・見越勘定でなく，将来における法人税等の減少又は増加の可能性を十分に有する資産又は負債でなければならなくなった。

(2) 繰延税金資産の「回収可能性」が十分であることを前提にして，当該資産には配当制限が規定されていない。このため，「回収可能性」の判断が不十分な繰延税金資産を計上して配当が行われた場合，経営者・会社監査人に対して違法配当に関する損害賠償を債務者から請求されるおそれがある。

(3) 「回収可能性」の乏しい繰延税金資産の計上は，利益の過大計上という粉飾になるおそれがあり，経営者・会計監査人の責任問題が生ずる。

(4) 税効果会計の適用に際しては，一般的に，将来加算一時差異よりも将来減算一時差異が認識されることが多く，かつ，金額も大きい。また，一時差異に準ずるもの（繰越欠損金，繰越外国税額控除）も，税効果会計の適用によって，繰延税金資産として計上されることになった。

　「繰延税金資産」は，「将来減算一時差異」の解消時点に課税所得が存在する限り，税金支払額が軽減されるという点では，将来における一定の経済的便益を有する。

　すなわち，将来において法人税等に係る現金流出額を減少させる可能性を有し，現金流出の減少に貢献する潜在能力を持つ繰延税金資産は，結果的に一定の経済的資源を企業にもたらす可能性がある。

　ただし，繰延税金資産は換金性を有しないので，保守主義の観点から「繰延税金資産」の計上は慎重に行うべきである。

3

　繰延税金負債の「支払可能性」に関しては，保守主義の観点から，支払可能性のある繰延税金負債は負債に計上される。

　ただし，繰延税金負債の計上を要しない場合もある。課税所得の計上が当分見込めず，将来加算一時差異の解消による申告加算が生じても，納税額が生じない場合である。

　また，将来加算一時差異の大部分は剰余金の処分による準備金等の積立額であるが，例えば特別償却準備金の場合には積立事業年度の翌事業年度から7年間均等取崩し，海外投資等損失準備金の場合には積立事業年度の翌事業年度から5年間据え置いた後に5年間均等取崩しというように，そのほとんどについて将来解消見込年度のスケジューリングも可能である。繰延税金資産の計上と比べて，繰延税金負債の計上には，債権者の利益に資することにもなるので，繰延税金資産の資産性よりも容認される可能性が高い。

● 「基準」の公表経緯・社会的背景

　従来，わが国では納税額方式が利用されてきた。これは，確定申告による要納付税額をもって決算期に法人税等を計上する方法であり，納税義務の確定をもって法人税等を計上する法的要素を重視する方法であった。

　平成9年9月6日に改訂された「連結財務諸表原則」が，従来，任意適用とされていた「税効果会計」を強制適用することにした。さらに，連結財務諸表のみならず，個別財務諸表における税効果会計の適用が進められるべきとの見解が示された。

　このような流れを受け，平成10年10月30日に「基準」が公表され，連結財務諸表・個別財務諸表又は年次財務諸表・中間財務諸表の別を問わず，「税効果会計」が全面的に適用されることになった。

● 「基準」設定前の制度との相違点

　平成9年改訂前の「連結財務諸表原則」では，「期間差異」のみを税効果会計の適用対象とする「繰延法」（収益費用アプローチ）が採用されていた。

　この繰延法によると，繰延税金（借方）の資産性及び繰延税金（貸方）の負債性を説明することが困難であること，また世界的にも貸借対照表が提供する情報の重要性が強調される傾向がみられることなどから，「基準」は，「一時差異」を税効果会計の適用対象とする「資産負債法」（資産負債アプローチ）を採用した。

Column

理論問題では問題文をよく読み，効率的に書くこと

　本試験問題では，問題用紙と答案用紙があるだけです。理論問題では，問題文を深く読み，出題者の出題意図をよく理解することより，答案用紙に必要不可欠な専門用語を駆使して，効率的に解答しなければなりません。限られたスペース（字数）の中で，読み手（出題者）に伝わるような文章を書く必要があります。文章力を身に付けるためには，新聞の「社説」を半年ほど書き写すことを勧めます（最低限，句読点も気にしながら，「社説」を音読・熟読してください）。出題意図とは異なった解答（方向性が違う独り善がり的な解答），稚拙な文章による解答（例えば，幼稚な通俗的用語の使用，杜撰（ずさん）な句読点打ち）では点数は取れません。

〔問題9〕（固定資産の減損に係る会計基準）

1(1)

①	兆　候 ❶	②	割引前 ❶	③	20 年 ❶
④	回収可能価額 ❶				

(2)

将来キャッシュ・フローが約定される金融資産と異なり，成果の不確定な事業用資産の減損には，測定が主観的にならざるを得ないため，減損の存在が相当程度に確実な場合に限って減損損失を認識することが適当である。割引前のキャッシュ・フローと帳簿価額を比較して減損損失を認識すれば，減損損失が認識される範囲は，割引後のキャッシュ・フローよりも，相当程度，狭められることになるので，より確実性の高いもののみが減損損失として認識される。　❹

(3)

(a)	資産の正味売却価額と使用価値のいずれか高い金額　❷
(b)	資産に対する投資額（帳簿価額）は売却又は使用のいずれかによって回収されるため，売却による回収額である正味売却価額と使用による回収額である使用価値のいずれか高い金額が，固定資産の回収可能価額となる。　❸

2(1)

(c)	将来の一定期間において，企業が保有する資産の使用及び処分によるキャッシュ・インフローから，当該キャッシュ・インフローを発生するために必然的必然的に発生するキャッシュ・アウトフローを差し引いたものをいう。　❷
(d)	生起する可能性の最も高い単一の金額とする「最頻法」又は生起しうる複数の将来キャッシュ・フローをそれぞれの確率で加重平均した金額とする「期待値法」のいずれかの方法が適用される。　❸

(2)

資産の継続的使用と使用後の処分によって生じると見込まれる将来キャッシュ・フローの総額を一定の割引率で割り引いた現在価値　❷

(3)

使用価値の算定に用いる割引率は，貨幣の時間価値を反映した税引前の利率とする。将来キャッシュ・フローが見積値から乖離するリスクについて，将来キャッシュ・フローの見積りに反映させる割引率は，貨幣の時間価値のみを考慮するリスクフリー・レートとなる。リスクフリー・レートは，貸倒リスクの存在しない状況を反映した利子率を意味し，長期国債の利子率等がこれに相当する。　❺

〔問題10〕 (固定資産の減損に係る会計基準)

1(1)

①	キャッシュ・フロー	②	回収可能性	③	臨時損失
④	時価評価				

(2)

のれん

(3)

(イ)	減損の存在が相当程度確実な場合に限り，減損損失の認識と測定が行われる。
(ロ)	減損損失の戻入れは，事務的負担を増大させるおそれがある。

(4)

　臨時損失は，災害・事故等の偶発的事象によって当該資産の実体の一部が物質的に損傷した場合に帳簿価額を切り下げた際の損失である。これに対して，減損とは，資産の収益性の低下により投資額の回収が見込めなくなった状態であり，減損処理とは，回収可能性を反映させるように帳簿価額を減額する会計処理である。

(5)

　時価評価は，資産を市場価格（時価）で評価することであり，時価の上昇及び下落を評価益及び評価損として認識・計上するのに対し，減損処理は，資産の帳簿価額を回収可能額まで切り下げることであり，減損損失として認識・計上する。減損処理は，資産の帳簿価額の切下げのみを行うが，切上げは行わない点，帳簿価額の修正は毎決算期に要求されるものではない点において，時価評価とは本質的に異なる。

2(1)

　時価とは，公正な評価額をいい，市場において形成される取引価格等に基づく価額であるので，誰にとっても同じ価値であり，市場の平均的な期待で決まる価値である。企業にとっての投資の価値とは，成果を期待して使われているために，企業にとって主観的な期待価値であるので，誰が保有するかによって異なる価値であり，一般に使用価値と呼ばれている。

(2)

　独立企業間取引では，資産の取得原価は取得時における市場の平均的な期待で決まる時価を表している。

(3)

　減損処理では，時価ではなく，企業にとっての投資の価値が用いられる。企業に固有の事情を反映した合理的な仮定や予測に基づいて収益性の低下を認識・測定するためには，企業にとっての投資の価値が必要であり，投資額のうち回収可能額を繰り越す場合には，使用価値による測定が求められる。

〔問題9〕（固定資産の減損に係る会計基準）

1

　固定資産の「減損」とは，資産の「収益性の低下」により投資額の回収が見込めなくなった状態であり，「減損処理」とは，そのような場合に，一定の条件の下で「回収可能性」を反映させるように帳簿価額を減額する会計処理である。

　減損が生じている可能性を示す事象（以下「減損の兆候」という）がある資産（又は資産グループ）について，これらが生み出す「割引前の」将来キャッシュ・フローの総額が帳簿価額を下回り，減損の存在が相当程度に確実である場合には，減損損失を認識する（「基準」二・2(1)）。

　減損損失の認識は，毎期すべての固定資産を対象とせず，減損の兆候がある資産（又は資産グループ）に限定される。減損の兆候としては，例えば，次の事象が考えられる（「基準」二・1）。

① 資産（又は資産グループ）が使用されている営業活動から生ずる損益又はキャッシュ・フローが，継続してマイナスとなっているか，あるいは，継続してマイナスとなる見込みである。

② 資産（又は資産グループ）が使用されている範囲又は方法について，当該資産（又は資産グループ）の回収可能価額を著しく低下させる変化が生じたか，あるいは，生ずる見込みである。

③ 資産（又は資産グループ）が使用されている事業に関連して，経営環境が著しく悪化したか，あるいは，悪化する見込みである。

④ 資産（又は資産グループ）の市場価格が著しく下落した。

　減損損失の認識判定のために見積もられる「割引前の将来キャッシュ・フロー」は，少なくとも土地に関しては使用期間が無限になり得ると考えられるので，その見積期間は制限される必要があり，一般的に，長期間にわたる将来キャッシュ・フローの見積りに対しては不確実性が高くなる。したがって，減損損失の認識判定のために「割引前将来キャッシュ・フロー」を見積もる期間は，資産の経済的残存使用年数（又は資産グループ中の主要な資産の経済的残存使用年数）と20年のいずれか短い方とする（「基準」二・2(2)）。20年を超える場合には，20年経過時点の回収可能価額を算定し，20年目までの「割引前将来キャッシュ・フロー」に加算する（「基準注解」注(4)）。

　減損損失を認識すべきであると判定された資産（又は資産グループ）については，帳簿価額を「回収可能価額」まで減額し，当該減少額を「減損損失」として当期の損失とする（「基準」二・3）。

　「回収可能価額」とは，資産（又は資産グループ）の「正味売却価額」と「使用価値」のいずれか高い方の金額をいう（「基準注解」（注1－1））。資産（又は資産グループ）に対する投資は売却するか使用するかのいずれかによって当該投資額は回収されるため，売却による回収額である「正味売却価額」と使用による回収額である「使用価値」のいずれか高い方の金額が，固定資産の「回収可能価額」になる。すなわち，使用価値が正味売却価額より高いときは，当該資産の売却による回収よりも資産を使用した方が有利であり，正味売却価額が使用価値より高いときは，資産を使用するよりも売却する方が有利である。

なお，減損損失の認識の判定のためには，「割引前の」キャッシュ・フローと帳簿価額とを比較して判定したが，減損損失の測定のために使用価値を用いる場合には，「割引後の」キャッシュ・フローを用いる点に注意を要する。

図表9－1 減損損失の概念図

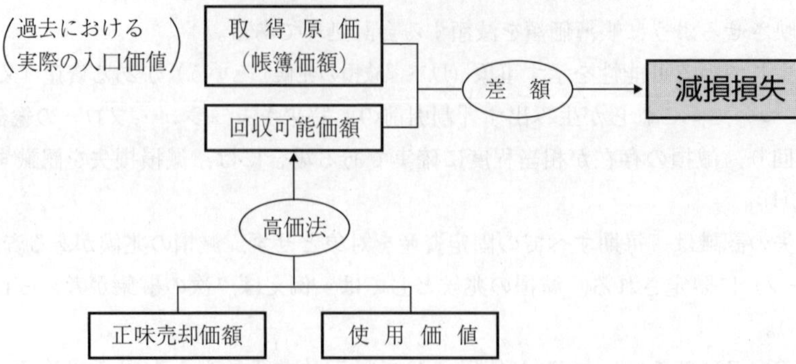

```
（過去における）   取得原価
 実際の入口価値    （帳簿価額）    ┐
                              ├ 差 額 → 減損損失
                 回収可能価額   ┘
                     ↑
                   高価法
                  ／    ＼
            正味売却価額   使用価値
          （現在における見積りの出口価値）
```

2

減損処理の順序として，まず「減損の兆候」の確認，次に「減損損失の認識」の判定，その後に「減損損失の測定」が行われる。

減損損失の「認識」及び「測定」（とりわけ使用価値の算定）においては，将来キャッシュ・フローの見積りが必要であるが，将来キャッシュ・フローの見積りには，次のような方法がある。

(a) 生起する可能性の最も高い単一の金額とする「最頻値法」
(b) 生起しうる複数の将来キャッシュ・フローをそれぞれの確率で加重平均した金額とする「期待値法」

例えば，3年後と10年後に売却する可能性がある設備（帳簿価額：4,000千円）について，割引前キャッシュ・フローとそれぞれの確率が下表のとおりである場合，(a)最頻値法と(b)期待値法により将来キャッシュ・フローを計算すれば，次のとおりである（単位：千円）。

ケース	将来キャッシュ・フロー		確率
	使用	売却	
2年後売却	900千円	3,000千円	70%
10年後売却	4,000千円	300千円	30%

(a) 900千円＋3,000千円＝3,900千円＜4,000千円
　　∴ 減損損失を認識する。
(b) （900千円＋3,000千円）×70%＋（4,000千円＋300千円）×30%
　　＝4,020千円＞4,000千円
　　∴ 減損損失を認識しない。

「最頻値法」又は「期待値法」によった場合でも，実際の将来キャッシュ・フローと乖離する可能性がある。そのため，将来キャッシュ・フローが見積値から乖離するリスク

については，将来キャッシュ・フローの見積りと割引率のいずれかに反映させる（ただし，減損損失を認識するかどうかを判定する際に見積もられる割引前将来キャッシュ・フローの算定においては，このリスクを反映させない）（「基準注解」注(6)）。

将来キャッシュ・フローが見積値から乖離するリスクに対して，将来キャッシュ・フローの見積りに反映させる場合の割引率は，貨幣の時間価値のみを考慮する「リスクフリー・レート」となり，将来キャッシュ・フローの見積りに反映させない場合の割引率は，貨幣の時間価値と将来キャッシュ・フローが見積値から乖離するリスクの双方を反映したものとなる。「基準」（二・5）では，使用価値の算定に際して用いられる割引率は，貨幣の時間価値のみを反映した税引前の利率とする。

割引率としての「リスクフリー・レート」は，貸倒リスクの存在しない状況を反映した利子率を意味し，長期国債の利子率などがこれに相当する。

乖離リスクを反映させる場合の割引率には，当該企業における資産（又は資産グループ）に固有のリスクを反映した収益率（内部収益率）が理論的である。つまり，使用価値は，資産（又は資産グループ）の継続的使用と使用後の処分によって生ずると当該企業によって見込まれた将来キャッシュ・フローの現在価値である。

ただし，内部収益率の算定が困難である場合には，当該資産に固有のリスクを反映した市場平均の収益率（市場収益率），当該企業における借入資本コストと自己資本コストを加重平均した加重平均コスト，あるいは借入資本比率が高い企業にあっては追加借入利子率なども代替の割引率として考えられる。

「減損損失の認識」の段階では，資産が生み出す「割引前の将来キャッシュ・フロー」の総額と当該資産の「帳簿価額」を比較し，前者が後者を下回る場合に，「減損損失」を認識する。

「減損損失の測定」の段階では，「回収可能価額」（使用価値と正味売却価額との高い金額）と「帳簿価額」を比較し，前者が後者を下回る場合に「減損損失」を測定する。

減損損失＝帳簿価額－回収可能価額

「正味売却価額」は，資産（又は資産グループ）の時価から処分費用見込額を控除した金額をいう。この場合，時価とは，公正な評価額をいい，通常，観察可能な市場価格であり，市場価格が観察できない場合には合理的に算定された価額である（「基準注解」注（1－2～3））。つまり，「正味売却価額」とは，現在時点における資産売却による正味の回収額である。

これに対し，「使用価値」とは，資産（又は資産グループ）の継続的使用と使用後の処分によって生ずると見込まれる将来キャッシュ・フローの現在価値をいう（「基準注解」注（1－4））。したがって，使用価値は将来における資産の使用による回収額である。

資産の使用は将来にわたるため，貨幣の時間概念を考慮し，将来キャッシュ・フローを割り引いて計算することになる。割引率は，貨幣の時間価値を反映した税引前の利率とする（「基準」二・5）。

減損損失の認識・測定における仕訳処理は，下記のとおりである。

（借）減損損失　××　（貸）固定資産（又は減損損失累計額）　××

例えば，減損損失を認識された機械装置（取得原価：10,000千円，帳簿価額：6,000千円，残

存耐用年数：3年）の正味売却価額が3,000千円であり，売却せずに3年間の使用により毎年1,700千円と使用後の処分による900千円のキャッシュ・フロー（割引率：5％）が見込まれる場合，使用価値は5,407千円（≒1,700千円÷1.05＋1,700千円÷1.05^2＋2,600千円÷1.05^3）と算定され，正味売却価額（3,000千円）より高いので，使用価値が回収可能価額となる。したがって，減損損失は593千円（＝6,000千円－5,407千円）と計算され，次の仕訳が必要である（単位：千円）。

　　　　（借）減 損 損 失　　　593　　　　（貸）機 械 装 置　　　593

　なお，減損処理には，個々の資産ごとに行うのが原則であるが，通常，固定資産は複数の資産が一体となって独立したキャッシュ・フローを生み出しているので，資産のグルーピングを行う必要性がある。資産のグルーピングは，他の資産又は資産グループのキャッシュ・フローから概ね独立したキャッシュ・フローを生み出す最小の単位で行う（「基準」二・6(1)）。概ね独立したキャッシュ・フローを生み出す最小の単位は，「現金生成単位」と呼ばれている。

　資産グループについて認識された減損損失は，帳簿価額に基づく比例配分等の合理的な方法により，当該資産グループの各構成資産に配分する（「基準」二・6(2)）。その場合，原則として，帳簿価額に基づいて比例配分するが，例えば時価に基づく比例配分等が合理的な配分方法として認められる。

　例えば，A製品を製造するために土地（帳簿価額26,040千円），建物（帳簿価額10,080千円）と備品（帳簿価額5,880千円）を所有し，当該資産グルーピングの回収可能価額を25,000千円と測定した場合，減損損失17,000千円（＝(26,040千円＋10,080千円＋5,880千円)－25,000千円）を帳簿価額に基づいて比例配分する仕訳は，次のとおりである（単位：千円）。

　　　（借）減 損 損 失　　17,000　　　（貸）土　　　　地　　10,540[※1]
　　　　　　　　　　　　　　　　　　　　　　　建　　　　物　　 4,080[※2]
　　　　　　　　　　　　　　　　　　　　　　　備　　　　品　　 2,380[※3]

　　※1　$17,000 \times \dfrac{26,040}{42,000} = 10,540$　　※2　$17,000 \times \dfrac{10,080}{42,000} = 4,080$

　　※3　$17,000 \times \dfrac{5,880}{42,000} = 2,380$

　複数の資産又は資産グループの将来キャッシュ・フローの生成に寄与する「共用資産」（例えば，全社的な将来キャッシュ・フローの生成に寄与する本社建物，試験研究施設）に減損の兆候がある場合，原則として，共用資産とともに資産又は資産グループを含む，より大きな単位でグルーピングを行い，減損損失の認識判定と測定は，まず，資産又は資産グループごとに行い，次により大きい単位で行う（「基準注解」注7）。

　すなわち，第1段階において，共用資産を含まない資産又は資産グループごとに減損の兆候を判定し，割引前将来キャッシュ・フローと帳簿価額を比較して減損損失の認識を行い，帳簿価額を回収可能価額まで切り下げ，第2段階において，資産又は資産グループに共用資産を加えた大きな単位で，再度，減損損失の兆候の判定・認識・測定を行う。

　例えば，それぞれ異なる製品を製造しているA工場とB工場，共用資産である研究所建物に減損の兆候があり，グルーピング後の帳簿価額等が下表のとおりである場合の減損損失は，次のように測定される。

資産グループ	帳簿価額	減損の兆候	割引前将来キャッシュ・フロー	回収可能価額
A工場	78,000千円	あり	105,360千円	-
B工場	130,000千円	あり	79,560千円	67,600千円
研究所建物	119,400千円	あり	-	-
合　計	327,400千円	-	254,880千円	236,400千円

第1段階（資産グループ単位）

(1) 減損損失の認識

　　A工場：78,000千円＜105,360千円　　∴　認識しない。

　　B工場：130,000千円＞79,560千円　　∴　認識する。

(2) 減損損失の測定（B工場の減損損失）

　　130,000千円－67,600千円＝62,400千円

第2段階（資産グループに共用資産を加えた大きな単位）

(1) 減損損失の認識

　　327,400千円＞254,880千円　　∴　認識する。

(2) 減損損失の測定（研究所建物の減損損失）

　　（327,400千円－236,400千円）－62,400千円＝28,600千円

　　（借）減　損　損　失　　91,000　　（貸）B　工　場　　62,400
　　　　　　　　　　　　　　　　　　　　　　研究所建物　　28,600

　共用資産に配分される減損損失（28,600千円）が，共用資産の帳簿価額（119,400千円）と正味売却価額（例えば，104,000千円）の差額（15,400千円）を超過する場合には，当該超過額（13,200千円）は合理的な基準（例えば，資産グループの帳簿価額の比率）により資産又は資産グループに配分しなければならない（「基準注解」注8）。これによって，共用資産の帳簿価額を正味売却価額より下回ることが回避されることになる。上記例において，当該超過額の配分後における各資産の帳簿価額は次のように算定される。

A工場：$78,000千円 - 13,200千円 \times \dfrac{78,000千円}{78,000千円 + 67,600千円} = 71,036千円$

B工場：$67,600千円 - 13,200千円 \times \dfrac{67,600千円}{78,000千円 + 67,600千円} = 61,564千円$

研究所建物：104,000千円（正味売却価額）

〔問題10〕（固定資産の減損に係る会計基準）

1

　従来，固定資産の帳簿価額を臨時的に切り下げる方法として，「臨時償却」及び「臨時損失」が制度化されていた。

　「臨時償却」は，予見しえなかった機能的原因により臨時的に行う減価償却累計額の修正のための減価償却であり，過年度における耐用年数等の見積違いの訂正により，取得原価の期間配分を修正したものに過ぎない。「臨時損失」は，災害・事故等の偶発的事象によって当該資産の実体の一部が物質的に損傷した場合に帳簿価額を切り下げた際の損失で

ある。
　これに対して、「減損」とは、資産の「収益性の低下」により投資額の回収が見込めなくなった状態であり、「減損処理」とは、一定の条件の下で回収可能性を反映させるように帳簿価額を減額する会計処理である。すなわち、「減損会計」とは、資産の収益性の低下により投資額の回収が見込めなくなったときに、固定資産の帳簿価額を「回収可能価額」まで切り下げることをいい、減損処理により生じた両者の差額を「減損損失」という。
　「減損会計」は、①固定資産の帳簿価額の切下げのみを行うが、切上げは行わない点、②帳簿価額の修正は毎決算期に要求されるものではない点において、金融資産に適用される「時価評価」とは本質的に異なる。
　減損損失は、固定資産に係る臨時的な損失であることから、原則として、特別損失とする（「基準」四・2）。
　減損処理を行った資産の貸借対照表における表示は、原則として、減損処理前の取得原価から減損損失を直接控除し、控除後の金額をその後の取得原価とする形式で行う。ただし、当該資産に対する減損損失累計額を、取得原価から間接控除する形式で表示することもできる。この場合、減損損失累計額を減価償却累計額に合算して表示することができる（「基準」四・1）。

2
(1)
　減損処理を行った資産については、減損損失を控除した帳簿価額に基づき減価償却を行う（「基準」三・1）。すなわち、減損処理後の資産については、切下げ後の帳簿価額を基礎として、毎期、計画的・規則的に減価償却を行う。
　減損処理は回収可能価額の見積りに基づくため、その見積りに変更があり、変更された見積りによれば減損損失が減額される場合には、「減損損失の戻入れ」を行う必要があるという考え方がある。「減損損失の戻入れ」の仕訳処理は、基本的に次のとおりである。
　　　　　（借）固　定　資　産　　×××　　　（貸）減損損失戻入　　×××
　しかし、「基準」（三・2）では、①減損の存在が相当程度確実な場合に限って減損損失を認識及び測定することとしていること、②戻入れは事務的負担を増大させるおそれがあることなどから、「減損損失の戻入れ」は行わない。
(2)
　ASBJにより公表された討議資料『財務会計の概念フレームワーク』によれば、「資産」は、過去の取引又は事象の結果として、報告主体（企業）が支配している経済的資源である。「負債」は、過去の取引又は事象の結果として、報告主体が支配している経済的資源を放棄もしくは引き渡す義務又はその同等物をいう（討議資料第3章4項～5項）。
　「純資産」は、資産と負債の差額であり、「株主資本」は、純資産のうち報告主体の所有者である株主（連結財務諸表の場合、親会社株主）に帰属する部分をいう（討議資料第3章6項～7項）。
　「包括利益」は、特定期間における純資産の変動額のうち、報告主体の所有者である株主、子会社の非支配株主及び将来それらになり得るオプションの所有者との直接的な取引によらない部分をいう（討議資料第3章8項）。

「純利益」は，特定期間における純資産の変動額（報告主体の所有者である株主，子会社の非支配株主及び将来にそれらになり得るオプションの所有者との直接的な取引による部分を除く）のうち，当該期間中にリスクから解放された投資の成果である。つまり，報告主体の所有者に帰属する部分をいい，純資産のうちもっぱら株主資本だけを増減させる（討議資料第3章9項）。

「収益」は，純利益又は非支配株主損益を増加させる項目であり，特定期間における資産増加・負債減少に見合う額のうち，「投資のリスク」から解放された部分である。すなわち，投資から得られるキャッシュ・フローに見合う会計上の尺度である（討議資料第3章13項）。

「費用」は，純利益又は非支配株主損益を減少させる項目であり，特定期間における資産減少・負債増加に見合う額のうち，「投資のリスク」から解放された部分である。すなわち，投資によりキャッシュを獲得するために費やされた（犠牲にされた）投入要素に見合う会計上の尺度である（討議資料第3章15項）。

ここに「投資のリスク」とは，投資の成果の不確実性のことである。当該成果が事実となれば，それはリスクから解放されることになる。つまり，「リスクからの解放」とは，投資に対して期待された成果が事実として確定することをいう。『討議資料』（第3章23項）の見解に従えば，投資家が求めているのは，投資に当たって期待された成果に対して，どれだけ実際の成果が得られたのかについての情報である。

「基準」によれば，「資産価値」には市場の平均的な期待で決まる「時価」と市場平均を超える成果を期待して事業に使われる「企業にとっての投資の価値」（主観的な期待価値）がある。この二つの資産価値の差額は「のれん」であるが，「自己創設のれん」であるため，計上されない。固定資産の取得後に使用されると，「投資のリスク」から解放され，「投資の成果」として耐用年数にわたり各期に期間配分される。

ただし，当該固定資産の収益性が低下し，主観的な期待価値（使用価値）が帳簿価額より下回った場合，「企業にとっての投資の価値」は主観的な期待価値まで切り下げ，投資額のうち回収可能な金額で繰り越すことができる。

● 「基準」の公表経緯・社会的背景

　「バブル経済」の崩壊後，企業の収益性低下により，不動産をはじめとする事業用固定資産の投資額を全額回収できないケースが増えていた。とりわけバブル経済下に過大な投資を行った企業の多くは，回収不能な固定資産を抱え込んだ。

　そのような固定資産を所有しているときに，当該資産の帳簿価額の切下げを行わないとすると，結果として将来期間へ損失を繰り延べていることになり，そのような財務諸表からでは投資者をはじめとする利害関係者は適正な意思決定を行うことができなくなる。

　このような経済状況下において，一定の条件を満たした固定資産について減損処理を義務づける「基準」を企業会計審議会は平成14年8月9日に公表している。これにより，資産の収益性の低下により投資額の回収が見込めなくなった状態において，一定の条件の下で回収可能性を反映させるように帳簿価額を減額する会計処理が要求されることとなった。

● 「基準」設定前の制度との相違点

　「企業会計原則」（第三・5）は，「貸借対照表に記載する資産の価額は，原則として，当該資産の取得原価を基礎として計上しなければならない。」と規定し，資産評価基準の原則適用として「取得原価基準」を採用している。事業用の固定資産の期末評価には「取得原価基準」が強制適用され，帳簿価額（取得原価）を臨時的に切り下げる方法として，「臨時償却」と「臨時損失」が制度化されていた。

　「基準」の新規導入により，固定資産の収益性の低下により投資額の回収が見込めなくなった場合には，帳簿価額を回収可能額まで切り下げる「減損処理」が義務づけられ，減損処理により生じた差額を「減損損失」として計上することができるようになった。

Column

企業の社会的責任（CSR）とアカウンタビリティ

　企業の社会的責任（corporate social responsibility：CSR）とは，企業の株主（資金提供者）の利益ばかりではなく，企業が社会的利益に貢献・行動する責務をいいます。アカウンタビリティ（accountability）とは，会計（accounting）と責任（responsibility）の造成語です。「会計責任」とか「報告・説明責任」とも訳されています。企業の経済活動を正しく会計帳簿に記帳し，帳簿決算後に作成する財務諸表を企業の利害関係者（株主，経営者，従業員，消費者，金融機関，規制団体等）に報告することによって，会計上の「説明責任」は果たされたことになります。近年，企業活動の社会的側面・経済的側面・環境的側面（トリプルボトムライン）に関する「CSR報告書」を主要財務諸表のほかに作成する企業が増えています。さらに，最近では，財務情報に加えて，社会貢献，知的財産，研究開発活動，CSR活動等の非財務情報を一冊に盛り込んだ「統合報告書」が関心を集めています。

〔問題11〕 (自己株式及び準備金の額の減少等に関する会計基準)

1(1)

| ① | 取得原価 ❶ | ② | 株主資本 ❶ | ③ | その他資本剰余金 ❶ |
| ④ | 帳簿価額 ❶ | ⑤ | 振　替 ❶ | | |

(2)
　　自己株式を取得したのみでは株式は失効しておらず，他の有価証券と同様に換金性のある会社財産とみられる。❷

(3)
　　自己株式の取得は株主との間の資本取引であり，株主に対する会社財産の払戻しの性格を有する。自己株式の保有は処分又は消却までの暫定的な状態であるので，自己株式を取得原価で一括して純資産の部の株主資本全体の控除項目とする方法が適切である。❹

(4)
　　消却対象となった自己株式の帳簿価額をその他資本剰余金から減額し，不足する場合には，その他利益剰余金（繰越利益剰余金）から減額する。❷

2(1)
　　自己株式の取得，処分及び消却時の付随費用は，株主との間の資本取引ではない点に着目し，会社の業績に関係する項目であるとの考え方を論拠とする。❹

(2)
　　自己株式の処分時及び消却時の付随費用は，形式的に株主との取引ではないが，自己株式本体の取引と一体であるとの考え方を論拠とする。❹

3(1)
　　親会社が保有している自己株式と合わせて，純資産の部の株主資本に対する控除項目として表示する。❷

(2)
　　売却益をその他資本剰余金に計上し，売却損をその他資本剰余金から減額する。❷

〔問題11〕（自己株式及び準備金の額の減少等に関する会計基準）

1

「自己株式」とは，自社が発行した株式（自社株）を再取得し，保有しているものをいう。他社株の取得には有価証券勘定を使用するが，自社株の取得には自己株式勘定を用いて別個に掲記しなければならない。

自己株式の会計処理及び表示に関する考え方については，これを有価証券と同様に流動資産とみる「資産説」と，資本の控除項目とみる「資本控除説」に分けられる。

「資産説」によれば，自己株式を取得したのみでは株式は失効しておらず，自己株式であっても他の有価証券と何ら変わることなく譲渡価値を有し，流動性・換金性も高いので，流動資産に属するものとされる。

「資本控除説」では，自己株式を取得するということは，発行時における資本の減少を意味する資本取引にほかならないので，自己株式は資本の払戻し（減資）として控除する形式で表示される。

「基準」（8項）では，「資本控除説」が採用され，貸借対照表の純資産の部における株主持分の末尾に「自己株式」として一括して控除する形式で表示する。

なお，資本剰余金は利益剰余金と混同してはならない。資本金及び資本準備金の額の減少によって生ずる剰余金は，いずれも減額前の会計上の性格が変わるわけではなく，資本性の剰余金の性格を有すると考えられることから，減少の法的手続が完了したときに，「その他資本剰余金」に計上する（「基準」20項，59項）。利益準備金はもともと留保利益を原資とするものであり，利益性の剰余金の性格を有するため，利益準備金の額によって生ずる剰余金は「その他利益剰余金」（繰越利益剰余金）に計上する（「基準」21項，63項）。

自己株式を処分する場合，自己株式の処分対価と帳簿価額との差額は「自己株式処分差額」として処理される。自己株式の処分は株主との資本取引であるので，「自己株式処分差額」は損益計算書に計上するのではなく，純資産の部に株主資本に直接増減することが適切である。

自己株式処分差額が正の値の場合における「自己株式処分差益」は，自己株式の処分が新株の発行と同様の経済的実態を有する点を考慮すると，株主からの払込資本と同様の経済的実態を有すると考えられるので，「その他資本剰余金」に計上される（「基準」9項，37項）。

自己株式処分差額が負の値の場合における「自己株式処分差損」も，自己株式の処分が新株の発行と同様の経済的実態を有する点を考慮すると，利益剰余金の額を増減させるべきではなく，自己株式処分差益と同じく「資本剰余金」の額の減少とすることが適切である。ただし，資本剰余金の額を減少させる科目としては「資本準備金」からの減額が会社法上の制約を受けるため，「その他資本剰余金」から減額される（「基準」40項）。

なお，「その他資本剰余金」の残高を超えた「自己株式処分差損」が発生した場合には，残高が負の値になるが，本来，負の残高の資本剰余金という概念は想定されていないので，資本剰余金の残高が負の値になる場合は，「利益剰余金」で補填するほかない（「基準」40項）。つまり，「その他資本剰余金」の残高を超える自己株式処分差損は「その他利益剰余金」（繰越利益剰余金）から減額される。

2

　自己株式の取得・処分・消却時の付随費用には，取得のための手数料，消却のための手数料，処分時に募集株式の発行等の手続を行うための費用等がある。これらの付随費用に対しては，(a)付随費用を財務費用として損益計算書に計上する考え方（損益取引とする方法）及び(b)取得に要した付随費用は取得価額に含め，処分・消却に要した付随費用は自己株式処分差額等の調整とする考え方（付随費用を自己株式本体の取引と一体と考え，資本取引とする方法）がある（「基準」50項~52項）。

　損益取引とする方法は，付随費用が株主との間の資本取引ではない点に着目し，会社の業績に関係する項目であるとの見方に基づいている。「基準」では，新株発行費用を株主資本から減額していない会計処理との整合性から，自己株式の取得，処分及び消却に関する付随費用は，損益計算書の「営業外費用」に計上する（14項，53項）。

　ただし，「会社計算規則」（第14条）の規定によれば，株式交付費（新株発行費用）を資本金等増加限度から控除することができる。

　なお，国際的な会計基準では，資本取引とする方法が採用されている。この考え方では，自己株式の処分時及び消却時の付随費用は，形式的に株主との取引ではないが，自己株式本体の取引と一体であるとみなされる（「基準」52項）。

3

　連結子会社保有の親会社株式（持分相当額）は，企業集団で考えた場合，親会社保有の自己株式と同様の性格であるため，連結財務諸表上では親会社保有の自己株式と合算して，純資産の部の株主資本に対する控除項目として表示する（「基準」15項）。

> 連結子会社保有の親会社株式＝親会社保有の自己株式（したがって，親会社保有の
> 　　　　　　　　　　　　　　自己株式と合算して，株主資本から控除する）

　その際，株主資本から控除する金額は親会社株式の親会社持分相当額とし，非支配株主持分から控除する金額は非支配株主持分相当額とする（「基準」55項）。

　また，連結子会社保有の親会社株式の売却損益（内部取引によるものを除いた親会社持分相当額）の会計処理としては，連結財務諸表上では，その性格が親会社における自己株式処分差額と同様であるため，親会社における自己株式処分差額の会計処理（処分差益を「その他資本剰余金」に計上し，処分差損を「その他資本剰余金」から減額する処理）と同様とし，非支配株主持分相当額は非支配株主利益（又は損失）に加減する（「基準」16項，56項）。

　さらに，持分法適用対象の子会社・関連会社が親会社株式等を保有する場合には，親会社等の持分相当額を自己株式として純資産の部の株主資本から控除し，当該会社に対する投資勘定を同額減額する（「基準」17項）。

　持分法適用対象の子会社・関連会社における親会社株式等の売却損益（内部取引によるものを除いた親会社等の持分相当額）は，親会社における自己株式処分差額の会計処理と同様とし，また，当該会社に対する投資勘定を同額加減する（「基準」18項）。

● 「基準」の公表経緯・社会的背景

　商法では，株式消却，合併又は他社の営業全部の譲受けなど，特定の場合を除いて，自己株式の取得は，経済的には一種の減資とみなされるため，原則として禁止されていた。

　ただし，規制緩和により証券市場の活性化を図る観点から，平成13年の商法の改正時に「自己株式取得禁止」から「自己株式取得解禁」に移行された。自己株式の取得は，平成17年に創設された会社法（平成17年法律第86号）により，(1)取得する株式の数，(2)その引換えに交付する金銭等及び(3)取得できる期間（１年を超えることはできない）を株主総会の決議により定め，分配可能額の範囲内で，株主との合意によって行うことができる。

● 「基準」設定前の制度との相違点

　従来，自己株式の会計処理には「資産説」が採択されていたが，国際的な会計基準では一般的に資本の控除項目とされていること，わが国の連結財務諸表制度においても資本の控除項目とされていることなどを勘案し，「資本控除説」に移行した（「基準」31項）。

Column

字はなるべく綺麗に書くこと

　国家試験（税理士試験，公認会計士試験）の採点者は，何万・何千枚もの答案を一枚残らず読まなければなりません。答案の中には，解読不可能な漢字やひらがな，読めない程の小さい字や細かい字，我流の略字・変形字・クセ字や斜め字書きが数多くあります。読み手（採点者）に読んで頂くためには，なるべく字は綺麗に書いた方がよいと思います。字が汚くても採点に影響することはありませんが，読めない程の字は採点者も解読できず，読み飛ばすことがありますので，結果的には減点の対象になると思っても結構です。ボールペンは1.0mm以上のものを使い，読み易い字に書くことを勧めます（採点者は年配者が多いので，細く，小さな字には困り果てているようです）。

〔問題12〕 （1株当たり当期純利益に関する会計基準）

1(1)

①	期中平均株式数 ❶	②	親会社株主に属する ❶	③	剰余金の配当 ❶
④	潜在株式調整後 ❶	⑤	権利の行使 ❶		

(2)

(a)	株主としての権利内容に制限のない，標準となる株式 ❶	
(b)	その保有者が普通株式を取得することができる権利又は普通株式への転換請求権・これらに準じる権利が付された証券又は契約 ❷	
(c)	ワラント ❶	転換証券 ❶

(3)

　希薄化効果とは，将来における持分株式への転換可能な潜在株式の存在により，現在の株主に対して将来の1株当たり当期純利益が減少する効果をいう。潜在株式に係る権利の行使を仮定して算定した「潜在株式調整後1株当たり当期純利益」が「1株当たり当期純利益」を下回る場合に，当該潜在株式は希薄化効果を有する。❸

2

　1株当たり当期純利益を算定・開示する目的は，現在の普通株主に関する一会計期間における企業の成果を示し，投資家の的確な投資判断に資する情報を提供することにある。市場で流通する株式の多くが普通株式であり，また，同一企業の他の会計期間との経営成績の比較（時系列比較）及び他企業との経営成績の比較（企業間比較）のための情報として当該指標を開示することは，投資家の的確な投資判断に資することになる。❺

3(1)

潜在株式が存在しない場合 ❶
潜在株式が存在しても，希薄化効果を有しない場合 ❶
1株当たり当期純損失の場合 ❶

(2)

　必ずしも1株当たり当期純利益に対する将来の潜在的な変動性を示す「警告指標」とすることではなく，1株当たり当期純利益と同様に，原則として，過去の情報として開示することにより時系列比較・企業間比較を通じて，将来の普通株式の価値の算定に役立つように，投資家の的確な投資判断に資する情報を提供することにある。❹

〔問題12〕（1株当たり当期純利益に関する会計基準）

1

「1株当たり当期純利益」は，下記算式のように，普通株式に係る当期純利益を普通株式の期中平均株式数で除して算定する（「基準」12項）。

$$1株当たり当期純利益 = \frac{普通株式に係る当期純利益}{普通株式の期中平均株式数}$$

上記算式における分子の「普通株式に係る当期純利益」は，損益計算書上の当期純利益から，剰余金の配当に関連する項目で「普通株主に帰属しない金額」を控除して算定する。「普通株主に帰属しない金額」には，優先配当額などが含まれる。「普通株主に帰属しない金額」に含まれる優先配当額は，次のとおりである（「基準」14項～16項）。

(1) 累積型配当優先株式の場合……1株当たり当期純利益の算定対象となる会計期間に係る要支払額

(2) 非累積型配当優先株式の場合……1株当たり当期純利益の算定対象となる会計期間に基準日が属する剰余金の配当を基礎として算定した額

ここでいう「普通株式」とは，権利内容に制限のない標準となる株式であり，「普通株主」は，株式数に応じ配当請求権（剰余金の配当を受ける権利），残余財産分配請求権（残余財産の分配を受ける権利）及び株主総会における議決権を有する。

なお，優先配当（配当優先株における優先的な剰余金の配当であり，留保利益から行われる配当）が定められた額に達しない不足額を累積して次期以降の利益からその累積不足額を支払うかどうかにより，「配当優先株式」（普通株式よりも配当請求権（剰余金の配当を受ける権利）が優先的に認められる株式）は累積型と非累積型とに分類される。「配当優先株式」には，配当請求権は普通株式より優先するが，残余財産分配請求権は劣後する混合株式も含まれる。

「累積型配当優先株式」の場合，定められた優先配当額に達しないときの当該不足額が翌期以降に優先的に支払われるため，社債に係る支払利息と同様に，当期に係る要支払額を算定する。「非累積型配当優先株式」の場合には，剰余金の配当の決議により決定する当該優先株主に帰属する額を基礎として算定することが適当である（「基準」7項～8項）。

潜在株式が希薄化効果を有する場合，「潜在株式調整後1株当たり当期純利益」を算定・開示しなければならない。ここに「潜在株式」とは，その保有者が普通株式を取得することができる権利又は普通株式への転換請求権・これらに準じる権利が付された証券または契約をいい，例えば，ワラントや転換証券が含まれる（「基準」9項）。

「ワラント」とは，その保有者が普通株式を取得することのできる権利・これに準じる権利をいい，例えば，新株予約権が含まれる。「転換証券」とは，普通株式への転換請求権・これに準ずる権利が付された金融負債又は普通株式以外の株式（転換株式）をいい，例えば，一括法で処理されている新株予約権付社債や一定の取得請求権付株式が含まれる（「基準」10項～11項）。

「潜在株式調整後1株当たり当期純利益」は，普通株式に係る当期純利益に希薄化効果を有する潜在株式に係る「当期純利益調整額」を加えた合計金額を，普通株式の期中平均

株式数に希薄化効果を有する潜在株式に係る権利の行使を仮定した普通株式の増加数（以下，「普通株式増加数」という）を加えた合計株式数で除して算定する（「基準」21項）。

$$\text{潜在株式調整後1株当たり当期純利益} = \frac{\text{普通株式に係る当期純利益} + \text{当期純利益調整額}}{\text{普通株式の期中平均株式数} + \text{普通株式増加数}}$$

ここでいう「希薄化効果」とは，将来において普通株式に転換できるかもしれない潜在株式を当該企業が発行していることによって，当該企業の現在の株主にとっては，将来，「1株当たり当期純利益」が減少するかもしれないマイナス効果をいう。

例えば，当期（×1年4月1日から×2年3月31日まで）の当期純利益が379,346千円であり，期首時の発行済普通株式数は100,000株であったが，×2年2月1日に10,000株を発行した場合，(a)期中平均株式数及び(b)1株当たり当期純利益は，次のように算定される（小数点以下第3位を四捨五入する）。

(a) 期中平均株式数：$100{,}000\text{株} \times \dfrac{306\text{日}}{365\text{日}} + (100{,}000\text{株} + 10{,}000\text{株}) \times \dfrac{59\text{日}}{365\text{日}}$

　　　　　　　　　$= 101{,}617\text{株}$

(b) 1株当たり当期純利益：379,346千円÷101,617株≒3,733.095円→3,733円10銭

上記例（当期純利益379,346千円，期首時の発行済普通株式数100,000株）において，×1年10月31日に転換社債型新株予約付社債950,000千円（額面額に等しい。なお，すべての権利が行使された場合の普通株式の株式数は40,000株である。）を発行していたが，×2年2月1日に新株予約権が行使され，普通株式10,000株を発行した場合，「潜在株式調整後1株当たり当期純利益」は次のように算定される。なお，当期純利益調整額を7,200千円とする。

普通株式増加数：$40{,}000\text{株} \times \dfrac{92\text{日}^{※}}{365\text{日}} + (40{,}000\text{株} - 10{,}000\text{株}) \times \dfrac{59\text{日}}{365\text{日}} = 14{,}932\text{株}$

　※　発行の翌日（×1年11月1日）から権利行使の前日（×2年1月31日）までの日数

潜在株式調整後1株当たり当期純利益：$\dfrac{379{,}346\text{千円} + 7{,}200\text{千円}}{101{,}617\text{株} + 14{,}932\text{株}} = 3{,}316\text{円}60\text{銭}$

このように，「1株当たり当期純利益」は，「普通株式に係る当期純利益」を「普通株式の期中平均株式数」で除して算定された業績指標であり，「潜在株式調整後1株当たり当期純利益」は，将来における持分株式への転換可能な有価証券（新株予約権付社債等）により，現在の株主に対して将来における「1株当たり当期純利益」の減少（すなわち希薄化）が招来するので，普通株式に係る当期純利益に希薄化効果を加味した業績の指標である。

これらの指標は，現在の株主の立場による業績指標であり，適正株価の予測に不可欠な数値である。

2

「1株当たり当期純利益」の算定・開示目的は，普通株主に関する一会計期間における企業の成果を示し，投資家の的確な投資判断に資する情報を提供することにある（「基準」3項）。

市場で流通する株式の多くは普通株式であり，同一企業の他の会計期間との経営成績の比較（時系列比較）及び他企業との経営成績の比較（企業間比較）等を向上させるための情

報の開示は，投資家の的確な投資判断に資する（「基準」37項）。

　財務諸表において，「1株当たり当期純利益」又は「潜在株式調整後1株当たり当期純利益」を開示する場合には，当該金額の算定上の基礎も注記しなければならない（「基準」33項）。

3

　「潜在株式調整後1株当たり当期純利益」の算定・開示目的は，必ずしも「1株当たり当期純利益」に対する将来の潜在的な変動性を示す警告指標とすることではなく，「1株当たり当期純利益」と同様に，原則として，過去の情報として開示することにより時系列比較・企業間比較を通じ将来の普通株式の価値の算定に役立つことができるように，投資家の的確な投資判断に資する情報を提供することにある（「基準」38項）。

　ただし，「潜在株式調整後1株当たり当期純利益」の算定の目的は，「警告指標とすべきである」という意見もあるため，「1株当たり当期純利益」に対する将来の潜在的な変動性を理解できるように，「潜在株式調整後1株当たり当期純利益」の算定上の基礎の注記には，当期の「潜在株式調整後1株当たり当期純利益」の算定に含まれなかった「潜在株式」の概要が開示されるべきである（「基準」38項）。

　潜在株式に係る権利の行使を仮定することにより算定した「潜在株式調整後1株当たり当期純利益」が「1株当たり当期純利益」を下回る場合に，当該潜在株式は希薄化効果を有するが，「1株当たり当期純損失」の場合には，潜在株式に係る権利の行使を仮定することにより算定した額が「1株当たり当期純損失」を上回る場合でも，希薄化効果を有しないものとして処理する（「基準」52項）。

　当期に「株式併合」又は「株式分割」が行われた場合，その旨及び表示期間の「1株当たり当期純利益」と「潜在株式調整後1株当たり当期純利益」を算定している（普通株式数の期中平均株式数は，表示する財務諸表のうち，最も古い期間の期首に当該株式併合・分割が行われたと仮定して算定している）旨を注記する（「基準」30-2項，30-3項，31項）。

　なお，「会計方針の変更」又は「過去の誤謬の訂正」により財務諸表に「遡及適用」又は「修正再表示」が行われた場合，表示期間の「1株当たり当期純利益」及び「潜在株式調整後1株当たり当期純利益」は，遡及適用後又は修正再表示後の金額により算定されなければならない（「基準」30-4項）。

　過去期間の財務諸表に注記された「潜在株式調整後1株当たり当期純利益」は，その後の普通株式への転換又は普通株式の株価変動などにより，潜在株式に係る権利行使の際に仮定した事項が変化した場合でも，遡及的に修正しない（「基準」30-5項）。

● 「基準」の公表経緯・社会的背景

　「1株当たり当期純利益」の開示は、昭和57年の「企業会計原則」の改正に伴い、商法及び証券取引法に基づいて要求され、「潜在株式調整後1株当たり当期純利益」の開示は証券取引法に基づいて要求されてきた。

　平成13年6月および11月の商法改正において、自己株式の取得・保有規制の見直し、種類株式制度の見直し、新株予約権・新株予約権付社債の導入などを契機として、「1株当たり当期純利益」と「潜在株式調整後1株当たり当期純利益」の算定方法を定めた「基準」が平成14年9月25日に公表された。

　平成17年7月26日に会社法（平成17年法律第86号）が公布され、平成17年11月29日に企業会計基準第4号「役員賞与に関する会計基準」が公表されたことなどに伴い、「基準」は平成18年1月31日に改正された（「基準」2項）。なお、平成22年6月30日、平成25年9月13日に再改正されている。

● 「基準」設定前の制度との相違点

　「基準」公表前には、業績指標として「1株当たり当期純利益」及び「潜在株式調整後1株当たり当期純利益」の開示は要求されていなかったが、「基準」設定後では「金融商品取引法適用会社」に義務付けられている。

― Column ―

誤字・脱字・造語には気を付けよう！！

　答案の中には、単純なケアレス・ミスによる（多分、本人は正しい漢字であると信じているのかもしれない）誤字・脱字・意味不明の独り善がり的な造語が数多くあります。パソコンを使うようになり、手書きをあまり行わなくなったためであるかもしれませんが、転換せずにそのまま当該漢字を正しいと思い込んでしまったのかもしれません。誤字・脱字・造語は、場合によっては致命的な減点対象となることもありますので、しっかりと正しい専門用語に書き慣れるようにして下さい。例えば、次のような誤字・脱字・造語等があります。

債権金額	⇔ 債券金額	売却処分	⇔ 除却処分	収入	⇔ 収益
原価償却	⇒ 減価償却	原価参入	⇒ 原価算入	原価	⇔ 現価
低下主義	⇒ 低価主義	実行税率	⇒ 実効税率	価格	⇔ 価額
品質低価	⇒ 品質低下	所得原価	⇒ 取得原価	資本	⇔ 資産
用益潜在力	⇒ 用役潜在力	小会社株式	⇒ 子会社株式	利益	⇔ 利得
仮空利益	⇒ 架空利益	経営成積	⇒ 経営成績	損益	⇔ 損失
取換資産	⇒ 取替資産	償環する	⇒ 償還する	償却	⇔ 消却
更正債権	⇒ 更生債権	要認する	⇒ 容認する	販売	⇔ 売却
新株予約券	⇒ 新株予約権	必要な用件	⇒ 必要な要件	簿記	⇒ 簿記
収益性の低価	⇒ 収益性の低下	資産除却債務	⇒ 資産除去債務		

〔問題13〕 (役員賞与に関する会計基準)

1(1)

| ① | 確定報酬 ❷ | ② | 業績連動型報酬 ❷ | ③ | 職務執行 ❷ |
| ④ | 費　用 ❷ |

(2)

| 取締役 ❶ |
| 会計参与 ❶ |
| 監査役 ❶ |
| 執行役 ❶　※　順不同 |

(3)

　　会社の利益は職務執行の成果であり，この功労に報いるために支給される役員賞与も，業績連動型の役員報酬と同様，職務執行の対価として会社から受ける財産上の利益である。　❹

(4)

　　役員報酬が費用として処理されたのに対し，役員賞与は，株主総会の決議により処分される利益処分項目として処理されていた。　❷

2

　　役員賞与を期末後に開催される株主総会の決議事項とする場合には，当該支給は株主総会の決議が前提となるので，当該支給額又は見込額は，原則として，引当金に計上される。　❹

3

　　子会社が支給する役員賞与は，親会社の株主総会で決議されないが，実質的に確定債務と認められる場合には，未払役員報酬等の適当な科目をもって計上することができる。　❸

〔問題13〕（役員賞与に関する会計基準）

　従来,「役員賞与」は利益処分の対象とされ,株主総会における重要決議事項の1つとして扱われていた。

　ところが,平成17年7月26日に公布された会社法(第361条)において,「役員賞与」は,役員報酬と同様に,職務執行の対価として会社から受ける財産上の利益として捉えられ,報酬決議に基づいて支給されることになった。その結果,株主総会では利益処分(剰余金の処分)として問題にするのではなく,支給総額を決議し,その限度内で支給するのであれば,役員報酬と同様に費用とされることとなった。

　これを受けて,「基準」においても,「役員賞与」は発生した会計期間の費用として処理することになった(「基準」3項)。

　役員賞与に「費用処理」を強制適用することとした理由として,(イ)役員賞与と役員報酬の類似性と(ロ)役員賞与と役員報酬の支給手続が挙げられている(「基準」12項)。

(イ)　役員賞与と役員報酬の類似性

　「役員賞与」は,経済的実態としては費用として処理される「業績連動型報酬」と同様の性格であると考えられるため,費用として処理することが適当である。会社の利益は職務執行の成果であり,この功労に報いるために支給される「役員賞与」も,業績連動型の「役員報酬」と同様に,職務執行の対価であると考えられる。

(ロ)　役員賞与と役員報酬の支給手続

　「役員賞与」と「役員報酬」は職務執行の対価として支給されるが,職務執行の対価としての性格は,本来,支給手続の相違により影響を受けるものではないと考えられる。そのため,その性格に従い,費用として処理することが適当である。会社法では,「役員賞与」と「役員報酬」は同一の手続により支給されている。

● 「基準」の公表経緯・社会的背景

　従来，わが国においては，取締役や監査役に対する「役員報酬」は，発生時に費用として会計処理し，取締役や監査役に対する「役員賞与」は，利益処分により，未処分利益の減少とする会計処理を行うことが一般的であった（「基準」7項）。

　ところが，平成17年に創設された会社法（第361条，第379条，第387条，第404条の第3項及び第409条）では，「役員賞与」は，「役員報酬」とともに職務執行の対価として株式会社から受ける財産上の利益として整理され，定款に報酬等に関する一定の事項を定めていないときは，株主総会の決議（委員会設置会社における取締役，会計参与及び執行役については，報酬委員会の決定）によって報酬総額を定めることとされた（「基準」9項）。

　このように，会社法では「役員賞与」と「役員報酬」は，同一の手続により支給されることになった。

　会社法の創設により「役員賞与」に対して費用処理が可能となったため，「基準」においても，費用処理の強制適用が規定されることとなった。

● 「基準」設定前の制度との相違点

　伝統的に，役員賞与は利益処分項目として処理されてきたが，「基準」では，役員報酬と同様に，発生した期間の費用として処理される。

Column

世界最古の簿記書『ズンマ』

　世界最古の簿記書は，フランシスコ派の僧侶・数学者であったルカ・パチョーリ（Lucas Pacioli）が1494年にベニスで出版した『算術，幾何，比及び比例総覧』（*Summa de Arithmetica, Gemetrica, Proportioni et Proportionalita*：『ズンマ』（*Summa*）と通称されています）であると言われています。パチョーリは，当時のイタリア商人が利用していた複式簿記について『ズンマ』という数学書の中で紹介・解説しているのです。この複式簿記の原型は，一般に，中世のイタリアで完成されたと言われています。十字軍遠征によって，地中海沿岸都市（ベニス・フレンツェ・ゼノア等）で商取引が活発化し，したがって貨幣経済が進展化したことが，新しい記録・計算法，複式記入法，振替記帳法等の考案・実践化に結びついたのです。複式簿記は，その後，ヨーロッパ諸国に伝播・普及し，会計の歴史は経済社会の変遷に伴って発展しています。

〔問題14〕 （貸借対照表の純資産の部の表示に関する会計基準）

1 (1)

①	資本準備金 ❶	②	利益準備金 ❶	③	繰越利益剰余金 ❶
④	評価・換算差額等 ❶	⑤	非支配株主持分 ❶		

(2)

> 株主に帰属する「株主資本」及び資産・負債の差額である「純資産」は，概念としては既に異なっている。資本や負債に該当しない項目が生ずる場合もあり，これらの項目を収容するためには，貸借対照表の区分において，株主に帰属する「株主資本」とは必ずしも同じとはならない資産・負債の単なる差額を適切に示すように，従来の「資本の部」という表記を「純資産の部」に変更する必要があった。❺

(3)

> 会社法上，決算日後における「利益の配当」としてではなく，期中においていつでも何度でも「剰余金の配当」を行うことができるようになったことなどから，これまで利益処分の前後で使い分けられてきた「当期未処分利益」と「繰越利益」に代え，「繰越利益剰余金」と称されることとなった。❺

2

> 従来の資本の部には，払込資本や留保利益のほか，その他有価証券評価差額金など，払込資本でもなく損益計算書を経由した利益剰余金でもない項目も含まれて表記されていた。そのため，純資産のうち株主に帰属する部分を「資本」とは表記せず，株主に帰属するものであることをより強調する観点から，「株主資本」と称することとなった。❺

3

> 財務報告における情報開示の中で，特に重要な財務情報は投資の成果を表す利益の情報であり，当該情報の主要な利用者・受益者は，報告主体の企業価値に関心を持つ当該報告主体の現在及び将来の所有者（株主）であると考えられるため，当期純利益とこれを生み出す「株主資本」が重視されるためである。❺

〔問題15〕 (貸借対照表の純資産の部の表示に関する会計基準)

1(1)

①	その他有価証券評価差額金 ❶	②	時　価 ❶
③	退職給付に係る調整累計額 ❶	④	繰延税金資産 ❶
⑤	繰延税金負債 ❶		

(2)

| 評価・換算差額等は，払込資本ではなく，かつ，未だ当期純利益に含められていないことから，株主資本とは区別し，株主資本以外の項目としている。 ❷ |

(3)

| 貸借対照表上，資産性又は負債性をもつものを資産の部又は負債の部に記載すべきであり，資産性又は負債性を有しない繰延ヘッジ損益は資産と負債との差額として「純資産の部」に記載することが適当である。 ❹ |

2

(イ) 負債の概念	過去の取引又は事象の結果として，報告主体の資産やサービス等の経済的資源を放棄したり引き渡したりする義務 ❸
(ロ) 負債の部に計上される理由	新株予約権は，将来，権利行使され払込資本となる可能性がある一方，失効して払込資本とはならない可能性もあり，権利行使の有無が確定するまでの間，その性格が確定しないので，仮勘定として負債の部に計上する。 ❸
(ハ) 純資産の部に記載する理由	返済義務のある負債ではなく，負債の部に表示することは適当ではないため。 ❸

3

| 「連結財務諸表原則」が負債と資本の中間項目として表示する理由 | 非支配株主持分は，子会社の資本のうち親会社に帰属していない部分であり，返済義務のある負債でもなく，また，連結財務諸表における親会社株主に帰属するものでもないため，負債の部の次に独立の項目として表示されていた。 ❸ |
| 「基準」が純資産の部に掲記する理由 | 「基準」では，負債の部と資本の部の中間項目として独立した中間区分を設けないこととしたために，「純資産の部」に記載されることとなった。 ❷ |

〔問題14〕 (貸借対照表の純資産の部の表示に関する会計基準)

1

　従来，貸借対照表上で区分されてきた資産，負債及び資本の定義は必ずしも明示されていなかったが，一般に，「資産」とは，過去の取引又は事象の結果として報告主体が支配している経済的な資源，「負債」とは，過去の取引又は事象の結果として報告主体の経済的資源を引き渡す義務をいう。資本は，報告主体の所有者（株式会社の場合には株主）に帰属するものと理解されている。このような理解の下で，返済義務のあるものは負債の部に記載するが，非支配株主持分や為替換算調整勘定のように返済義務のないものは負債の部に記載しない会計処理が，近年，連結財務諸表を中心に行われていた（「基準」18項～19項）。

　このように，「資本」を報告主体の所有者に帰属するもの，「負債」を返済義務のあるものと明確にし，貸借対照表の貸方項目を区分した場合，資本や負債に該当しない項目が生ずることがある。この場合には，独立した中間的な区分を設けることも考えられるが，中間区分自体の性格，中間区分と損益計算との関係などに問題があり，国際的な会計基準では中間区分の解消が進められている（「基準」20項）。

　「基準」では，このような状況に鑑み，貸借対照表上，資産性又は負債性をもつものを資産の部又は負債の部に記載することとし，それらに該当しないものを資産と負債との差額として「純資産の部」に記載することとした。この純資産の部には，資産性又は負債性を有しない新株予約権や非支配株主持分，これまで資産又は負債として繰り延べられてきた繰延ヘッジ損益も表示されることとなった。

　要するに，貸借対照表上，明らかに資産性又は負債性をもつものを資産の部又は負債の部に記載し，それらに該当しないものは資産と負債の差額として「純資産の部」に記載する。この結果，報告主体の支払能力などの財政状態をより適切に表示することが可能となり，また，資本と利益の連繋を重視し，資本については，株主に帰属するものであることが明確になった（「基準」21項）。

　つまり，貸借対照表の区分において，資本とは必ずしも同じとはならない資産と負債との単なる差額を適切に示すように，従来「資本の部」という表記が「純資産の部」に代えられている。

2

　従来の「資本の部」には，「その他有価証券評価差額金」などのように，払込資本でもなく損益計算書を経由した利益剰余金でもない項目が含まれていた。このため，純資産のうち株主に帰属する部分を「資本」とは表記せず，株主に帰属するものであることをより強調する観点から「株主資本」と称することとなった（「基準」25項）。

3

　「その他有価証券評価差額金」，「為替換算調整勘定」などが資本の部に直接計上されていたが，「その他有価証券評価差額金」などは，払込資本ではなく，かつ，未だ当期純利益に含められていない。一般に，資本の変動（資本取引を除く）と利益が一致する関係は，企業情報の信頼性を高め，企業評価に役立つが，「基準」では，当期純利益が「株主資本

の変動」をもたらすという関係を重視するため，「資本の部」という表記をそのままに放置すれば，株主資本と利益が一致するという考え方自体に変化が生じたものと誤解されるので，その対応のために表記の変更が必要となり，当期純利益に含められない「その他有価証券評価差額金」など（株主資本以外の各項目）を「株主資本」とは区別したのである（「基準」33項）。

〔問題15〕（貸借対照表の純資産の部の表示に関する会計基準）

1

　評価・換算差額等には，「その他有価証券評価差額金」のように，資産又は負債は時価をもって貸借対照表価額としているが，当該資産又は負債に係る評価差額を当期の損益としていない場合の当該評価差額や「為替換算調整勘定」等が含まれる。なお，当該評価・換算差額等については，これらに係る繰延税金資産又は繰延税金負債の額を控除した金額を記載する（「基準」8項）。

　ヘッジ会計の原則的な処理方法における「繰延ヘッジ損益」（ヘッジ対象に係る損益が認識されるまで繰り延べられるヘッジ手段に係る損益又は時価評価差額）は，資産性又は負債性を有していないために，純資産の部に記載されることになった（「基準」23項）。仮受金，未決算勘定，割賦未実現利益，修繕引当金など，損益計算の観点から資産又は負債として繰り延べられてきたが，仮受金や未決算勘定は，将来，収益に計上される可能性ではなく外部に返済される可能性を重視すれば，負債に該当し，割賦未実現利益や修繕引当金は，利益繰延ではなく資産の控除項目である（「基準」24項）。

　なお，「その他有価証券評価差額金」や「繰延ヘッジ損益」，「為替換算調整勘定」などは，個別財務諸表上，その主な内容を示すように「評価・換算差額等」として表記することになった（「基準」33項）。連結財務諸表上，「基準第25号」の公表により「その他の包括利益累計額」に変更された。

2

　従来，「新株予約権」は，将来の権利行使によって払込資本となる可能性がある一方，失効して払込資本とはならない可能性もあるので，発行者側の新株予約権は，権利行使の有無が確定するまでの間，その性格が確定しないことから，仮勘定として負債の部に計上されていた。しかし，「新株予約権」は，返済義務のある負債ではなく，負債の部に表示することは適当ではないため，「純資産の部」に記載されることとなった（「基準」22項(1)）。

　ただし，「新株予約権」は，報告主体の所有者である株主とは異なる新株予約権者との直接的な取引によるものであるので，株主に帰属するものではないため，株主資本とは区別表示される（「基準」32項）。

3

　非支配株主持分は，子会社の資本のうち親会社に帰属しない部分であり，親会社株主に帰属するものではないため，純資産の部における内訳項目の「株主資本」とは区別表示される。なお，連結貸借対照表において，純資産の部に直接計上されている「その他の包括

利益累計額」(個別貸借対照表では「評価・換算差額等」)が資本連結における相殺消去の対象となることから，非支配株主持分には，持分比率に基づいて連結子会社における「その他の包括利益累計額」の非支配株主持分割合が含められる(「基準」32項)。

個別貸借対照表及び連結貸借対照表における「純資産の部」の表示例は，**図表15－1**に示されている。

図表15－1　純資産の部の表示例

(個別貸借対照表)	(連結貸借対照表)
純資産の部	純資産の部
Ⅰ　株主資本	Ⅰ　株主資本
1　資本金	1　資本金
2　新株式申込証拠金	2　新株式申込証拠金
3　資本剰余金	3　資本剰余金
(1)　資本準備金	
(2)　その他資本剰余金	
資本剰余金合計	
4　利益剰余金	4　利益剰余金
(1)　利益準備金	
(2)　その他資本剰余金	
××積立金	
繰越利益剰余金	
利益剰余金合計	
5　自己株式	5　自己株式
6　自己株式申込証拠金	6　自己株式申込証拠金
株主資本合計	株主資本合計
Ⅱ　評価・換算差額等	Ⅱ　その他の包括利益累計額
1　その他有価証券評価差額金	1　その他有価証券評価差額金
2　繰越ヘッジ損益	2　繰越ヘッジ損益
3　土地再評価差額金	3　土地再評価差額金
	4　為替換算調整勘定
	5　退職給付に係る調整累計額
評価・換算差額等合計	その他の包括利益累計額合計
Ⅲ　新株予約権	Ⅲ　新株予約権
	Ⅳ　非支配株主持分
純資産合計	純資産合計

出所：企業会計基準第26号「退職給付に関する会計基準」36～37頁一部修正。

● 「基準」の公表経緯・社会的背景

　従来の「資本の部」は，会計上，株主の払込資本と利益の留保額（留保利益）に区分する考え方を反映してきたが，平成11年1月に公表された「金融商品に係る会計基準」において，その他有価証券に係る評価差額は，損益計算書を経由せず資本の部に直接計上する考え方が導入された。

　平成11年10月に改訂された「外貨建取引等会計処理基準」において，在外子会社等の財務諸表の換算によって生じた換算差額（為替換算調整勘定）も連結貸借対照表の資本の部に直接計上されている。

　連結貸借対照表では，資産の部，負債の部，少数株主持分（現在，非支配株主持分）及び資本の部（現在，純資産の部）を設け，子会社の資本のうち親会社に帰属しない部分は少数株主持分として負債の部と資本の部の中間に独立の項目として表示することとされていた。

　このように，近年，資本の部に対する考え方の変更や中間区分の設定が見られ，貸借対照表上の表示について，新会計基準の策定が要請されていた。

● 「基準」設定前の制度との相違点

　「資本の部」が「純資産の部」に改称され，内訳項目として，資本金・法定準備金（資本準備金・利益準備金）・剰余金・評価差額金から株主資本（資本金・資本剰余金・利益剰余金・自己株式）・評価換算差額等（その他有価証券評価差額金・繰延ヘッジ損益・土地再評価差額金・為替換算調整勘定）・新株予約権・少数株主持分（現在，非支配株主持分）に区分された。なお，平成22年6月30日公表の「基準第25号」により，連結財務諸表上，「評価・換算差額等」は「その他の包括利益累計額」に名称変更された。

　自己株式は，流動資産の部ではなく，株主資本の末尾に一括して控除する形式で表示される。

　新株予約権は，負債の部から純資産の部に移され，少数株主持分（現在，非支配株主持分）は資本と負債の中間項目から純資産の部に表記された。

　繰延ヘッジ損益は，資産の部又は負債の部から純資産の部に記載される。

Column

損益計算書上の当期純利益を朱記する理由

　「当期純利益」の文字と金額は，損益計算書では朱記されています。利益が貸方項目であり，損益計算書上の貸借差額により反対側（借方側）に計上されるため，反対側に計上されていることを目立つように表示するために朱記するのです。貸借対照表では，当期純利益は同じ側（貸方側）に計上されていますので，黒字のままで記入してもいいわけです。

〔問題16〕（株主資本等変動計算書に関する会計基準）

1(1)

①	純資産 ❶	②	利益剰余金 ❶	③	その他利益剰余金 ❶
④	繰越利益剰余金 ❶	⑤	純　額 ❶		

(2)

　　純資産の部のすべての項目を開示対象とするが，株主資本項目の表示が主とされるものの，評価・換算差額等や新株予約権を意味する株主資本以外の項目も収容対象とするため。❷

(3)

資本金の減少（又は減資）による増加 ❶
資本金への組入れによる減少 ❶
準備金の取崩しによる増加 ❶
準備金への組入れによる減少 ❶　　別解：剰余金の配当等

(4)

　　株主資本等変動計算書の主たる作成目的は，株主に帰属する部分である「株主資本の各項目」の変動事由を報告することであり，「株主資本以外の各項目」は，「株主資本の各項目」と比べて有用性が低いので，原則として純額表示することができる。❸

2(1)

　　当期首の貸借対照表の純資産の部における株主資本の各項目・株主資本以外の各項目の金額を株主資本等変動計算書における「当期首残高」に移記した後，株主資本等変動計算書において株主資本の各項目・株主資本以外の各項目の「当期変動額」を合算し，「当期末残高」を計上する。この当期末残高は，当期末の貸借対照表における株主資本の各項目・株主資本以外の各項目の当期末残高と一致する。❹

(2)

　　株主資本等変動計算書における「その他利益剰余金」の内訳科目である「当期純利益」は，当期の損益計算書における「当期純利益」と一致する。個別損益計算書の当期純利益は，「個別株主資本等変動計算書」において「その他利益剰余金」又はその内訳科目である「繰越利益剰余金」の変動事由として表示される。なお，連結損益計算書における親会社株主に帰属する当期純利益は，「連結株主資本等変動計算書」において「利益剰余金」の変動事由として表示される。❻

〔問題16〕 （株主資本等変動計算書に関する会計基準）

1

「株主資本等変動計算書」は，貸借対照表の「純資産の部」の一会計期間における変動額のうち，主として，株主（連結上，親会社株主）に帰属する部分である「株主資本」の各項目の変動事由を報告するために作成する（「基準」1項）。

この株主資本等変動計算書を作成・開示することによって，増減資，配当，自己株式の取得・消却・処分，その他株主資本の係数の変動や発行済株式数等の変動，さらには評価・換算差額等，いわゆる「その他の包括利益」の変動など，すべての純資産の変動が把握することができる。

すべての純資産の変動事由をより具体的に例示すれば，下記のとおりである。

  株主資本関連項目・取引：新株の発行，資本準備金・その他資本剰余金の減少による資本金の増加，資本金の減少による資本準備金，その他資本剰余金の増加，準備金の減少によるその他資本剰余金・利益剰余金の増加，当期純利益の計上，剰余金の配当，中間配当，任意積立金の積立て・取崩し，利益準備金の積立て・取崩し，損失の処理，自己株式の取得・処分・消却など

  評価・換算差額等関連項目・取引：その他有価証券の期末時価評価，繰延ヘッジ，土地再評価差額金など

  新株予約権関連項目・取引：新株予約権の発行・取得・行使・失効など

「株主資本等変動計算書」の表示区分は，貸借対照表の「純資産の部」の表示区分に従う。各項目の当期首残高及び当期末残高は，前期及び当期の貸借対照表の「純資産の部」における各項目の期末残高と整合したものでなければならない。「会計上の変更」及び「誤謬の訂正」により遡及処理を行った場合には，表示期間のうち最も古い期間の株主資本等変動計算書の期首残高に対する，表示期間より前の期間の累積的影響額を区分表示するとともに，遡及処理後の期首残高を記載する（「基準」4～5項）。

貸借対照表の純資産の部における「株主資本の各項目」（資本金，資本準備金，その他資本剰余金，利益準備金，任意積立金，繰越利益剰余金，自己株式）については，「当期首残高」，「当期変動額」及び「当期末残高」に区分する。「当期変動額」については，変動事由ごとにその金額（総額）を表示する必要がある（「基準」6項）。

その他有価証券評価差額金，繰延ヘッジ損益，為替換算調整勘定，新株予約権，非支配株主持分等の「株主資本以外の各項目」は，「当期首残高」，「当期変動額」及び「当期末残高」に区分されるが，当期変動額については「純額」で表示する。ただし，「当期変動額」について主な変動事由ごとにその金額（総額）を表示（注記による開示を含む）することができる（「基準」8項）。このように，「株主資本等変動計算書」においては，当期変動事由が「株主資本の各項目」に起因するのか「株主資本以外の各項目」によるのかによって，「総額表示」と「純額表示」の2方法が採用されている。

「株主資本等変動計算書」を作成することにより，従来の損益計算書における未処分利益計算区分の項目（任意積立金取崩額，利益準備金積立額など）は「株主資本等変動計算書」に移記されるため，個別の損益計算書の最終損益も，連結損益計算書と同様に，「当期純利益」もしくは「当期純損失」となった。

「株主資本等変動計算書」の表示には，純資産の各項目を横に並べる様式のほか，縦に並べる様式も認められる。ただし，「財務諸表等規則」においては，横に並べる様式のみを認めている。

なお，注記事項として，連結株主資本等変動計算書では，(a)発行済株式の種類及び総数に関する事項，(b)自己株式の種類及び株式数に関する事項，(c)新株予約権及び自己株式予約権に関する事項，(d)配当に関する事項がある。個別株主資本等変動計算書には，(b)自己株式の種類及び株式数に関する事項を別途注記する。ただし，上記(a)・(c)・(d)に準ずる事項を注記することを妨げない（「基準」9項）。

2

「株主資本等変動計算書」は，貸借対照表及び損益計算書と並ぶ発生主義会計における主要財務諸表である。従前の「利益処分計算書（又は損失処理計算書）」を代替するとともに，純資産の期中変動額を網羅的に明示することを主たる目的として作成されている。

株主資本等変動計算書上の「その他利益剰余金」における「当期変動額」の一項目である「当期純利益」の内訳は損益計算書で示され，次に，それを含む「純資産の部」のすべての増減変動内訳は「株主資本等変動計算書」で示される。すなわち，ストック計算書の貸借対照表における「純資産の部」の増減変動が，フロー計算書の株主資本等変動計算書により内訳説明される形態となっている。財務諸表間の連繋を俯瞰すれば，図表16－1のとおりである。

図表16－1　株主資本等変動計算書の位置付け

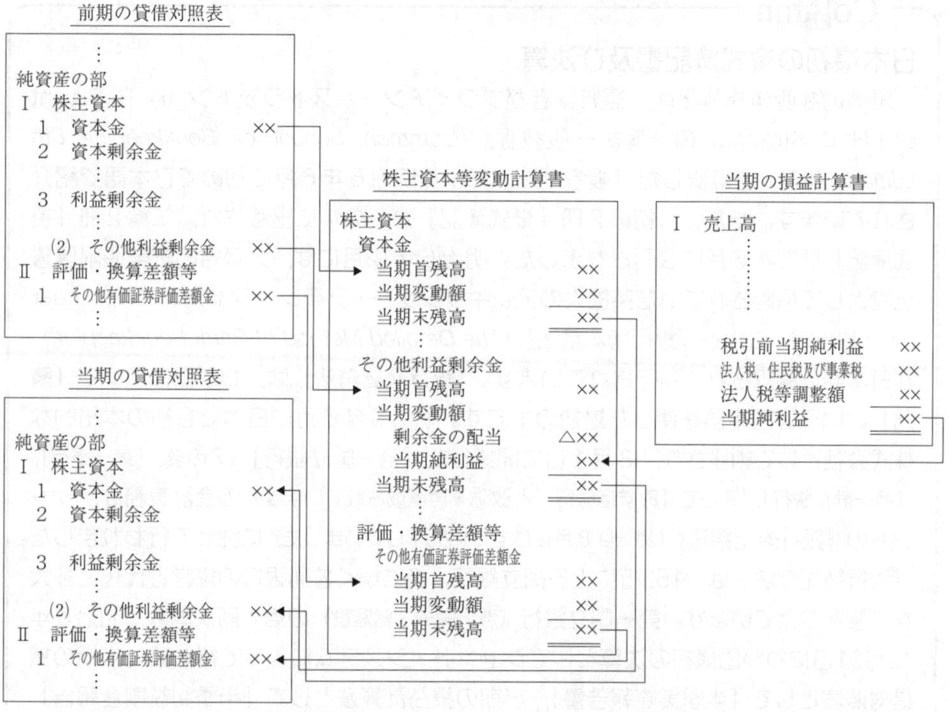

出所：菊谷正人＝石山宏『新会計基準の読み方（第3版）』税務経理協会，平成18年，271頁。

● 「基準」の公表経緯・社会的背景

　近年における会計基準の新設・改正により，(a)新株予約権のほかに，(b)純資産直入されていた項目などに係る新しい表示方法が導入され，「純資産直入」の項目が増加してきた。また，商法の改正により，(c)自己株式処分差額や法定準備金の取崩し等，純資産の変動要因が増加する傾向にあった。このような制度上の改変等により，純資産の部，とりわけ「株主持分の変動」に関する開示が望まれるようになっていた。

　さらに，平成18年5月1日より施行された「会社法」では，剰余金の配当が随時可能となり，同時に，株主資本の部の計数の変動を頻繁に行う可能性が高まってきた。

　このような制度上の変容を鑑み，従来の貸借対照表と損益計算書のみでは「株主持分」の増減変動を明瞭に表示することが困難であると考えられ，株主持分に係る計算書の作成が要請されてきた。

　そこで，平成17年12月27日に「基準」が公表され，「連結株主資本等変動計算書」及び「個別株主資本等変動計算書」の作成が制度化されるに至った。

● 「基準」設定前の制度との相違点

　従来，主要財務諸表として，貸借対照表，損益計算書，キャッシュ・フロー計算書及び利益処分計算書が作成されていた。株主資本等変動計算書の新規導入により，「利益処分計算書」の作成は廃止された。

── Column ──

日本最初の複式簿記書及び決算

　組織的な西洋式簿記は，福沢諭吉がブライアント＝ストラットン（H. B. Bryant and H. D. Stratton）の『簿記一般教程』（Common School of Bookkeeping. 6th edition, 1871）を翻訳した『帳合之法』により明治6年6月に初めて日本語で紹介されています。ただし，初編2冊「単式簿記」がこの年に出版され，二編2冊「複式簿記」は翌年6月に公刊されました。明治6年12月には，大蔵省の紙幣頭附属書記官として招聘されていた英国人のアレキサンダー・アラン・シャンド（Alexander Allan Shand）による『銀行簿記精法』（The Detailed Method of Bank Bookkeeping）が日本語に翻訳され，刊行されています。『銀行簿記精法』は，わが国において「簿記」という専門用語を使った最初の本です。明治6年6月に日本で最初の本格的な株式会社として創設され，8月1日に開業した「第一国立銀行」（その後，「第一銀行」，「第一勧業銀行」，そして「みずほ銀行」と改称・再編成されています）の会計実務は，シャンドの『銀行簿記精法』（翻訳は8月にはすでに完了していました）に従って行われました。

　『銀行簿記精法』は，153行に上る国立銀行，後に続く普通銀行の経営近代化に多大な影響を与えています。第一国立銀行（渋沢栄一・総監役）の第1回決算は，明治6年12月31日にわが国最初の決算としてシャンド・システムによって行われ，半期の貸借対照表として「半季実際報告書」，半期の損益計算書として「半季利益割合報告」が作成されました。

〔問題17〕（事業分離等に関する会計基準）

1 (1)

①	株主資本相当額 ❶	②	新株予約権 ❶	③	時　価 ❶
④	取得原価 ❶	⑤	前　日 ❶		

(2)

(a)		現金など，移転した事業と明らかに異なる資産を対価として受け取る場合，投資が清算されたとみなされる。❷
(b)	(イ)	現金等の財産のみを受取対価とする事業分離において，子会社へ事業分離する場合 ❶
	(ロ)	現金等の財産のみを受取対価とする事業分離において，関連会社へ事業分離する場合 ❶
	(ハ)	現金等の財産のみを受取対価とする事業分離において，子会社や関連会社以外へ事業分離する場合 ❶
	(ニ)	分離先企業の株式のみを受取対価とする事業分離により分離先企業が子会社や関連会社以外となる場合 ❶

(3)

　子会社株式や関連会社株式となる分離先企業の株式のみを対価として受け取る場合には，当該株式を通じて，移転した事業に関する事業投資を引き続き行っていると考えられることから，当該事業に関する投資が継続しているとみなされる。❸

2

(c)	共通支配下の取引として，分離元企業が受け取った現金等の財産は，移転前に付された適正な帳簿価額により計上する。この結果，当該価額と移転した事業に係る株主資本相当額を上回る場合には，当該差額は，原則として，「移転利益」として認識し，受け取った分離先企業の株式の取得原価はゼロとするが，下回る場合には，当該差額を受け取った分離先企業の株式の取得原価とする。❹
(d)	移転利益は，未実現損益の消去に準じて処理する。子会社に係る分離元企業の持分の増加額と，移転した事業に係る分離元企業の持分の減少額との間に生じる差額は，原則として，のれん又は負ののれんと持分変動差額に区分して処理する。❷

3

(e)	移転損益は認識せず，分離元企業が追加的に受け取った分離先企業の株式の取得原価は，移転した事業に係る株主資本相当額に基づいて算定する。❷
(f)	分離元企業（親会社）の事業が移転されたとみなされる額と，移転した事業に係る分離元企業の持分の減少額との間に生じる差額は，資本剰余金として取り扱う。分離先企業を被取得企業としてパーチェス法を適用する際，分離先企業に対する投資額とその適切な帳簿価額（又はその持分法評価額）との差額は，当期の「段階取得に係る損益」として処理する。❸

〔問題18〕 (事業分離等に関する会計基準)

1 (1)

①	交換損益 ❶	②	時　価 ❶	③	取得原価 ❶
④	株　価 ❶				

(2)

(a)		現金など，被結合企業の株式と明らかに異なる資産を対価として受け取る場合には，投資が清算されたとみなされる。 ❷
(b)	(イ)	子会社を被結合企業とする企業結合により，子会社株式である被結合企業の株式が現金等の財産のみと引き換えられた場合 ❶
	(ロ)	関連会社を被結合企業とする企業結合により，関連会社株式である被結合企業の株式が現金等の財産のみと引き換えられた場合 ❶
	(ハ)	子会社・関連会社以外の投資先を被結合企業とする企業結合により，子会社株式・関連会社株式以外の被結合企業の株式が，現金等の財産のみと引き換えられた場合 ❶
	(ニ)	関連会社を被結合企業とする企業結合により，関連会社株式である被結合企業の株式が結合企業の株式のみと引き換えられ，持分比率が減少し，結合後企業が当該被結合企業の株主の関連会社に該当しない場合 ❶

(3)

	被結合企業が子会社又は関連会社であり，当該企業の株主が，子会社株式又は関連会社株式となる結合企業の株式のみを対価として受け取る場合には，当該結合企業の株式を通じて，被結合企業（子会社又は関連会社）に関する事業投資を引き続き行っていると考えられることから，当該被結合企業に関する投資が継続しているとみなされる。 ❸

2

(c)	個別財務諸表上，被結合企業の株主が受け取った現金等の財産は，原則として，時価により計上する。この結果，当該時価と引き換えられた被結合企業の株式の適正な帳簿価額との差額は，原則として，交換損益として認識する。 ❸
(d)	被結合企業の株主の子会社又は関連会社を結合企業とする場合，連結財務諸表上，交換損益は未実現損益の消去に準じて処理する。 ❷

3

(e)	子会社を結合企業とする企業結合により，結合企業の株主の持分比率が減少する場合，子会社の時価発行増資等における親会社の会計処理に準じて処理する。つまり，個別財務諸表上，「交換損益」を認識しないが，連結財務諸表上，資本剰余金として処理する。 ❹
(f)	子会社や関連会社以外の投資先を結合企業とする企業結合により，結合企業の株主の持分比率が減少する場合，その他有価証券からその他有価証券になるだけであり，結合企業の株主は何も会計処理しない。 ❸

〔問題17〕（事業分離等に関する会計基準）

1

「事業分離」とは，ある企業（会社及び会社に準ずる事業体）を構成する事業（企業活動を行うために組織化され，有機的一体として機能する経営資源）を他の企業（新設される企業を含む）に移転することをいう（「基準」4項）。

「分離元企業」とは，事業分離において，当該企業を構成する事業を移転する企業をいい，「分離先企業」とは，事業分離において，分離元企業からその事業を受け入れる企業（新設される企業を含む）をいう（「基準」5項〜6項）。

分離元企業の会計処理は，一般に事業の成果を捉える際の「投資の継続・清算（持分の継続・非継続）」という概念に基づき，実現損益を認識するかどうかという観点から規定される。つまり，分離した事業に関する投資が継続しているとみるか清算されたとみるかによって，一般的な売却や交換に伴う損益認識と同様に，分離元企業において「移転損益」が認識されない場合と認識される場合がある（「基準」74項）。

分離元企業において，移転した事業に関する投資が清算されたとみる場合には，「移転損益」を認識し，投資が継続しているとみる場合には，「移転損益」を認識せず，移転直前の適正な帳簿価額をそのまま投資原価とする。いずれの場合においても，分離元企業では，事業分離により移転した事業に係る資産・負債の帳簿価額は，一般に公正妥当と認められる企業会計の基準に準拠した適正な帳簿価額であることが必要である。したがって，分離元企業は，重要な会社分割などの場合には，事業分離日の前日に決算又は仮決算を行い，適正な帳簿価額を確定させる必要がある（「基準」77項）。

分離元企業は，具体的に事業分離日に次のように会計処理する（「基準」10項〜13項）。

(a) **移転した事業に関する投資が清算されたとみる場合**

現金など，移転した事業と明らかに異なる資産を対価として受け取る場合には，投資が清算されたとみなされ，その事業を分離先企業に移転したことにより受け取った対価となる財の時価と，移転した事業に係る資産・負債の移転直前の適正な帳簿価額による純資産額との差額を「移転損益」として認識する。それとともに，改めて当該受取対価の時価にて投資を行ったものとする（「基準」10項(1)）。

ただし，事業分離後においても，分離元企業の「継続的関与」（分離元企業が，移転した事業又は分離先企業に対して，事業分離後も引き続き関与すること）があり，それが重要であることによって，移転した事業に係る成果の変動性を従来と同様に負っている場合には，投資が清算されたとみなされず，「移転損益」は認識されない（「基準」10項(1)）。

移転損益を認識する場合の受取対価となる財の「時価」は，受取対価が現金以外の資産等である場合には，受取対価となる財の時価と移転した事業の時価のうち，より高い信頼性をもって測定可能な時価で算定する（「基準」12項）。

(b) **移転した事業に関する投資がそのまま継続しているとみる場合**

子会社株式・関連会社株式となる分離先企業の株式のみを対価として受け取る場合には，当該株式を通じて，移転した事業に関する「事業投資」を引き続き行っていると考えられることから，当該事業に関する投資が継続しているとみなされ，「移転損益」を認識しない。その事業を分離元企業に移転したことにより受け取る資産の取得原価は，移転した事

業にかかる資産・負債の移転直前の適正な帳簿価額による純資産額に基づいて算定される（「基準」10項(2)）。

市場価格のある分離先企業の株式が受取対価とされる場合には，受取対価となる財の「時価」は，事業分離日の株価を基礎にして算定する（「基準」13項）。

なお，「資産の現物出資等における移転元企業の会計処理」は，事業分離における分離元企業の会計処理に準じて行う（「基準」31項）。

2

現金等の財産のみを受取対価とする事業分離において，子会社・関連会社以外の会社へ事業分離する場合，分離元企業が受け取った現金等の財産は，原則として，時価により計上される。この結果，移転した事業に係る株主資本相当額との差額は，原則として，「移転損益」として認識する（「基準」16項）。

分離先企業が子会社となる場合や子会社を分離先企業とする場合には，「共通支配下の取引」又はそれに準ずる取引となり，分離元企業（親会社）の立場からは企業集団における純資産等の移転取引として「内部取引」と考えられる。個別財務諸表の作成に際しては，基本的には，企業結合の前後で当該純資産等の帳簿価額が相違しないように，企業集団内における移転先の企業は移転元の帳簿価額により計上することとなる。したがって，「共通支配下の取引」又はこれに準ずる取引のうち，分離先企業の株式を受取対価とする場合には，原則として，移転損益を認識しない。ただし，現金等の財産を受取対価とする場合，分離元企業が受け取った現金等の財産の移転前に付された適正な帳簿価額が，移転した事業に係る株主資本相当額と異なるときには，当該差額は「移転損益」として認識される（「基準」83項）。

移転した事業と明らかに異なる現金等の財産のみを受取対価とし，関連会社へ事業分離する場合には，「共通支配下の取引」には該当しないため，子会社・関連会社以外へ事業分離する場合と同様に，分離元企業で受け取った現金等の財産は，原則として，時価で計上される。この結果，当該時価と移転した事業に係る株主資本相当額との差額は，分離元企業の個別財務諸表上，原則として，「移転損益」として認識する（「基準」83項）。

図表17－1　受取対価を現金等の財産のみで行う事業分離における分離元企業の会計処理

事業分離の類型	受け取った現金等の財産の評価額	個別財務諸表上の移転損益	連結財務諸表上の移転損益
子会社・関連会社以外の会社への事業分離	時　価	認識する	──
子会社への事業分離	移転前に付された適正な帳簿価額	認識する	認識する。移転損益は，「基準第22号」（連結基準）における未実現損益の消去に準じて処理する。
関連会社への事業分離	時　価	認識する	認識する。移転損益は，「基準第16号」（持分法基準）における未実現損益の消去に準じて処理する。

3

　分離先企業の株式を受取対価とする事業分離は，現金等の財産のみを受取対価とする事業分離とは異なり，当該株式を通じて移転した事業と引き続き関係を有することとなるため，「投資の継続」とみなされる可能性がある（「基準」85項）。

　分離先企業が新たに分離元企業の子会社となる場合，経済実態として，分離元企業における当該事業に関する投資がそのまま継続していると考えられる。したがって，個別財務諸表上，当該取引では移転損益は認識されない。当該分離元企業が追加的に受け取った分離先企業の株式（子会社株式）の取得原価は，移転した事業に係る株主資本相当額に基づいて算定される。連結財務諸表上，分離元企業（親会社）の事業が移転された額と，移転した事業に係る分離元企業の持分の減少額との差額は，資本剰余金として処理する（「基準」18項，87項）。なお，分離元企業の連結財務諸表上，分離先企業を被取得企業として「パーチェス法」を適用する際，分離先企業に対して投資したとみなされる額は，分離元企業が追加的に受け取った分離先企業の株式の取得原価及び事業分離前に有していた分離先企業の株式の支配獲得時（事業分離日）の時価との合計額である。当該時価とその適正な帳簿価額との差額（その他有価証券としていた場合）又はその持分法評価額との差額（関連会社株式としていた場合）は，当期の「段階取得に係る損益」として処理する。また，当該投資したとみなされる額と，これに対応する分離先企業の事業分離直前の資本との差額をのれん（又は負ののれん）とする（「基準」18項）。

図表17－2　受取対価を分離先企業の株式のみで行う事業分離における分離元企業の会計処理

事業分離後の分離先企業	個別財務諸表上の会計処理	連結財務諸表上の会計処理
子会社	移転損益を認識しない。	取得した分離先企業に係る「のれん」，移転した事業に係る「資本剰余金」を認識する。
関連会社	移転損益を認識しない。	「のれん」，「持分変動差額」を認識する。
子会社・関連会社以外の会社	移転損益を認識する。	―

〔問題18〕　（事業分離等に関する会計基準）

1

　現金など，被結合企業の株式と明らかに異なる資産を対価として，被結合企業の株主が受け取る場合には，投資が清算されたとみなされる。そのため，被結合企業の株主は，企業結合日に，被結合企業の株式と引換えに受け取った対価となる財の時価と，被結合企業の株式に係る企業結合直前の適正な帳簿価額との差額を「交換損益」として認識する。それとともに，改めて当該受取対価の時価にて投資を行ったものとする（「基準」32項(1)）。

　交換損益を認識する場合の受取対価となる財の「時価」は，受取対価が現金以外の資産等である場合には，受取対価となる財の時価と引き換えた被結合企業の株式の時価のうち，より高い信頼性をもって測定可能な時価で算定する（「基準」33項）。

　被結合企業が子会社・関連会社である場合，当該被結合企業の株主が，子会社株式・関連会社株式となる結合企業の株式のみを対価として受け取る場合には，当該結合企業の株式を通じて，被結合企業（子会社・関連会社）に関する事業投資を引き続き行っていると考

えられるので，当該被結合企業に投資が継続しているとみなされる。そのため，被結合企業の株主は「交換損益」を認識しない。被結合企業の株式と引換えに受け取る資産の取得原価は，被結合企業の株式に係る適正な帳簿価額に基づいて算定される（32項(2)）。

2

　企業結合により被結合企業の株主は，現金等の財産や結合企業の株式を得る。合併や株式交換・株式移転等による企業結合では，被結合企業の株主が保有していた被結合企業の株式は，結合企業の株式と引き換えられることが多い（「基準」65項）。

　「基準」では，一般に「事業の成果」を捉える際の「投資の継続・清算」という概念に基づき，実現損益を認識するという観点から，被結合企業の株主に係る会計処理が規定されている。つまり，企業結合により，保有していた被結合企業の株式が，結合企業の株式などの財と引き換えられた場合に，その投資が継続しているとみるか清算されたとみるかによって，被結合企業の株主に係る会計処理でも，一般的な売却や交換に伴う損益認識と同様に，「交換損益」が認識されない場合と認識される場合が考えられる（「基準」115項）。

　企業結合により，被結合企業の株主が保有していた被結合企業の株式が，現金等の財産のみと引き換えられた場合には，投資先自体が企業結合により消滅し，被結合企業の株主は現金等の財産を受け取り，保有していた株式と引き換えられるものであるため，一般的には，「投資の清算」とみなされる。結合企業の株式と引き換えられる場合には，当該株式を通じて引き換えられる株式と引き続き関係を有することとなるため，一般的には，「投資の継続」とみなされる（「基準」120項）。

3

　結合企業の株主は，企業結合によっても当該企業の株式を直接引き換えないが，当該結合企業に対する持分比率が変動する。そのため，結合企業の株主に係る会計処理の基本的な考え方は次のとおりである（「基準」139項）。

(1) 結合企業の株主の個別財務諸表

　結合企業の株主が結合企業を子会社としていたが，企業結合により当該株主（親会社）の持分比率が減少し，子会社に該当しなくなった場合には，結合企業の株主の個別財務諸表上，子会社株式から関連会社株式・その他有価証券に取得原価で振り替え，損益を認識しない。

　結合企業の株主が結合企業を関連会社としていたが，企業結合により当該株主（投資会社）の持分比率が減少し，関連会社に該当しなくなった場合には，関連会社株式からその他有価証券に取得原価で振り替え，損益を認識しない。

(2) 結合企業の株主の連結財務諸表

　結合企業の株主が結合企業を子会社としており，企業結合により当該株主（親会社）の持分比率が減少した場合，親会社の持分の一部が非支配株主持分に振り替わることから生じる差額は，親会社の持分変動により生じた差額として「資本剰余金」に算入される。

　結合企業の株主が結合企業を関連会社としており，企業結合により当該株主（投資会社）の持分比率が減少した場合，連結上の処理と同様に，投資会社の持分の一部が他の持分に振り替わることから生じる差額は，原則として，持分変動差額として処理する。

● 「基準」の公表経緯・社会的背景

　平成15年10月に企業会計審議会から「企業結合に係る会計基準」が公表されたが，そこでは企業結合に該当する取引を対象とし，結合企業を中心に結合当事企業の会計処理が基準化されていた。

　ただし，企業再編（組織再編）では，企業結合のほかに，事業分離における分離元企業の会計処理や結合当事企業の株主に係る会計処理などの検討が必要であった。そのため，ASBJは，事業分離専門委員会を設置し，審議を重ね，「論点整理」・「公開草案」を公表した後，平成17年12月27日に「基準第7号」を公表した。

● 「基準」設定前の制度との相違点

　前述したように，企業再編に関する会計処理については，「企業結合に係る会計基準」しか存在しなかった。

　会社分割や事業譲渡などの場合における事業を分離する「分離元企業」の会計処理，資産の現物出資等における移転先の企業の会計処理，結合当事企業の株主に係る会計処理を定める目的として，「基準第7号」が作成・公表された。

　ASBJは，平成19年8月にIASBと共同で公表した「東京会議」に基づき，平成20年までの短期コンバージェンス・プロジェクトの一つとして「企業結合に係る会計基準」が改訂された際に，「基準第7号」も一部修正された。さらに，平成25年9月13日に「基準第21号」と「基準第22号」が改正されたのに伴い，再修正された。例えば，非支配株主との取引によって生じた親会社の持分変動による差額を資本剰余金としたことに伴い，分離元企業の連結財務諸表上において生じる差額は資本剰余金となった。

―― Column ――

ASBJ・IASBの「東京合意」

　平成13年（2001年）7月26日に新しい会計基準設定機関（民間組織）として発足した「企業会計基準委員会」（ASBJ）は，会計基準の国際的収斂（international convergence）の観点から，国際会計基準委員会（International Accounting Standards Committee：IASC）が作成していた「国際会計基準」（IAS）及びIASCを改組・改称して2001年4月に設置された国際会計基準審議会（International Accounting Standards Board：IASB）が作成・公表している「国際財務報告基準」（International Financial Reporting Standard：IFRS）に収斂する形で新会計基準を矢継早に設定しています。平成19年（2007年）8月には，ASBJはIASBとの間で「東京合意」（会計基準のコンバージェンスの加速化に向けた取組みへの合意）を締結し，わが国の会計基準について平成23年（2011年）6月末までにコンバージェンスを行うことを約束しました。会計基準の国際的コンバージェンスのために，わが国の会計基準はIAS・IFRSに収斂していきますので，IAS・IFRSの論点も国家試験に出題される可能性があります。

〔問題19〕（ストック・オプション等に関する会計基準）

1 (1)

①	従 業 員 ❶	②	権利の行使 ❶	③	純 資 産 ❶
④	対象勤務期間 ❶	⑤	ストック・オプション数 ❶		

(2)

	自社株式オプションのうち，特に企業がその従業員等に報酬として付与するものをいう。❷

(3)

(a)	権利確定条件が達成されなかったことによる失効 ❶
	（別解：権利不確定による失効）
(b)	権利行使期間中に行使されなかったことによる失効 ❶
	（別解：権利不行使による失効）

(4)

	従業員等は，付与されたストック・オプションを対価として，これと引換えに企業に追加的にサービスを提供し，企業は，企業に帰属したサービスを消費しているので，費用認識の根拠がある。❸

2

(イ)	新株予約権は，将来，権利行使される払込資本になる可能性がある一方，失効して払込資本にならない可能性もあるが，本来は返済義務のある負債ではないことから，純資産の部に表示される。❹
(ロ)	新株予約権は，株主とは異なる従業員等の新株予約権者との取引によるものであり，株主に帰属する株主資本ではないので，別建計上される。❸

3

	ストック・オプションの付与によっても，単に新旧株主間で富の移転が生じるだけの取引に過ぎないので，費用認識には根拠がない。費用として認識されるには，いずれかの時点で現金その他の会社財産の流出に結び付くのが通常であるが，従業員等にサービス提供の対価としてストック・オプションを付与する取引では，付与時点ではもちろん，サービスが提供され，それを消費した時点においても，会社財産の流出はない。❻

〔問題20〕（ストック・オプション等に関する会計基準）

1(1)

①	新　株 ❶	②	払込資本 ❶	③	帳簿価額 ❶
④	払込金額 ❶	⑤	利　益 ❶		

(2)

ストック・オプションを付与された者がその権利を行使したことにより，行使価格に基づく金額が払い込まれた日 ❷

(3)

対象勤務期間は付与日から権利確定日までの期間であり，権利行使期間とは，権利確定日から失効日までの期間であり，その期間内に権利行使日がある。 ❸

2

ストック・オプションは自社の株式をあらかじめ決められた価格で引き渡す可能性であるにすぎないから，それが行使されないまま失効すれば，結果として会社は株式を時価未満で引き渡す義務を免れることになる。会社は無償で提供されたサービスを消費したことになるので，新株予約権を付与したことに伴う純資産の増加が，失効時点で株主との直接的な取引によらないこととなった場合には，それを利益に計上することができる。 ❺

3(1)

ストック・オプションの付与後に株価の著しい下落が生じ，権利行使される可能性が減少することにより，当初期待していたインセンティブ効果が大幅に失われたため，これを回復する目的で行使価格を引き下げる場合 ❸

(2)

条件変更日におけるストック・オプションの公正な評価単価が付与日における公正な評価単価を上回る部分に見合う，ストック・オプションの公正な評価額の増加額につき，以後，追加的に株式報酬費用として費用計上を行う。 ❹

(3)

条件変更後においても，付与日における公正な評価単価に基づくストック・オプションの公正な評価額により費用計上を行い，条件変更前からの会計処理を継続する。 ❸

〔問題19〕（ストック・オプション等に関する会計基準）

1

「ストック・オプション」とは，自社株式オプションのうち，特に従業員等に報酬として付与するものをいう（「基準」2項(2)）。

ここに「自社株式オプション」とは，自社の株式を原資産とするコール・オプション（一定の金額の支払により，原資産である自社の株式を取得する権利）をいう。「新株予約権」はこれに該当する（「基準」2項(1)）。

「従業員等」とは，企業と雇用関係にある使用人のほか，企業の取締役・会計参与・監査役・執行役これに準ずる者をいう（「基準」2項(3)）。

「報酬」とは，従業員等から受けた労働・業務執行等のサービスの対価として，従業員等に給付されるものをいう（「基準」2項(4)）。

「ストック・オプション」を付与し，これに応じて従業員等から取得するサービスは，その取得に応じて費用（株式報酬費用）として計上され，対応する金額は，ストック・オプションの権利の行使又は失効が確定するまでの間，貸借対照表の純資産の部に「新株予約権」として計上される（「基準」4項）。

(借) 株 式 報 酬 費 用　×××　　(貸) 新 株 予 約 権　×××

従業員等に付与されたストック・オプションを対価として，これと引換えに，企業に追加的にサービスが提供され，企業に帰属することとなったサービスを消費したことに費用認識の根拠がある。すなわち，貸借対照表に計上されている財貨（商品など）を消費した場合に費用（売上原価など）を認識することとの整合性を考えれば，企業に帰属しているサービス（労働）を消費した場合にも費用（株式報酬費用）を認識すべきこととなる（「基準」35項）。

ストック・オプションには，権利行使により対象株式を取得することができるストック・オプション本来の権利を獲得すること（「権利の確定」という）につき，条件が付されているものが多い。権利の確定に関する「権利確定条件」には，勤務条件や業績条件がある（「基準」2項(12)）。

「勤務条件」は，条件付きのストック・オプションのうち，従業員等の一定期間の勤務・業務執行に基づく条件をいい，「業績条件」は，条件付きのストック・オプションのうち，一定の業績（株価を含む）の達成又は不達成に基づく条件をいう（「基準」2項(10)，(11)）。

勤務条件の一つである「対象勤務期間」とは，ストック・オプションと報酬関係にあるサービスの提供期間であり，付与日から権利確定日までの期間をいう。「付与日」とは，ストック・オプションが付与された日をいい，会社法にいう「募集新株予約権の割当日」がこれに当たる（「基準」2項(6)）。

「権利確定日」とは，権利の確定した日をいう。権利確定日が明らかではない場合には，原則として，ストック・オプションを付与された従業員等がその権利を行使できる期間（以下「権利行使期間」という）の開始日の前日を「権利確定日」とみなす（「基準」2項(7)）。

各期における費用計上額（株式報酬費用額）は，ストック・オプションの公正な評価額（＝公正な評価単価×ストック・オプション数）のうち，対象勤務期間を基礎とする方法その他の合理的な方法に基づき当期に発生したと認められる額である（「基準」5項）。

「公正な評価額」とは，一般に市場において形成される「市場価格」（取引価格，気配値又は指標その他の相場）に基づく価額をいう。「市場価格」がない場合，当該ストック・オプションの原資産である自社の株式の市場価格に基づき，合理的に算定された価額を入手できるときには，その合理的に算定された価額は「公正な評価額」と認められる（「基準」2項(12)）。

「失効」とは，ストック・オプションが付与されたものの，権利行使されないことが確定することをいう。失効には，権利確定条件が達成されなかったことによる「権利不確定による失効」，権利行使期間中に行使されなかったことによる「権利不行使による失効」がある（「基準」2項(13)）。

2

新株予約権は，将来，権利行使され払込資本になる可能性がある一方，失効して払込資本にならない可能性もある。このように，発行者側の新株予約権には，権利行使の有無が確定するまでの間，その性格が確定していない。従来，仮勘定として負債の部に計上されていたが，新株予約権は，本来は返済義務のある負債ではないことから，企業会計基準第5号「貸借対照表の純資産の部の表示に関する会計基準」において，負債の部に表示することは適当ではなく，純資産の部に表示することとされた（「基準」41項）。

3

従業員等は，ストック・オプションを対価としてこれと引換えに企業にサービスを提供し，企業はこれを消費しているから，費用認識に根拠があるとする見解を「基準」は採択したが，下記のように，費用認識の前提条件・根拠等を疑問視する見解も存在する（「基準」34項）。

(a) **費用認識の前提条件に疑問があるとする見解**

費用認識に根拠があるとする前提，すなわちストック・オプションがサービスに対する対価として付与されているという前提（対価性）に疑問がある。

(b) **費用認識に根拠がないとする見解**

ストック・オプションの付与によっても，新旧株主間の富の移転が生じるに過ぎないから，現行会計上，費用認識には根拠がない。また，ストック・オプションを付与しても，企業には現金その他の会社財産の流出が生じないため，費用認識に根拠がない。

(c) **見積りの信頼性の観点から，費用認識が困難又は不適当であるとする見解**

ストック・オプションの公正な評価額の見積りに信頼性がない。

〔問題20〕（ストック・オプション等に関する会計基準）

1

前述したように，「付与日」とは，ストック・オプションが付与された日であり，「権利確定日」とは，権利の確定した日である。「対象勤務期間」は，付与日から権利確定日までの期間をいう。「権利行使期間」とは，ストック・オプションを付与された従業員等がその権利を行使できる期間であり，「権利行使期間」に権利行使できる。

「権利行使日」は，ストック・オプションを付与された者が権利行使期間内にその権利を行使し，行使価格に基づく金額を払い込む日をいう。

「失効日」とは，権利行使されないことが確定する日をいう。

図表20－1　ストック・オプションの付与日から失効日

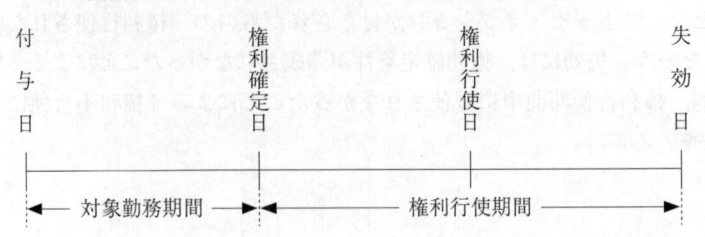

```
付          権          権          失
与          利          利          効
日          確          行          日
            定          使
            日          日
|———対象勤務期間———|———権利行使期間———|
```

ストック・オプションが権利行使され，これに対して「新株」を発行した場合には，「新株予約権」として計上した額のうち，当該権利行使に対応する部分を払込資本に振り替える（「基準」8項）。

　　　（借）現　金　預　金　　×××　　（貸）資　本　金　　×××
　　　　　　新 株 予 約 権　　×××

「権利行使日」に行使価格に基づく金額が払い込まれるが，「行使価格」とは，ストック・オプションの権利行使に当たり，払い込むべきものとして定められたストック・オプションの単位当たりの金額をいう（「基準」2項(7)，(5)）。

新株予約権の行使に伴い「自己株式」を処分した場合，自己株式の取得原価及び新株予約権の帳簿価額と権利行使に伴う払込金額の合計額との差額は，「自己株式処分差額」として扱われる（「基準」8項）。

　　　（借）現　金　預　金　　×××　　（貸）自　己　株　式　　×××
　　　　　　新 株 予 約 権　　×××　　　　　自己株式処分差額　　×××
　　　　　　　　　　　　　　　　　　　　　　（その他資本剰余金）

2

新株予約権を付与した「ストック・オプション」は，自社株式をあらかじめ決められた行使価格で引き渡す可能性であるに過ぎないから，それが行使されないまま失効すれば，結果的に会社は新株又は自己株式を時価未満で引き渡す義務を免れることになる。

したがって，会社は無償で提供されたサービスを消費したことになるので，新株予約権が行使されずに消滅した結果，新株予約権を付与したことに伴う純資産の増加が，株主との直接的な取引によらないこととなった場合には，それを利益に計上した上で株主資本に算入する（なお，非支配株主持分に帰属する部分は，「非支配株主に帰属する当期純利益」に計上することになる）（「基準」46項）。

この利益は，原則として特別利益に計上し，「新株予約権戻入益」等の科目名称を用いる（「基準」47項）。

　　　（借）新 株 予 約 権　　×××　　（貸）新株予約権戻入益　　×××

3

　ストック・オプション付与後に，当初の条件を何らかの理由により変更する「条件変更」として，下記に示すように，(a)ストック・オプションの「公正な評価単価」，(b)「ストック・オプション数」，(c)合理的な費用の「計上期間」のいずれか1つ以上を意図的に変動させる事後的変更がある（「基準」2項(15)）。

(a)　ストック・オプションの公正な評価単価を変動させる条件変更

　条件変更日（条件変更が行われた日のうち，特に条件変更以後をいう）の「公正な評価単価」が，付与日の公正な評価単価を上回る場合には，付与日の公正な評価単価に基づくストック・オプションの公正な評価額による費用計上を継続して行うことに加え，条件変更日の公正な評価単価が付与日の公正な評価単価を上回る部分に見合う，ストック・オプションの公正な評価額の増加額について，以後，追加的に「株式報酬費用」として費用計上を行う（「基準」10項(1)）。

　他方，条件変更日の公正な評価単価が付与日の公正な評価単価以下となる場合には，条件変更日以後においても，ストック・オプションの付与日における公正な評価単価に基づく公正な評価額による費用計上を継続する（「基準」10項(2)）。

(b)　ストック・オプション数を変動させる条件変更

　ストック・オプション数を変動させた場合には，条件変更前から行われてきた費用計上を継続して行うことに加え，条件変更によるストック・オプション数の変動に見合う影響額を，以後，合理的な方法に基づき残存期間にわたって計上する（「基準」11項）。

(c)　費用の合理的な計上期間を変動させる条件変更

　ストック・オプションについて，対象勤務期間の延長又は短縮に結びつく勤務条件の変更等により，費用の合理的な計上期間を変動させた場合には，当該条件変更前の残存期間に計上すると見込んでいた金額を，以後，合理的な方法に基づいて，新たな残存期間にわたって費用計上する（「基準」12項）。

● 「基準」の公表経緯・社会的背景

　あらかじめ定められた価額で自社株式の購入を選択できる権利（ストック・オプション）は，従来，企業の業績向上へのインセンティブのために，役員や従業員に対する報酬制度の一環として採用されていた。

　平成13年11月の商法改正における「新株予約権制度」の導入に伴い，新株予約権のストック・オプションとしての利用が活発化し，海外においても，ストック・オプション等の会計基準が整備されつつあった（「基準」21項）。

　従業員等に報酬として付与される自社株式オプション（ストック・オプション）は，一般的に報酬としての性格を持つと考えられる。従業員等に対する報酬として，現金等ではなく，自社株式オプションを付与する取引の会計処理・開示を明らかにするために，「基準」が公表されている。

● 「基準」設定前の制度との相違点

　従来，ストック・オプションを付与した場合，費用計上額は「給与」勘定で計上され，「新株予約権」は負債の部に表示されていたが，「基準第5号」により「新株予約権」は純資産の部に表示され，「基準」により費用計上額は「株式報酬費用」勘定で計上されることになった。

Column

頭然如救（頭然救うが如し）

　若い頃，鎌倉・円覚寺僧堂で参禅していた折，師匠・足立慈雲老師の提唱（法話）の中で雑談的に話された句「磯までは　海女も蓑着る　時雨かな」が，非常に印象に残った。

　海に潜って獲物を取る海女が「どうせ濡れるから濡れてもいいや」と思うのではなく，時雨が降っていても，身体をいたわり濡れないように蓑（雨具）を着て磯まで歩いていくという意味である。つまり，一瞬一瞬を大事にし，その場・その時において一生懸命に生きていく姿を讃えたのである。そして，老師は，「修行中は，脇目も振らず，修行専一に精進せよ」と督励された。

　「静自適」という禅語がある。「周りがいくら騒がしくても，心はいつも落ちついて静かであれ」という意味である。また，「頭然如救」（頭然救うが如し）という語もある。頭の髪の毛が燃えたら必死になって消すように，事に当たっては全力で為す。人生を処理する場合，現在・ここに自分を完全燃焼させていくという意味である。勉強している時は勉強に集中し，遊んでいる時は遊びに徹する。受験時代には，周りの雑音に惑わされず，静自適に工夫をもって受験勉強に徹して下さい。

〔問題21〕 (棚卸資産の評価に関する会計基準)

1(1)

①	製造原価 ❶	②	払出原価 ❶	③	実際原価 ❶
④	総平均法 ❶	⑤	原価率 ❶		

(2)

長所	個々の資産に関して個別的損益を把握することができ,当該資産の個別的管理を厳密に行うことができる。❷
短所	1つの取引により大量に取得され,かつ,規格に応じて価額が定められている資産には,記録が煩雑である。❷

(3)

長所	価格上昇時には,期末棚卸資産の価額は時価に近い価額を反映する。❷
短所	価格上昇時には,他の方法と比べて低い払出原価で記帳されるので,売上原価は低く計上される。❷

2(1)

価格下落時には払出価額が比較的最近の取得原価に基づくので,時価に近い単価による売上原価が算定され,費用・収益の同一価格水準による対応計算が可能となり,ある程度まで保有損失を損益計算から排除できる。❸

(2)

期末棚卸資産は,最も古い過去に購入した金額により貸借対照表に繰り越され続けるため,貸借対照表価額が最新の再調達原価の水準と大幅に乖離する可能性がある。棚卸資産の期末数量が期首数量を下回る場合には,期間損益計算から排除されてきた保有損失が当期の損益に計上され,その結果,期間損益が変動する。一般的に,棚卸資産の実際の流れを反映していない。❹

3

個別法,先入先出法と平均原価法が,払出単価の計算には継続記録法と結びついて適用される方法であるのに対し,売価還元法は,同じ値入率を有する商品をグループ化し,そのグループごとに期末棚卸商品の小売売価に原価率を乗じた価額を期末棚卸額として推定する方法である。取扱品種の多い業種においては,一品目ごとに単位原価をもって評価することは困難であるので,類似性に基づく商品をグループ化し,グループごとに期末売価から期末原価に還元計算する点で異なる。❺

〔問題22〕（棚卸資産の評価に関する会計基準）

1(1)

①	正味売却価額 ❶	②	費用 ❶	③	滞留 ❶
④	収益性 ❶	⑤	処分見込価額 ❶		

(2)

> 通常，販売によって投下資金の回収を図る棚卸資産の特性に鑑み，評価時点における資金回収額を示す棚卸資産の正味売却価額が，その帳簿価額を下回っているときには，収益性が低下していると考え，回収可能な価額まで帳簿価額の切下げを行うことが適当であり，財務諸表利用者に的確な情報を提供することができる。❸

(3)

> 原材料のように再調達原価の方が把握しやすく，正味売却価額が当該再調達原価に歩調を合わせて動くと想定される場合には，継続適用を条件として，再調達原価によることができる。❸

2(1)

> 活発な取引が行われるように整備された，購買市場と販売市場とが区別されていない単一の市場（例えば，金の取引市場）の存在が前提となる。❷

(2)

> 単に市場価格の変動により利益を得るトレーディング目的棚卸資産の期末評価は，投資者にとっての有用な情報としては棚卸資産の期末時点の市場価格に求められるので，市場価格に基づく。当該資産は，売買・換金に対して事業遂行上等の制約がなく，市場価格の変動に当たる評価差額が企業にとっての投資活動の成果と考えられることから，その評価差額は当期の損益として処理する。❹

3(1)

> 棚卸資産における収益性の低下は，期末における正味売却価額が帳簿価額を下回っているかどうかによって判断するため，簿価切下額の戻入れを行う洗替え法の方が，正味売却価額の回復という事実を反映するため，収益性の低下に着目した簿価切下げの考え方と整合的である。❹

(2)

> 前期末に帳簿価額を切り下げた棚卸資産の正味売却価額が回復するケースは，必ずしも多くないことや，仮に正味売却価額が回復している場合には，通常，販売され当期末時点に在庫として残らないと見込まれることから，洗替え法と切放し法の選択を企業に委ねても，結果は大きく異ならない。❹

〔問題21〕 (棚卸資産の評価に関する会計基準)

1

「棚卸資産」とは、企業の営業目的を達成するために所有し、かつ、売却を予定する資産である。売却を予定しない資産であっても、販売活動及び一般管理活動において短期間に消費される事務用消耗品等も含まれる(「基準」3項)。つまり、棚卸資産は、次の4項目に該当する財貨又は用役である(「基準」28項)。

　(イ)　通常の営業過程において販売するために保有する財貨又は用役(商品、製品)
　(ロ)　販売を目的として現に製造中の財貨又は用役(仕掛品、半製品)
　(ハ)　販売目的の財貨又は用役を生産するために短期間に消費されるべき財貨(原材料、工場用消耗品)
　(ニ)　販売活動及び一般管理活動において短期間に消費されるべき財貨(事務用消耗品、包装用品など)

「有形固定資産」が長期間にわたって利用目的のために所有されているのに対し、「棚卸資産」は通常の営業過程において販売・消費目的のために所有されている。したがって、販売用不動産や開発事業等支出金も、販売目的資産である限り、棚卸資産となる(「基準」32項)。

なお、未成工事支出金等、注文生産や請負作業についての仕掛中のものも、棚卸資産の範囲に含まれる(「基準」31項)。

「個別法」とは、棚卸資産の取得原価を異にするごとに区別して記録し、その個々の実際原価によって期末評価する方法である(「企業会計原則注解」注21・(1)イ)。個々の資産ごとに損益計算を行うことができるので、宝石、書画・骨董など、個々の受払が明確であり、高価な商品に適用されている。ただし、大量取得・販売する棚卸資産には、記録が煩雑であるという欠点がある。

「先入先出法」とは、棚卸資産を種類、品質あるいは型の異なるごとに区別し、その種類等の同じものについて、最も古く取得したものから順次払い出されたものと仮定し、期末棚卸資産は期末から最も近い時点に取得したものから成るものとみなして評価する方法である。

したがって、先入先出法では、価格上昇時には、期末棚卸資産の価額は時価に近い価額を反映するので、他の方法と比べて高く評価されるが、低い払出単価で記帳されるので費用額(売上原価・製造原価の金額)は低く計上される。

現行法人税法により「法定評価法」として容認されている「最終仕入原価法」とは、最終仕入原価によって期末棚卸資産の価額を算定する方法である。

「最終仕入原価法」によれば、期末棚卸資産の一部だけが実際取得原価で評価されるが、その他の部分は時価に近い価額で評価されることとなる場合が多い。無条件に取得原価基準に属する方法として適用を認めることは適当ではないため、(1)期末棚卸資産の大部分が最終の仕入価格で取得されているときのように期間損益の計算上弊害がない場合、(2)期末棚卸資産に重要性が乏しい場合においてのみ容認される(「基準」34-4項)。

2

「後入先出法」とは、先入先出法とは逆に、最も新しく取得したものから順次払い出されると仮定し、期末棚卸資産は、まず期首棚卸資産、ついで期首から最も近い時点に取得したものから順次成るものとみなして評価する方法である。

後入先出法のもとでは、棚卸資産を払い出した時の価格水準に最も近い価額で収益と費用を対応させることができるので、当期の収益に対して同一の価格水準の費用が計上される。

したがって、価格上昇時には、払出価額が比較的最近の取得原価に基づいているので、時価に近い単価による費用計算が行われる。そのことにより、費用・収益の同一価格水準による対応計算が可能となり、ある程度まで保有損益を損益計算から排除することができる。しかし、期末棚卸資産は、最も古く、かつ低い価額によって評価される。

「企業会計原則」(注解21)は、個別法、先入先出法、後入先出法、平均原価法及び売価還元原価法等を認めていたが、「基準」(34-6項～34-8項)では、下記の理由により「後入先出法」は廃棄された。

(イ) 後入先出法は、棚卸資産が過去に購入した時からの価格変動を反映しない金額で貸借対照表に繰り越され続けるため、その貸借対照表価額が最近の再調達原価の水準と大幅に乖離してしまう可能性がある。

後入先出法を採用した場合、棚卸資産の受払いが生じているにもかかわらず、棚卸資産の受払いによって棚卸資産の貸借対照表価額が市況の変動を長期間にわたって反映しない可能性がある。

(ロ) 棚卸資産の期末の数量が期首の数量を下回る場合には、期間損益計算から排除されてきた保有損益が当期の損益に計上され、その結果、期間損益が変動する。

この点については、企業が棚卸資産の購入量を調整することによって、当該保有損益を意図的に当期の損益に計上することもできる。

(ハ) 後入先出法は、一般的に、棚卸資産の実際の流れを忠実に表現していない。

3

小売業等の業種においては、棚卸資産の評価方法として、売価還元原価法の原価率による「売価還元法」を採用しているケースが多いが、この場合でも、期末における正味売却価額(棚卸資産の値入率等の類似性に基づくグループの売価合計額から見積販売直接経費を控除した金額)が帳簿価額よりも下落しているときには、当該正味売却価額をもって貸借対照表価額とする。売価還元原価法の「原価率」は、下記算式のとおりである(「基準」13項、54項)。

$$\frac{期首繰越商品原価 + 当期受入原価総額}{期首繰越商品小売価額 + 当期受入原価総額 + 原始値入額 + 値上額 - 値上取消額 - 値下額 + 値下取消額}$$

値下額及び値下取消額を除外した「売価還元低価法」の原価率を採用している企業も存在する。

値下額及び値下取消額を除外した売価還元低価法の原価率を適用する方法は、収益性の低下に基づく簿価切下げという考え方と必ずしも整合するものではないが、これまでの実

務上の取扱いなどを考慮し，値下額等が売価合計額に適切に反映されている場合には，当該原価率の適用により算定された期末棚卸資産の帳簿価額は，収益性の低下に基づく簿価切下額を反映したものとみなされる。売価還元低価法の「原価率」は，下記算式のとおりである（「基準」13項，55項）。

$$\frac{期首繰越商品原価＋当期受入原価総額}{期首繰越商品小売価額＋当期受入原価総額＋原始値入額＋値上額－値上取消額}$$

〔問題22〕（棚卸資産の評価に関する会計基準）

1

　「企業会計原則」（第三・五・A）によれば，棚卸資産については取得原価をもって貸借対照表価額とするが，時価が取得原価よりも下落した場合には時価による方法を適用して算定することもできた。つまり，棚卸資産の期末評価基準として，原則的に「原価法」，例外的に「低価法」が採用されている。

　「低価法」を適用した場合における時価としては，貸借対照表日の「正味実現可能価額」が適当であるが，「再調達原価」も容認されていた。再調達原価の代替として「最終取得原価」又は「正味実現可能価額から正常利益を控除した額」を採ることもできる。

　「連続意見書第四」（第一・三・1）によれば，次の3つの低価法が選択適用できた。
　(a)　取得原価と正味実現可能価額との比較法
　(b)　取得原価と再調達原価との比較法
　(c)　取得原価，正味実現可能価額と再調達原価との三者比較法

　「基準」では，棚卸資産の評価のために，棚卸資産は「通常の販売目的（販売するための製造目的を含む）で保有する棚卸資産」及び「トレーディング目的で保有する棚卸資産」に分類される。

　「通常の販売目的で保有する棚卸資産」とは，通常の営業過程において売却を予定する資産であり，「トレーディング目的で保有する棚卸資産」とは，活発な市場が存在することを前提として，棚卸資産の保有者が単に市場価格の変動により利益を得ることを目的とする資産である。

　「通常の販売目的で保有する棚卸資産」は，期末における正味売却価額が取得原価よりも下落している場合には，正味売却価額をもって貸借対照表価額とし，当該差額は当期の費用として処理する（「基準」7項）。

　なお，「正味売却価額」とは，売価（購買市場と売却市場とが区別される場合における売却市場の時価）から見積追加製造原価・見積販売直接経費を控除したものをいう。

　棚卸資産の取得原価が収益性低下等により下落すれば，当該資産から得られるキャッシュ・インフローが取得原価を下回る危険性もある。正味売却価額まで評価減すれば，販売によって実現すると見込まれる額を超えて計上されない。

　棚卸資産への投資は，将来販売時の売価を想定して行われ，その投資の成果の確定は将来の販売時点であることから，「収益性の低下」に基づく簿価切下げの判断に際して，期末に見込まれる将来販売時点の売価に基づく正味売却価額によることが適当である（「基

準」41項)。

棚卸資産についても収益性の低下により投資額の回収が見込めなくなった場合には，品質低下や陳腐化が生じた場合に限らず，「回収可能な額」まで帳簿価額を切り下げることにより，財務諸表利用者に的確な情報を提供することができる。

営業循環過程から外れた「滞留資産」又は「処分見込資産」の評価基準として，合理的に算定された価額によることが困難である場合には，収益性の低下の事実を財務諸表に適切に反映させるために，下記方法が採用される（「基準」9項，49項）。

(a) 帳簿価額を処分見込価額（ゼロ又は備忘価額を含む）まで切り下げる方法
(b) 一定の回転期間を超える棚卸資産については，規則的に帳簿価額を切り下げる方法

上記(b)における規則的な簿価切下法の適用例としては，(イ)製造設備の専用の取替部品（予備費）として貯蔵・保管する必要があるものの，払出数量が在庫数量に比べてわずかであり，不回転在庫となっているケース，(ロ)旧型であったり，生産打切後であったとしても，供給義務のある補修用部品のように，保有しなければならないが，実際出荷数量が在庫数量に比べてわずかであり，不回転在庫となっているケースが考えられる。

消費目的資産である「原材料」では，「再調達原価」のほうが把握しやすいので，正味売却価額が再調達原価に歩調を合わせて動くと想定されるときには，再調達原価による評価が容認された。

原材料に限らず，他の購入品であっても，「再調達原価」のほうが把握しやすい場合には，正味売却価額が再調達原価に歩調を合わせて動くと想定されるときには，継続適用条件で正味売却価額の「代理数値」として再調達原価によることができる（「基準」50項）。

2

「トレーディング目的で保有する棚卸資産」については，市場価格に基づく価額をもって貸借対照表価額とし，帳簿価額との差額（評価差額）は，当期の損益として処理する（「基準」15項）。

つまり，「トレーディング目的で保有する棚卸資産」に係る会計処理は，「金融商品に関する会計基準」における「売買目的有価証券」に関する取扱いと同様である（「基準」16項）。

当該棚卸資産に係る損益は，原則として，純額で「売上高」に表示する（「基準」19項）。ただし，金額に重要性が乏しい場合には，「営業外収益」又は「営業外費用」として計上することができる（財務諸表等規則72条の2，連結財務諸表規則51条の2）。

3

同一の経済的事象に対して「洗替え法」と「切放し法」という複数の会計処理が認められるならば，前期末に帳簿価額を切り下げた棚卸資産の正味売却価額が回復し，かつ，当期末時点で在庫となっている場合には，両者の結果が異なる。

しかしながら，一般的に，(イ)正味売却価額が回復するケースは必ずしも多くないと考えられること，(ロ)仮に正味売却価額が回復している場合には，通常，販売され在庫として残らないと見込まれることから，「洗替え法」と「切放し法」の選択適用を企業に委ねても，結果は大きく異ならないものと考えられる（「基準」59項）。

●「基準」の公表経緯・社会的背景

わが国においては，従来，取得原価をもって棚卸資産の貸借対照表価額とする「原価法」，時価が取得原価よりも下落した場合には，例外的に時価による「低価法」が採用されてきた。

棚卸資産の貸借対照表価額に関して，会計処理の継続性が求められるものの，企業により「原価法」と「低価法」の選択適用が認められていることに対する問題が，内外で指摘されていた。

国際的な会計基準との調和の観点から，棚卸資産の評価基準として，「原価と正味売却価額との低価法」が強制適用されることとなった。同様に，会計基準の国際的コンバージェンスを図るため，選択できる評価方法から「後入先出法」が廃止されることとなった。

●「基準」設定前の制度との相違点

棚卸資産は，「通常の販売目的で保有する棚卸資産」と「トレーディング目的で保有する棚卸資産」に大別された。前者の期末評価基準として「原価と正味売却価額との低価法」，後者の期末評価基準として「時価法」が強制適用される。

「基準」では，これまで用いられていた「正味実現可能価額」という用語に代え，「正味売却価額」という用語を用いている。これは，「実現可能」という用語は不明確であることや，「固定資産の減損に係る会計基準」において「正味売却価額」を用いていることとの整合性に配慮したものであり，意味に相違はない（「基準」33項）。

従来，物理的劣化による「品質低下評価損」，経済的劣化（商品ライフサイクルの変化）による「陳腐化評価損」及び市場の需要変化による「低価法評価損」の間には，その取扱いに明確な差異がみられた。

ただし，発生原因は相違するものの，正味売却価額が下落することにより収益性が低下しているという点からみれば，会計処理上，それぞれの区分に相違を設ける意義は乏しいと考えられる。

特に，経済的劣化による収益性の低下と市場の需給変化に基づく正味売却価額の下落による収益性の低下は，実務上，必ずしも明確に区分できないので，基本的には，これらを収益性の低下の観点からは相違がないものとして取り扱う（「基準」39項）。

前述したように，会計基準の国際的コンバージェンスを図るため，平成22年4月1日以後開始する事業年度から，選択できる棚卸資産の評価方法から「後入先出法」が廃棄された（「基準」21－2項）。

〔問題23〕（金融商品に関する会計基準）

1(1)

①	取引価格 ❶	②	指　標 ❶	③	発　生 ❶
④	第一次債務者 ❶				

(2)

インターバンク市場 ❶	為替取引等のディーラー間市場 ❶
	別解：電子媒体取引市場

(3) 各❶

(a)	②	(b)	③	(c)	①

(4)

(d)	約定日基準 ❶
(e)	金融商品を対象とする取引については，契約時から金融商品の時価変動リスク，契約相手方の財政状態等に基づく信用リスクが契約者当事者に生じるため，契約締結時にその発生を認識する。❷

2(1)

リスク・経済価値アプローチ	金融資産のリスクと経済価値（デフォルト・リスク，回収コスト，利息，元金の流入等）のほとんどすべてが他に移転した場合に当該金融資産の消滅を認識する方法 ❷
財務構成要素アプローチ	金融資産を構成する財務的要素に対する支配が他に移転した場合に当該移転した財務構成要素の消滅を認識し，留保される財務構成要素の存続を認識する方法 ❷

(2)

　証券・金融市場の発達により金融資産の流動化・証券化が進展すると，例えば，譲渡人が自己所有の金融資産を譲渡した後にも回収サービス業務を引き受ける等，金融資産を財務構成要素に分解して取引することが多くなっている。このような場合，「リスク・経済価値アプローチ」では金融資産を財務構成要素に分解して支配の移転を認識できないため，取引の実質的な経済効果が譲渡人の財務諸表に反映されない。このため，金融資産の譲渡に係る消滅の認識には，「財務構成要素アプローチ」が採用される。❸

3(1)

　金融資産の多様化，価格変動リスクの増大，取引の国際化等の状況の下で，投資者が自己責任に基づいて投資判断を行うために，金融資産の時価評価が導入されれば，企業の財務活動の実態が適切に財務諸表に反映され，投資者は的確な財務情報を把握できる。❸

(2)

　金融資産に係る取引の実態を時価評価により反映させる会計処理は，企業の経営者にとっても，取引内容の十分な把握とリスク管理の徹底及び財務活動の成果の的確な把握のために有用である。❸

〔問題24〕(金融商品に関する会計基準)

1(1)

①	金利の調整 ❶	②	貸倒実績率 ❶	③	貸倒懸念債権 ❶
④	約定利子率 ❶	⑤	破産更生債権等 ❶		

(2)

	債権を債権金額と異なる金額で計上した場合,当該差額を返済期限までに毎期一定の方法で取得価額に加減し,当該加減額を受取利息又は支払利息に含める方法 ❷

(3)

(a)	経営破綻の状態には至っていないが,債務の返済に重大な問題が生じているか又は生じる可能性の高い債務者に対する債権であり,債務者に対する債務返済条件の大幅な緩和を行っている債権 ❷		
(b)	(イ)	① 法	財務内容評価法 ❶
		② 法	キャッシュ・フロー見積法 ❶
	(ロ)	類似点	債権額から担保額・保証額を差し引く。 ❶
		相違点	前者が債務者の財務状況に応じて残額の必要部分額,後者が残額の全額を貸倒引当金として設定する。 ❶
(c)	キャッシュ・フロー見積法は,元金と利息のキャッシュ・フロー総額の割引現在価値(現価)が元本そのものであると仮定し,当初の契約上見込まれた将来のキャッシュ・フロー総額が,債務返済条件の大幅な緩和などにより,現実のキャッシュ・フロー総額の変化により減損した場合,その減損額をもって貸倒見積高とする現価・簿価差額計上法である。 ❹		

2

(a)	通常,短期的に決済されることが予定されており,帳簿価額が時価に近似しているため。 ❷
(b)	時価を容易に入手できない場合,売却を意図していない場合が少なくないため。 ❷

3

	金銭債務は,債務額をもって貸借対照表価額とする。ただし,社債を社債金額よりも低い価額又は高い価額で発行した場合など,収入金額と債務額が異なる場合には,償却原価法に基づいて算定された価額をもって,貸借対照表価額とする。 ❹

〔問題25〕 （金融商品に関する会計基準）

1(1)

①	利　益 ❶	②	社　債 ❶	③	金利の調整 ❶
④	関連会社株式 ❶	⑤	税効果 ❶		

(2)

(a)	利　息　法	金利調整額と契約利息の合計額を実質的な受取利息総額と考え，実効利子率をもって各期に配分する方法 ❷
(b)	定　額　法	減価償却における定額法と同様に，金利調整額を各期に一定額で配分する方法 ❶

(3)

売買目的有価証券の場合には，時価変動差額が当期の損益として計上されるので，洗い替え方式でも切り放し方式でも計算結果は同じであるが，その他有価証券の場合には，売却時に取得原価と売却価額との差額を売却損益として計上するので，必ず取得原価に振り戻す洗い替え方式に依らなければならない。❹

(4)

子会社株式は，時価の上昇を期待して保有するものではなく，土地・建物等の事業投資と同様に，取得原価で評価される。❷

2(1)

活発な市場があり，自由な売買による時価が形成されている。金融資産としての有価証券の価値は，誰にとっても同じであり，市場平均の期待価値と一致する時価である。いずれは売却することによって，時価評価差額である利益を稼得する目的で保有しているので，時価評価が有用な情報となる。❹

(2)

売買目的有価証券には売却することに事業遂行上の制約がないので，時価評価差額は投資の成果としてリスクから解放され，当期の損益として認識することができる。その他有価証券には売買・換金することに事業遂行上の制約があるので，時価評価差額は投資の成果としてリスクから解放されず，実際に売却されるまで純資産の部に繰り越される。❺

(3)

従来，保守主義の観点から低価法に基づく銘柄別の評価差額の損益計算書への計上が認められてきたため。❷

〔問題26〕 (金融商品に関する会計基準)

1(1)

①	先　渡 ❶	②	オプション ❶	③	キャッシュ・フロー ❶
④	デリバティブ取引 ❶				

(2)

価格変動 ❶	金利変動 ❶	為替変動 ❶

2(1)

デリバティブ取引の発生は，契約締結時に認識される。❶

(2)

デリバティブ取引では，取引により生じる正味の債権・債務の時価の変動により保有者が利益を得たり，損失を被るものであり，投資者及び企業双方にとって意義を有する価値は当該正味の債権・債務の時価に求められる。❸

(3)

デリバティブ取引により生じる正味の債権及び債務の時価の変動は，企業にとって財務活動の成果であると考えられることから，その評価差額は当期の損益として処理される。❸

3(1)

名　称	ヘッジ会計 ❶
目　的	ヘッジ対象に係る損益とヘッジ手段に係る損益を同一の会計期間に認識し，ヘッジの効果を会計に反映させるため。❷

(2)

ヘッジ対象が相場変動等による損失の可能性にさらされており，ヘッジ対象とヘッジ手段とのそれぞれに生じる損益が互いに相殺されるか，ヘッジ手段によりヘッジ対象のキャッシュ・フローが固定されることにより，その相場変動等による損失が回避される関係になければならない。❷

(3)

(a)	(繰延ヘッジ) 法 ❶	時価評価されているヘッジ手段に係る損益又は評価差額を，ヘッジ対象に係る損益が認識されるまで純資産の部において繰り延べる方法 ❷
(b)	(時価ヘッジ) 法 ❶	ヘッジ対象である資産又は負債に係る相場変動等を損益に反映させることにより，その損益とヘッジ手段に係る損益とを同一の会計期間に認識する方法 ❷

〔問題27〕（金融商品に関する会計基準）

1(1)

| ① | 普通社債 ❶ | ② | 新　株 ❶ | ③ | 利　益 ❶ |
| ④ | 有価証券 ❶ | ⑤ | 損　失 ❶ | | |

(2)

| 複合金融商品 ❶ |

(3)

| (b)が株式転換権と社債本体から成る複合金融商品に対し，(a)は新株予約権と社債本体から成る複合金融商品である。社債発行時には転換価格又は行使価格があらかじめ決められている点，社債権者の選択権の行使により増資がなされる点で共通する。❸ |

2

| 普通社債に比べて表面利率が相対的に低くなっているが，これは新株予約権としての経済価値が認められるからであり，発行により実質的な資金調達コストを明らかにするためには，社債部分と株式転換権部分とを区分する必要がある。さらに，払込資本を増加させる可能性のある部分とそれ以外の部分が同時におのおの存在し得ることから，その取引の実態を適切に表示するため，それぞれの部分を区分して処理されるべきである。❺ |

3(1)

| 発行会社 | 新設会社で増資が困難であるときに発行し，社債所有者の株式転換権の行使により自ずと増資されることになる。株価が沈滞して増資困難なときには，株価が上昇するまでの間に発行し，景気が上向くとともに株式転換権が行使され，結果的に自己資本の充実に資することができる。❹ |
| 社債権者 | 会社の将来の業績に不安であっても社債であれば確定利付なので，株式より応募し易く，転換したくなければそのまま社債権者としてとどまればよい。また，会社の業績が上昇すれば株式に転換し，株価の騰貴によって投機利益を稼得することもできる。❹ |

(2)

| 募集事項において，社債と新株予約権がそれぞれ単独で存在し得ないこと及び新株予約権が付された社債を新株予約権行使時における出資の目的とすることをあらかじめ明確にしている。転換社債型新株予約権付社債については，それぞれの部分を区分して処理する必要性は乏しい。❸ |

〔問題23〕（金融商品に関する会計基準）

1

「金融資産」には，現金預金，受取手形，売掛金，貸付金等の「金銭債権」，株式その他の出資証券，公社債等の「有価証券」及び先物取引，先渡取引，オプション取引，スワップ取引これらに類似する「デリバティブ取引」により生じる正味の債権等が含まれる（「基準」4項）。「金融負債」には，支払手形，買掛金，借入金及び社債等の「金銭債務」及びデリバティブ取引により生じる正味の債務等が含まれる（「基準」5項）。

> 金融資産＝現金預金＋金銭債権(受取手形・売掛金・貸付金等)＋有価証券(株式・公社債等)＋デリバティブ取引から生じる正味の債権等
>
> 金融負債＝金銭債務(支払手形・買掛金・借入金・社債等)＋デリバティブ取引により生じる正味の債務等

なお，有価証券の範囲としては，「金融商品取引法」に定義する有価証券に限定されている。ただし，それ以外のものであっても，金融商品取引法上の有価証券に類似し，企業会計上の有価証券として取り扱うことが適当と認められるものは，有価証券として取り扱われるが，金融商品取引法上の有価証券であっても，企業会計上の有価証券として取り扱うことが適当と認められないものは，有価証券の範囲に含めない（「基準」4項，(注1-2)）。

「デリバティブ取引」は，基本的にその契約を構成する権利・義務のネットにより差金決済されるため，その価値は当該契約を構成する権利と義務の純額に求められる。当該価値の純額がプラスである場合には，正味の債権として金融資産となり，マイナスの場合には，正味の債務として金融負債となる（「基準」52項）。

金融資産・金融負債の範囲には，複数種類の金融資産又は金融負債が組み合わされている「複合金融商品」も含まれる（「基準」4項～5項，(注1)）。

金融資産・負債を対象とする取引は，当該取引の契約時から資産・負債の「時価変動リスク」，契約相手方の財務内容等に基づく「信用リスク」にさらされているので，当該資産・負債は契約時点で認識される（「基準」7項）。すなわち，原則として金融商品の発生の認識基準として「約定日基準」が採用されている。

2

通常の場合，資産を売却すれば当該資産はオフ・バランス（「認識の中止」）となり，負債を返済すれば当該負債はオフ・バランスとなる。しかし，金融商品については，その売却・返済などの判定に困難を伴う場合も多い。

金融資産を譲渡する場合には，譲渡後に譲渡人が譲渡資産や譲受人と一定の関係（例えば，買戻特約等の保持や譲渡人による回収サービス業務遂行）を有する場合がある。このような条件付きの金融資産の譲渡に係る「支配の移転」の考え方には，「リスク・経済価値アプローチ」と「財務構成要素アプローチ」がある。

「リスク・経済価値アプローチ」とは，金融資産のリスク（デフォルト・リスク，回収コスト）と経済価値（利息・元金の流入等）のほとんどすべてが他に移転した場合に消滅を認識する方法である。「財務構成要素アプローチ」とは，金融資産を構成する財務的要素に対する支配が他に移転した場合に当該移転した財務構成要素の消滅を認識し，留保される財

務構成要素の存続を認識する方法をいう（「基準」57項）。

　証券・金融市場の発達により金融資産の流動化・証券化が進展すると，例えば，譲渡人が金融資産を譲渡した後も回収サービス業務を引き受ける等，金融資産を財務構成要素に分解して取引することが多くなっている。このような場合，「リスク・経済価値アプローチ」では金融資産を財務構成要素に分解し，「支配の移転」を認識することができないため，取引の実質的な経済効果が譲渡人の財務諸表に反映されないこととなる（「基準」57項）。

　そのため，「基準」は，金融資産の譲渡に係る消滅の認識には「財務構成要素アプローチ」を採択した。その場合，金融資産の契約上の権利に対する支配が他に移転するためには，次の三要件がすべて充たされなければならない（「基準」58項）。

(1) 譲渡された金融資産に対する譲受人の契約上の権利が譲渡人及びその債権者から法的に保全されている。
(2) 譲受人が譲渡された金融資産の契約上の権利を直接又は間接に通常の方法で享受できる。
(3) 譲渡人が譲渡した金融資産を当該金融資産の満期日前に買い戻す権利及び義務を実質的に有していない。

3

　金融資産は，その性質・保有目的より時価評価がふさわしくない項目を除き，基本的に時価により評価される。金融資産については，一般的に，市場の存在等により客観的な価額として時価を把握でき，換金・決済等を行うことが可能であることを前提にして，時価評価する根拠として，次のような点が挙げられる（「基準」64項）。

① 金融資産の多様化，価格変動リスクの増大，取引の国際化等の状況下で，投資者が自己責任に基づいて投資判断を行うためには，金融資産の時価評価を導入し，企業の財務活動の実態を適切に財務諸表に反映させ，投資者に対して的確な財務情報を提供することが必要である。

② 金融資産に係る取引の実態を時価評価で反映させる会計処理は，企業の経営者にとっても，取引内容の十分な把握とリスク管理の徹底及び財務活動の成果の的確な把握のために必要である。

③ わが国企業の国際的事業活動の進展，国際市場での資金調達，海外投資者のわが国証券市場での投資の活発化等の状況下では，財務諸表等の企業情報は，国際的同質性・比較可能性が強く求められ，また，デリバティブ取引等の金融取引の国際的レベルでの活性化を促すためにも，わが国の会計基準の国際的調和化が重要な課題となっていた。

　なお，「時価」とは公正な価値であり，金融商品が市場で取引されている場合には，そこで成立する「市場価格」が時価となる。金融商品に市場がない場合には，「合理的に算定された価額」が時価として利用されるが，その算定方法には，(a)類似金融商品の市場価格に一定の調整を加える方法，(b)対象金融資産から発生する将来キャッシュ・フローを割り引いて現在価値を算定する方法などがある。

　「市場」には，公設の取引所及びこれに類する市場のほか，随時，売買・換金等を行うことができる取引システム等も含まれる（「基準」6項（注2））。具体的には，随時，売買・

換金等を行うことができる取引システム等，すなわち金融機関間のインターバンク市場，為替取引等のディーラー間市場，電子媒体取引市場なども「市場」に含まれる。

〔問題24〕（金融商品に関する会計基準）

1

　受取手形や売掛金は，短期的に決済され，その時価は帳簿価額に近似するため，原則として，時価評価を行わない。また，貸付金その他の債権は，時価を容易に入手できないとか，売却を意図していないため，原則として時価評価を行わない。したがって，金銭債権の貸借対照表価額は，取得価額から貸倒見積高に基づいて算定された貸倒引当金を控除した金額とする。

　ただし，債権を債権金額より低い価額又は高い価額で取得した場合には，取得価額と債権金額との差額の性格が「金利の調整」と認められるときは，「償却原価法」に基づいて算定された価額から貸倒見積高に基づいて算定された貸倒引当金を控除した金額とする（「基準」14項）。

　「償却原価法」とは，金融資産又は金融負債を債権額又は債務額と異なる金額で計上した場合，当該差額に相当する金額を返済期又は償還期に至るまで，毎期，一定の方法で取得価額に加減する方法をいう。なお，この場合，当該加減額を受取利息又は支払利息に含めて処理する（「基準」14項（注5））。

　具体的には，ディスカウントの期間配分額は「受取利息勘定」で貸記し，プレミアムの期間配分額は「受取利息勘定」で借記する。償却原価法は，原則として，「利息法」によるが，継続適用を条件として「定額法」も認められる。

2

　貸倒見積高を算定するに際しては，債務者（取引相手先）の財政状態・経営成績等に応じて，「債権」は次のように区分される（「基準」27項）。
　(a)　経営状態に重大な問題が生じていない債務者に対する「一般債権」
　(b)　経営破綻の状態には至っていないが，債務の返済に重大な問題が生じているか又は生じる可能性の高い債務者に対する「貸倒懸念債権」
　　　分類判定基準として，債務の返済に重大な問題が生じている場合，債務者に対する債務返済条件の大幅な緩和が行われた場合などが相当する。
　(c)　経営破綻又は実質的に経営破綻に陥っている債務者に対する「破産更生債権等」
　　　法的な経営破綻のほかに，実質的な破綻も含まれる。例えば，形式的には営業しているが，債務超過の状態が継続し，実質的には休業状態にあるような会社に対する債権も含まれる。

　「一般債権」に対する貸倒見積高は，債権全体又は同種・同類の債権ごとに，債権の状況に応じた「過去の貸倒実績率」等，合理的な基準により算定される（「基準」28項(1)）。

　「貸倒懸念債権」に対する貸倒見積額は，金銭債権の状況に応じて，(イ)債権額から担保処分見込額及び保証による回収見込額を減額し，その残額のうち債務者の財政状態及び経営成績を考慮して一定額の貸倒見積高を算定する「財務内容評価法」又は(ロ)債権の元本回

収及び利息受取りに係るキャッシュ・フローを合理的に見積もることができる債権については，債権の「元本」及び「利息」について元本回収及び利息受取りが見込まれるときから当期末までの期間にわたり「当初の約定利子率」で割り引いた金額の総額と債権の帳簿価額との差額を貸倒見積額とする「キャッシュ・フロー見積法」により算定される（「基準」28項(2)）。

$$\text{キャッシュ・フロー見積法による貸倒見積額} = \text{債権金額} - \text{条件緩和化後の将来キャッシュ・フローの割引現在価値}$$

例えば，×1年3月31日（当期末）において，A社に対する貸付金100,000千円（返済期限：5年，返済期日：×3年3月31日，年利率：8％，利払日：3月31日）を有しているが，当期末現在のA社の経営状態が悪化したので，次期以降の利息を半額免除することになった場合，キャッシュ・フロー見積法による貸倒見積額に係る仕訳は次のとおりである（単位：千円）。

×1. 3／31：
（借）貸倒引当金繰入　　　7,133　　　（貸）貸倒引当金　　　7,133※

※ $100{,}000\text{千円} - \left(\dfrac{4{,}000\text{千円}}{1+8\%} + \dfrac{100{,}000\text{千円}+4{,}000\text{千円}}{(1+8\%)^2}\right) \fallingdotseq 7{,}133$

なお，翌期末（×2年3月31日）及び返済期日（×3年3月31日）における仕訳は次のとおりである（単位：千円）。

×2. 3／31：
（借）現　金　預　金　　　4,000　　　（貸）受　取　利　息　　　7,429※
　　　貸倒引当金　　　　　3,429

※ $\left(\dfrac{4{,}000\text{千円}}{1+8\%} + \dfrac{100{,}000\text{千円}+4{,}000\text{千円}}{(1+8\%)^2}\right) \times 8\% \fallingdotseq 7{,}429\text{千円}$

×3. 3／31：
（借）現　金　預　金　　　4,000　　　（貸）受　取　利　息　　　7,704※
　　　貸倒引当金　　　　　3,704
　　　現　金　預　金　　100,000　　　　　貸　付　金　　　100,000

※ $\dfrac{100{,}000\text{千円}+4{,}000\text{千円}}{1+8\%} \times 8\% = 7{,}704\text{千円}$

「破産更生債権等」に対する貸倒見積高は，債権額から担保処分見込額及び保証による回収見込額を減額し，その残額のうち全額を貸倒見積高とする「財務内容評価法」により算定される（「基準」28項(3)）。

3

　支払手形，買掛金，借入金，その他の金銭債務は，一般的には市場がないので，債務額をもって貸借対照表価額とする。

　ただし，社債を社債金額よりも低い価額又は高い価額で発行した場合など，収入に基づく金額と債務額が異なる場合には，「償却原価法」に基づいて算定された価額をもって，貸借対照表価額としなければならない（「基準」26項）。

〔問題25〕（金融商品に関する会計基準）

1

　有価証券は，保有目的等の観点から，「売買目的有価証券」，「満期保有目的の債券」，「子会社株式及び関連会社株式」，「その他有価証券」に分類され，それぞれ貸借対照表価額，評価差額等の処理方法は異なる。

　時価の変動により利益を得ることを目的として保有する「売買目的有価証券」は，投資者にとっての有用な情報は有価証券の期末時点での時価に求められると考えられるので，時価をもって貸借対照表価額とする（「基準」70項）。

　満期まで保有することを目的とする社債その他の債券を「満期保有目的の債券」というが，時価が算定できるものであっても，満期保有による約定利息及び元本の受取りを目的としており，満期までの間の金利変動による価格変動のリスクを認める必要がないことから，原則として，「償却原価法」に基づいて算定された価額をもって貸借対照表価額とする（「基準」71項）。

　「償却原価法」が要求されるのは，金銭債権と同じ理由による。償却原価の処理に際しては，原則として「利息法」が採用される。「利息法」とは，取得価額と債券金額との「取得差額」を金利調整差額とみなし，当該債券のクーポン受取総額（＝債券金額×名目利子率×保有年数）と金利調整差額（取得差額）の合計額を実質的な受取利息の総額と考え，債券の帳簿価額に対し一定の実効利子率になるように，複利をもって各期の損益に配分する方法である。

> 金利調整差額の償却額＝期首簿価×実効利子率－債券金額×名目利子率

　例えば，×1年4月1日（当期首）に満期保有目的の債券（額面金額：50,000千円，表面利子率：年利6％，利払日：3月31日）を47,000千円で取得していたが，取得差額（3,000千円）を金利調整額とみなした場合，利息法による第1回利払日・決算日（×2年3月31日）における仕訳は次のとおりである（単位：千円）。なお，実効利子率は8.3％である。

| （借）現　金　預　金　　3,000　　（貸）有価証券利息　　3,901
　　　　満期保有目的の債券　　　901※

　　　　※　47,000千円×8.3％－5,000千円×6％＝901千円

　子会社は，親会社の支配の下，実質的事業体に組み込まれた事業単位であり，「子会社株式」は，時価の上昇を期待して保有するものではなく，固定資産への「事業投資」と同様に，時価の変動を財務活動の成果とは捉えないという考え方に基づき，取得原価で評価される。なお，連結財務諸表においては，子会社純資産の実質価額が反映されることになる（「基準」73項）。

　「関連会社株式」は，他企業への影響力の行使を目的として保有する株式であるので，子会社株式の場合と同様，事実上の事業投資として会計処理を行うことが適当であり，取得原価をもって貸借対照表価額とする。なお，連結財務諸表においては，持分法により評価される（「基準」74項）。

　「その他有価証券」とは，売買目的有価証券，満期保有目的の債券，子会社株式及び関連会社株式のいずれにも分類できない有価証券をいう。その他有価証券には，業務上の関

係を有する企業の株式，いわゆる「相互持合株式」から，市場動向によっては売却を想定している有価証券まで，多様な有価証券が含まれる。

「その他有価証券」については，一義的にその属性を定めることは困難であり，保有目的等を識別・細分化する客観的な基準を設けることが困難であるとともに，保有目的等自体も多義的であり，かつ，変遷していく側面があること等から，売買目的有価証券と子会社株式・関連会社株式との中間的な性格を有するものとして一括的に捉えられている（「基準」75項）。

「その他有価証券」は，「売買目的有価証券」と同様に，時価をもって貸借対照表価額とする。ただし，直ちに売却することを目的とするものではないので，その他有価証券に付すべき時価に市場の短期的な価格変動を反映させることは必ずしも求められないことから，継続適用を条件として，期末前1か月の市場価格の平均に基づいて算定された価額も認められる（「基準」76項）。

2

「売買目的有価証券」は，売却することについて事業遂行上等の制約がなく，時価の変動に当たる評価差額が企業にとっての財務活動の成果と考えられることから，その評価差額は当期の損益として処理される（「基準」70項）。

「その他有価証券」の時価は投資者にとって有用な投資情報であるので，「その他有価証券」は時価をもって貸借対照表価額とする。評価差額は「洗い替え方式」に基づき，次のいずれかの方法により処理される（「基準」18項）。

(a) 評価差額の合計額を純資産の部に計上する「全部純資産直入法」
(b) 時価が取得原価を上回る銘柄に係る評価差額は純資産の部に計上し，時価が取得原価を下回る銘柄に係る評価差額は当期の損失として処理する「部分純資産直入法」

評価差額の取扱いは，原則として(a)「全部純資産直入法」によるが，継続適用を条件として(b)「部分純資産直入法」によることもできる。

「その他有価証券」は，事業遂行上等の必要性からただちに売買・換金を行うことには制約が伴うので，評価差額をただちに当期の損益として処理することは適切ではない。また，国際的な動向を考慮して，その評価差額については当期の損益として処理することなく，純資産の部に直接計上する方法が採用されているので，「全部純資産直入法」が原則とされた。なお，評価差額は，毎期末の時価と取得原価との比較により算定されるので，期中に売却した場合には，取得原価と売却価額との差額が売買損益として当期の損益に含まれることになる（「基準」77項～79項）。

「部分純資産直入法」では，時価が下落した銘柄に係る評価差額は損益計算書に損失計上されるが，これは，従来，企業会計上，「保守主義」の観点から，低価法に基づく銘柄別の評価差額の損益計算書への計上が認められてきたことを考慮したものである。この方法を適用した場合における損益計算書に計上する損失の計上方法については，「その他有価証券」の評価差額は毎期末の時価と取得原価との比較により算定することとの整合性から，洗い替え方式による（「基準」80項）。

なお，純資産の部に計上される「その他有価証券」の評価差額については，税効果会計を適用しなければならない（「基準」18項）。時価が取得原価を上回る場合であれば，次の

ような仕訳処理が必要である。

　　　　（借）投　資　有　価　証　券　　×××　　（貸）繰　延　税　金　負　債　　×××
　　　　　　　　　　　　　　　　　　　　　　　　　　　その他有価証券
　　　　　　　　　　　　　　　　　　　　　　　　　　　評　価　差　額　金　　×××

　例えば、時価が上昇した銘柄に係る評価差額は、課税所得計算上、益金の額として算入されないが、将来、この有価証券を売却したときにはその売却時価と取得原価との差額が課税所得に含まれるため、税効果会計を適用しない場合には、その評価差額に係る税額分だけ純資産の部が過大計上される。したがって、「その他有価証券」の評価差額については、税効果会計が適用されることになる。

　例えば、当期央に15,000千円で取得していたB社株式（その他有価証券）の期末時価が20,000千円に値上がっている場合、税効果会計を適用する仕訳は次のとおりである（単位：千円）。なお、実効税率を35％とする。

　　　（借）満期保有目的の債券　　5,000　　（貸）その他有価証券
　　　　　　　　　　　　　　　　　　　　　　　　評　価　差　額　金　　3,250

　　　　　　　　　　　　　　　　　　　　　　　　繰　延　税　金　負　債　　1,750※

　　　　※（20,000千円－15,000千円）×35％＝1,750千円

　上記株式の期末時価が10,000千円に値下がったと想定する場合、「部分純資産直入法」により仕訳処理を行えば、次のとおりである（単位：千円）。

　　　（借）投資有価証券評価額　　5,000　　（貸）満期保有目的の債券　　5,000
　　　　　繰　延　税　金　資　産　　1,750　　　　法人税等調整額　　1,750

　なお、時価をもって貸借対照表価額とする有価証券であっても、時価の把握が極めて困難であると認められる有価証券については、取得原価又は償却原価法に基づいて算定された価額をもって貸借対照表価額とする（「基準」81項）。

　「満期保有目的の債券」、「子会社株式及び関連会社株式」及び「その他有価証券」のうち、時価の把握が極めて困難であると認められる金融商品以外のものについて時価が著しく下落したときは、回復する見込みがあると認められる場合を除き、時価をもって貸借対照表価額とし、評価差額は当期の損失として処理しなければならない（「基準」20項）。いわゆる「強制評価減」が採用されている。

　時価の把握が極めて困難であると認められる「株式」については、発行会社の財政状態の悪化により実質価額が著しく低下したときは、相当の減額をなし、評価差額は当期の損失として処理しなければならない（「基準」21項）。いわゆる「相当の減額」も要求されている。

〔問題26〕（金融商品に関する会計基準）

1

　「デリバティブズ」と通称されている「派生金融商品」とは、現物市場における通貨・金利・株式などの原資産（げんしさん）の価格や指標に基づいて、原資産の交換などを将来時点に行うことを現在時点で約束した契約対象（商品）である。

　「デリバティブ取引」では、実際に契約された元本その他の現物受渡しが取引当事者間

で行われる「現物取引」とは異なり，原資産の価格・指標そのものが取引対象であり，契約時には原則として現物の受渡しはない。デリバティブ取引として，基本的には，先物取引，先渡取引，オプション取引，スワップ取引がある。

デリバティブ取引は，正味の債権又は債務の時価の変動により保有者が利益を得たり，損失を被る取引である。投資者・企業双方にとって意義を有する価値は当該正味の債権又は債務の時価に求められ，また，デリバティブ取引により生じる正味の債権及び債務の時価の変動は，企業にとって財務活動の成果であると考えられる（「基準」88項）。

したがって，デリバティブ取引により生じる正味の債権及び債務は，時価で評価され，その評価差額は，原則として，当期の損益として処理される（「基準」25項）。評価差額は原則として当期の損益とされるが，ヘッジ会計（繰延ヘッジ）の適用に係るものは将来の損益とされる。

なお，デリバティブ取引の対象となる金融商品に市場価格がないこと等により，時価を把握することが極めて困難であると認められる場合には，取得価額をもって貸借対照表価額とすることができる（「基準」89項）。

2

企業の事業活動遂行上，価格リスク・金利リスク・為替リスク等のリスクにさらされているので，これら不確定・変動要素の強い市場相場変動リスクにより将来生じるかもしれない損失を減殺・回避するために，なんらかの方法により損失防御措置（ヘッジ）が採用されることになる。

「ヘッジ取引」とは，ヘッジ対象の資産又は負債に係る変動相場を相殺するか，ヘッジ対象の資産又は負債に係るキャッシュ・フローを固定してその変動を回避することにより，ヘッジ対象である資産又は負債の価格変動，金利変動及び為替変動といった相場変動等による損失の可能性を減殺することを目的として，デリバティブ取引をヘッジ手段として用いる取引をいう（「基準」96項）。

「ヘッジ会計」とは，ヘッジ取引のうち一定に要件を充たすものについて，ヘッジ対象に係る損益とヘッジ手段に係る損益を同一の会計期間に認識し，ヘッジの効果を会計に反映させるための会計処理をいう（「基準」29項）。

ここに「一定の要件」としては，①ヘッジ対象が相場変動等による損失の可能性にさらされ，②ヘッジ対象とヘッジ手段のそれぞれに生じる損益が互いに相殺されるか又はヘッジ手段によりヘッジ対象のキャッシュ・フローが固定され，その変動が回避される関係になければならない（「基準」29項（注11））。

ヘッジ会計は，原則として，時価評価されているヘッジ手段に係る損益又は評価差額を，ヘッジ対象に係る損益が認識されるまで純資産の部において繰り延べる「繰延ヘッジ」による。「繰延ヘッジ」とは，ヘッジ対象については時価評価を行わず，ヘッジ手段については時価評価を行い，そこで生じる評価差額を純資産の部に計上して翌期以降に繰り延べる方法である（「基準」32項）。

ただし，例外的に，ヘッジ対象である資産又は負債に係る相場変動等を損益に反映させることにより，その損益とヘッジ手段に係る損益とを同一の会計期間に認識する方法（時価ヘッジ）によることもできる（「基準」32項）。

なお，純資産の部に計上されるヘッジ手段に係る損益又は評価差額については，税効果会計を適用しなければならない（「基準」32項）。

例えば，×1年2月1日に国債1,000千口を額面金額100円につき96円で購入し，ヘッジ目的で国債先物150,000千円を額面金額100円につき94.5円で買建て，証拠金として3,000千円を支払っていたが，×1年3月31日（決算日）における国債の時価が97円，国債先物の時価が95円となり，ヘッジ会計に繰越ヘッジを採用している場合における仕訳は次のとおりである（単位：千円）。なお，国債はその他有価証券として処理し，実効税率は35％とする。

（借）その他有価証券	1,000※1	（貸）繰延税金負債	350
		その他有価証券評価差額金	650
繰延ヘッジ損益	325	先物取引差金	500※2
繰延税金資産	175		

※1　（97円－96円）×1,000千口＝1,000千円
※2　（95円－94.5円）×1,000千口＝500千円

〔問題27〕（金融商品に関する会計基準）

1

「複合金融商品」とは，複数種類の金融資産又は金融負債が組み合わされている金融商品をいう。「基準」では，複合金融商品は，払込資本を増加させる可能性のある部分を含む複合金融商品とその他の複合金融商品とに分けられ，さらに，前者は「転換社債型新株予約権付社債」と「転換社債型新株予約権付社債以外の新株予約権付社債」とに分けられている。

「転換社債型新株予約権付社債」とは，当初は社債として発行されるが，将来において社債権者の意思により株式に転換できる特殊な社債である。「転換社債型新株予約権付社債以外の新株予約権付社債」は，社債権者に発行会社の株式の新株予約権を与えた社債であり，社債権者の意思により一定の新株を取得できる特殊な社債である。両社債はともに，その転換価格ないし行使価格があらかじめ社債発行時に決められている点，社債権者の選択権の行使により増資がなされる点で共通する。

2

「転換社債型新株予約権付社債」を発行した場合，発行に伴う払込金額は，社債の対価部分と新株予約権の対価部分とに区分する「区分法」，区分せずに普通社債の発行に準じて処理する「一括法」のいずれかにより会計処理する（「基準」36項）。

区分法の仕訳処理：

（借）現　金　預　金	×××	（貸）社　　　　　　債	×××
		新　株　予　約　権	×××

一括法の仕訳処理：

| （借）現　金　預　金 | ×××　 | （貸）新株予約権付社債 | ××× |

「転換社債型新株予約権付社債」については，新株予約権が行使されると社債は消滅し，社債の償還権と新株予約権が同時にそれぞれ存在し得ないことから，それぞれの部分を区分して処理する必要性は乏しいと考えられる。また，新株予約権が付された社債を当該新株予約権行使時における出資の目的とすることをあらかじめ明確にしている「転換社債型新株予約権付社債」については，以前の転換社債と経済的実質が同一であり，区分法の必要性は乏しいと考えられる（「基準」112項）。したがって，「転換社債型新株予約権付社債」については社債部分と新株予約権部分を区分しない「一括法」による処理が認められることになる。

他方，「転換社債型新株予約権付社債以外の新株予約権付社債」の発行に伴う払込金額は，「社債の対価部分」と「新株予約権の対価部分」とに区分する「区分法」のみが要求される（「基準」38項）。

新株予約権には経済価値が認められるので，新株予約権付社債の表面利率は普通社債に比べて相対的に低くなっているが，新株予約権付社債を発行することにより，その実質的な資金調達コストを明らかにするためには，社債部分と新株予約権部分とを区分する必要がある。

発行者側の新株予約権の対価部分は純資産の部に計上し，新株予約権が行使され，新株を発行した場合，当該対価は株式発行の対価としての性格が認められることになるから，「資本金」又は「資本金及び資本準備金」に振り替えられる。権利行使の有無が確定するまでの間は，純資産の部に計上されることとなる。権利が行使されずに権利行使期間が満了したときは，利益として処理する（「基準」38項(2)，114項）。

例えば，当期首（×1年4月1日）に額面金額300,000千円の転換社債型新株予約権付社債（償還期限：3年，年利率：3％，利払日：3月31日）を額面100円につき90円の条件で発行し，新株予約権を1個につき100円で300千個発行した場合，区分法による仕訳処理は次のとおりである（単位：千円）。

（借）現 金 預 金　　300,000　　（貸）社　　　　　債　　270,000
　　　　　　　　　　　　　　　　　　　　新 株 予 約 権　　 30,000

上記社債につき償却原価法として定額法を採用し，×2年9月30日に新株予約権の60％が行使され，社債券1口につき新株予約権1個を付与し，資産金の計上を会社法規定の最低限度とした。

（借）社 債 利 息　　　5,000　　（貸）社　　　　　債　　　5,000※1
　　　社　　　　債　　171,000※2　　　　資　　本　　金　　 94,500
　　　新 株 予 約 権　 18,000※3　　　　資 本 準 備 金　　 94,500

※1　$(300,000千円 - 270,000千円) \div 3年 \times \frac{6}{12} = 5,000千円$

※2　$(300,000千円 - 270,000千円) \times \frac{18か月}{36か月} + 270,000千円 = 285,000千円$

　　　285,000千円×60％＝171,000千円

※3　330,000千円×60％＝18,000千円

新株予約権の40％が行使されずに，権利行使期限（利払日・決算日）をむかえた場合の仕訳処理は，次のとおりである。

（借）社 債 利 息	3,600※1	（貸）現 金 預 金	3,600
社 債 利 息	4,000	社 債	4,000※2
社 債	120,000	現 金 預 金	120,000
新 株 予 約 権	12,000	新株予約権戻入	12,000※3

※1 （300,000千円－180,000千円）× 3 ％＝3,600千円

※2 （120,000千円－285,000千円×40％）× $\dfrac{12か月}{18か月}$ ＝4,000千円

※3 30,000千円×40％＝12,000千円

3

金融商品については，(1)金融商品の状況及び(2)金融商品の時価等に関する事項を注記しなければならない。ただし，重要性が乏しいものは注記を省略することができる。なお，連結財務諸表において注記している場合には，個別財務諸表において記載することを要しない（「基準」40－2項）。

(1) 金融商品の状況に関する事項

① 金融商品に対する取組方針

② 金融商品の内容及びそのリスク

③ 金融商品に係るリスク管理体制

④ 金融商品の時価等に関する事項についての補足説明

(2) 金融商品の時価等に関する事項

なお，時価の把握が極めて困難であると認められるため，時価を注記していない金融商品については，当該金融商品の概要，貸借対照表計上額及びその理由を注記する。

●「基準」の公表経緯・社会的背景

　大蔵省（現在，金融庁）の諮問機関である企業会計審議会が平成２年５月29日に「先物・オプション取引等の会計基準に関する意見書等について」を公表し，証券取引法（現在，金融商品取引法）適用会社に対して「市場性ある有価証券に係る時価情報」の開示を要求していた。平成８年７月には「財務諸表等規則」等の省令が改正され，「有価証券等の株価情報」及び「先物為替予約の状況」は，「有価証券の時価等の注記」及び「デリバティブ取引に関する注記」として監査対象となっている。

　金融商品に関する時価情報の開示は充実されたが，証券・金融市場のグローバル化や経営環境の変化等に対応して企業会計の透明性を高めるためには，注記による時価情報の提供にとどまらず，金融商品そのものの時価評価に関する一般的・包括的な会計処理基準が必要とされた。すでに，米国の会計基準，国際会計基準等は時価評価をメルクマールとする金融商品会計を設定していた。

　このような経済・企業環境の変化を背景にして，企業会計審議会は平成11年１月22日に「金融商品に係る会計基準」を公表した。この会計基準には，金融商品の発生・消滅の認識，金融商品の評価基準，貸倒見積高の算定方法，ヘッジ会計，複合金融商品等，金融商品に係る広範な会計問題が取り扱われている。

　「金融商品に係る会計基準」は，平成18年８月11日に企業会計基準第10号「金融商品に関する会計基準」（「基準」）としてASBJによって改正された。「基準」は，平成18年５月１日に施行された「会社計算規則」において，社債の貸借対照表価額や社債発行差金などの取扱いが変更されたことに伴い，「金融商品に係る会計基準」の一部を修正したものである。

　さらに，平成19年９月30日に施行された「金融商品取引法」において，有価証券の範囲が拡大されることに対応するために，平成19年６月15日に「基準」は改正され，金融資産の状況や時価等に関する情報開示の充実を図るために，平成20年３月10日に再改正されている。

●「基準」設定前の制度との相違点

　従来の実務慣行では，金融商品の発生の認識基準として，例えば有価証券については「受渡日基準」が採られていたが，金融商品自体を対象とする取引については，その契約時から金融商品の「時価の変動リスク」や相手方の「信用リスク」が契約当事者に生じるため，「基準」では，契約締結時，すなわち約定日にその発生を認識しようとする「約定日基準」が採択されている。

　従来，金銭債権などにおいて設定される貸倒引当金の見積方法は，一般的に税法規定や実務慣行に委ねられ，金銭債権の総額に対し一定率を乗じる形式で一括計算されてきた。

　しかしながら，バブル経済崩壊後においては，そのような一括計算では，投資意思決定に有用な金銭回収不能性に関する情報を提供できないことから，「基準」は，金銭債権を債務者の状況に応じて「一般債権」，「貸倒懸念債権」及び「破産更生債権等」に分類し，それぞれ異なる方法により貸倒見積高を算定することとした。また，

従来は，金銭債権の元本の回収可能性のみを配慮していた貸倒引当金について，元本のみならず利息についても配慮した計算方法（キャッシュ・フロー見積法）が導入された。

　有価証券の期末評価基準としては，従来，原則として原価評価が採用されていた。「取引所の相場のある有価証券」に対しては，一時所有・長期所有にかかわらず，例外的に「低価法」を採用することができた。「基準」は，有価証券の保有目的等の観点から，「売買目的有価証券」，「満期保有目的の債券」，「子会社株式・関連会社株式」及び「その他有価証券」に分類し，「売買目的有価証券」と「その他有価証券」には時価評価を強制している。「売買目的有価証券」の評価差額は当期の損益として処理し，「その他有価証券」の評価差額は「全部純資産直入法」又は「部分純資産直入法」により処理される。「満期保有目的の債券」は取得原価又は償却原価で評価され，償却原価法を採用する場合には「利息法」を原則とする。

　デリバティブ取引については，従来，制度化された会計基準が存在せず，取引慣行として「決済基準」が採られていた。「基準」では，「値洗基準」が採用され，デリバティブ取引により生じる正味の債権・債務は，時価評価され，評価差額は，原則として，当期の損益として処理される。

　ヘッジ取引に関しても，従来，制度化された会計基準は存在しなかったが，原則的処理として「繰延ヘッジ」，例外的処理として「時価ヘッジ」が基準化された。

　従来，複合金融商品の一種の特殊な社債として「転換社債」と「新株引受権付社債」に分類されていたが，「転換社債型新株予約権付社債」と「転換社債型新株予約権付社債以外の新株予約権利付社債」に名称変更され，前者には「区分法」又は「一括法」が選択適用され，後者には「区分法」のみが適用されることになった。

Column

「金融商品に関する会計基準」とIASとの相違点

　会計基準の国際的コンバージェンスにより，わが国の会計基準はIAS・IFRSに収斂していますが，細部の規定では未だ相違点も残っています。「基準」及びIAS32・39とIFRS7との相違点を列挙すれば，例えば，次のような事項があります。

(1) IAS39では，有価証券は，①損益を通じて公正価値で測定する有価証券，②満期保有投資及び③売却可能証券に分類されていますが，「基準」では，前記③は子会社株式・関連会社株式及びその他有価証券に分けられています。

(2) IAS39では，売却可能証券は公正価値で評価しますが，「基準」では，子会社株式・関連会社株式は取得原価で評価されます。また，その他有価証券には「部分純資産直入法」も選択適用できます。

(3) 金融負債の測定には，IASでは実効金利法による償却原価，「基準」では原則として額面によります。

〔問題28〕 (関連当事者の開示に関する会計基準)

1(1)

①	会 社 ❶	②	取引金額 ❶	③	債権債務 ❶
④	取引条件 ❶	⑤	貸倒懸念債権 ❶		

(2)

ある当事者が他の当事者を支配しているか，他の当事者の財務上・業務上の意思決定に重要な影響力を有している場合の当事者等 ❷

(3)

(a)	総株主の議決権の10％以上を保有する株主 ❶
(b)	二親等以内の親族 ❶

(4)

会社グループの中核となる事業活動を子会社に委ねている場合等には，当該子会社の役員のうち，中核業務を指示・統制する役員は，会社グループの事業運営に強い影響力を持つため ❸

2(1)

会社と関連当事者との取引をいい，対価の有無にかかわらず，資源又は債務の移転あるいは役務の提供をいう。関連当事者が第三者のために会社との間で行う取引，会社と第三者との間の取引で関連当事者が当該取引に関して会社に重要な影響を及ぼしている取引を含む。❹

(2)

(c)	取引先が誰（例えば，金融機関，政府関係機関）であるか否かではなく，取引の内容に照らして，第三者との取引と同等な条件（一般的な取引条件）による取引 ❷
(d)	関連当事者との取引が連結財務諸表にどの程度の影響を与えているかを理解する上で有用な情報であるため ❷

3

会社と「関連当事者との取引」は，会社と役員等の個人との取引を含め，対等な立場で行われているとは限らず，会社の財政状態・経営成績に影響を及ぼすことがある。会社が「関連当事者」との直接の取引がない場合においても，「関連当事者の存在」自体が，会社の財政状態や経営成績に影響を及ぼすことがある。そのため，会社と「関連当事者との取引」及び「関連当事者の存在」が財務諸表に与えている影響を財務諸表利用者が把握できるように，それらに関する適切な情報を提供する必要がある。❺

〔問題28〕 （関連当事者の開示に関する会計基準）

1

「関連当事者」とは，下記に列挙するように，ある当事者が他の当事者を支配しているか，又は他の当事者の財務・業務上の意思決定に対して重要な影響力を有している場合の当事者等をいう（「基準」5項(3)）。

① 親会社
② 子会社
③ 財務諸表作成会社と同一の親会社をもつ会社（兄弟会社）
④ 財務諸表作成会社が他の会社の関連会社である場合における当該他の会社（以下「その他の関係会社」という）及び当該その他の関係会社の親会社・子会社
⑤ 関連会社及び当該関連会社の子会社
⑥ 財務諸表作成会社の主要株主及びその近親者
⑦ 財務諸表作成会社の役員及びその近親者
⑧ 親会社の役員及びその近親者
⑨ 重要な子会社の役員及びその近親者
⑩ 上記⑥から⑨に掲げる者が議決権の過半数を自己の計算において所有している会社及びその子会社及び⑪従業員のための企業年金（企業年金と会社の間で掛金の拠出以外の重要な取引を行う場合に限る）

上記①～⑤及び⑩に掲げる「会社」には，「組合」その他これらに準ずる事業体が含まれる。その場合，業務執行組合員が組合の財務及び営業又は事業の方針を決定しているときには，⑩の「議決権」は「業務執行を決定する権限」と読み替える（「基準」5項(4)）。

④でいう「その他の関係会社」には，「共同支配投資企業」（財務諸表作成会社を共同で支配する企業）が含まれる。また，「関連会社」には，「共同支配企業」（財務諸表作成会社（連結財務諸表上は連結子会社を含む）と他の独立した企業により共同で支配されている企業）が含まれる（「基準」5項(5)）。

上記⑥でいう「主要株主」とは，保有態様を勘案した上で，自己又は他人の名義をもって総株主の議決権の10％以上を保有している株主をいう（「基準」5項(6)）。

⑦～⑨でいう「役員」とは，取締役，会計参与，監査役，執行役又はこれらに準ずる者をいう。「これらに準ずる者」は，例えば，相談役，顧問，執行役員その他これらに類する者であり，当該会社内における地位・職務等からみて実質的に会社の経営に強い影響を及ぼしている者をいう（「基準」5項(7)）。

また，上記⑦～⑨でいう「近親者」とは，二親等以内の親族，すなわち，配偶者，父母，兄弟，姉妹，祖父母，子，孫及び配偶者の父母，兄弟，姉妹，祖父母並びに兄弟，姉妹，子，孫の配偶者をいう（「基準」5項(8)）。

なお，「子会社」は関連当事者に該当するが，連結財務諸表上は，「連結子会社」については「連結の範囲」に含まれるので，関連当事者から除かれる。

2

「関連当事者との取引」とは，会社と関連当事者との取引であり，対価の有無にかかわらず，資源・債務の移転又は役務の提供をいい，(イ)関連当事者が第三者のために会社との間で行う取引，(ロ)会社と第三者との間の取引で関連当事者が当該取引に関して会社に重要な影響を及ぼしている取引を含む（「基準」5項(1)）。

会社と関連当事者との取引における「会社」とは，連結財務諸表上は連結会社（「連結財務諸表作成会社」及び「連結子会社」をいう）をいい，個別財務諸表上は「財務諸表作成会社」をいう（「基準」5項(2)）。

会社と関連当事者との取引のうち，「重要な取引」が開示対象となる。連結財務諸表においては，連結会社と「関連当事者との取引」を開示対象とし，連結財務諸表を作成するに当たって相殺消去した取引は開示対象外とする（「基準」6項）。

「重要性の判断基準」は，関連当事者が(a)法人である場合及び(b)個人である場合に分けて設定されている（適用指針13号，15～16項）。

例えば，関連当事者が(a)「法人」である場合における「重要性の判断基準」として，(イ)「売上高」又は「売上原価」と「販売費及び一般管理費」の合計額の10％を超える取引，(ロ)営業外収益又は営業外費用の合計額の10％を超える損益に係る取引，(ハ)1,000万円を超える特別利益・特別損失に係る取引，(ニ)連結貸借対照表項目に属する科目の残高が総資産の1％を超える取引，(ホ)資金貸借取引，有形固定資産・有価証券の購入・売却取引等については，それぞれの残高が総資産の1％以下であっても，取引の発生総額（資金貸付額等）が総資産の1％を超える取引が開示対象となる「重要な取引」である。

関連当事者が(b)「個人」である場合における「重要性の判断基準」として，「関連当事者との取引」が連結損益計算書項目・貸借対照表項目等に係る取引について，1,000万円を超える取引はすべて開示対象とする。

なお，関連当事者間で無償取引（無利子貸付や寄付など），有償取引における低利貸付などのように，取引金額が時価に比して著しく低い場合には，財務諸表に重要な影響を及ぼし，投資判断情報として重要な場合がある。無償取引・低廉価格取引については，実際の取引金額ではなく，独立第三者間取引であったと仮定した場合の金額を見積もった上で重要性の判断を行い，開示対象とするかどうかを決定する（「基準」7項，29項）。

3

会社と関連当事者との取引は，会社と役員等の個人との取引を含め，対等な立場で行われているとは限らず，また，直接の取引がない場合においても，親会社又は重要な関連会社の存在自体が，会社の財政状態や経営成績に影響を及ぼすことがある。

会社と関連当事者との取引や関連当事者の存在に関する適切な情報を提供することによって，財務諸表利用者は財務諸表に与えている影響を把握できるものと考えられる。

したがって，「関連当事者に関する開示」は，「関連当事者との取引に関する開示」と「関連当事者の存在に関する開示」（親会社又は重要な関連会社が存在する場合）に分けて提供されている。

開示対象となる「関連当事者との取引」がある場合，原則として，個々の関連当事者ごとに下記項目を開示する（「基準」10項）。

(1) 関連当事者の概要

名称又は氏名のほか，下記内容を記載する（適用指針13号，7項）。

(イ) 関連当事者が法人（会社に準ずる事業体などを含む）である場合には，所在地，資本金（出資金），事業の内容及び当該関連当事者の議決権に対する会社の所有割合又は財務諸表作成会社の議決権に対する当該関連当事者の所有割合

(ロ) 関連当事者が個人である場合には，職業，財務諸表作成会社の議決権に対する当該関連当事者の所有割合

(2) 会社と関連当事者との関係
(3) 取引の内容（形式的・名目的には第三者との取引である場合には，形式上の取引先を記載した上で，実質的には関連当事者との取引である旨を記載する）
(4) 取引の種類ごとの取引金額
(5) 取引条件及び取引条件の決定方針
(6) 取引により発生した債権債務に係る主な科目別の期末残高
(7) 取引条件の変更があった場合には，その旨，変更内容及び当該変更が財務諸表に与えている影響の内容
(8) 関連当事者に対する貸倒懸念債権及び破産更生債権等に係る情報（①債権の期末残高に対する貸倒引当金繰入額，②当期の貸倒引当金繰入額等，③当期の貸倒損失額）

「親会社」又は「重要な関連会社」が存在する場合には，下記項目を開示しなければならない（「基準」11項）。

(1) 親会社が存在する場合には，親会社の名称等
(2) 「重要な関連会社」が存在する場合には，その名称及び当該関連会社の要約財務情報（要約財務情報は，合算して記載することができる）。

● 「基準」の公表経緯・社会的背景

　平成元年9月に日米間の国際収支不均衡を是正する目的で「日米構造協議」が設置され、その原因として米国側は日本の流通制度・価格メカニズム・排他的取引慣行等のほかに「系列取引問題」を指摘した。米国側が批判する系列問題とは、日本では企業側に水平的または垂直的な系列関係・企業集団があり、系列企業グループ内における閉鎖的な取引関係が米国企業の日本市場への参入障壁の一因となっているというものであった。

　平成2年6月の第5回会合において「日米構造協議最終報告」がとりまとめられ、わが国における系列取引に係るディスクロージャーの充実・改善が要求された。米国の圧力（外圧）により系列企業集団に係るディスクロージャーの充実・改善が余儀なくされるが、この報告では、国際的調和の観点から早急に改善が必要であると判断されるものとして、次の事項が列挙された。

　①　関連当事者取引に関する開示の充実化のために、米国の財務会計基準書第57号「利害関係者の開示」によること
　②　有価証券報告書等の添付資料であった連結財務諸表をその本体に組み入れること
　③　事業別の売上高及び営業損益、国内・在外子会社別の売上高等のセグメント情報の開示
　④　個別財務諸表における主要顧客別の売上高（総収入の10％以上）の開示

　当該改善事項のうち、③は平成2年4月以後に開始する事業年度から、①・②及び④は平成3年4月以後に開始する事業年度から実施されている。

　日米構造協議で最も関心を集めたのは、「関連当事者間取引」の開示問題である。関連当事者間取引の開示は、わが国における系列取引の不透明性に光を当てて、国内外の投資家・債権者の保護に資することにあった。

　「財務諸表等の監査証明に関する省令等の一部を改正する省令」（平成2年大蔵省令第41号）が平成3年3月1日から実施されているに伴い、大蔵省証券局長から「関連当事者との取引の開示に関する取扱通達について」（蔵証第2317号）が平成2年12月25日に公表された。この取扱通達は平成4年7月20日の改正により、「企業内容等の開示に関する取扱通達」の「B　個別通達」の中に「Ⅲ　関連当事者との取引の開示に関する取扱通達」として統合されている。

　平成4年3月期から、有価証券報告書には「第二部　企業情報」の第6に「企業集団等の状況」の項が設けられ、「1　企業集団等の概況」、「2　企業集団の状況」及び「3　関連当事者との取引」の記載が義務づけられている。

　平成9年6月に企業会計審議会により公表された「連結財務諸表制度の見直しに関する意見書」において、「関連当事者との取引」を連結財務諸表の注記とする方針が示されたことを受けて、平成10年11月及び平成11年3月に「連結財務諸表規則」、「財務諸表等規則」等が改正され、「関連当事者との取引」は、「連結財務諸表」又は「財務諸表」の注記事項となり、監査対象になった。

このように，わが国における関連当事者の開示は，専ら，証券取引法上の規則に基づいて行われてきたが，関連当事者の開示に関する規定は，国際的な会計基準では，会計基準の1つとして位置付けられ，また，関連当事者の定義・開示する取引範囲などについては，わが国の「証券取引法関係規則」と国際的な会計基準には差異がみられた。

関連当事者の開示については，いわゆる「純粋持株会社」（グループ全体の経営戦略の立案・子会社管理に専念し，株式所有を通じて，実際に製造・販売などの事業活動を行う会社を支配する会社）の増加に加え，会計基準のコンバージェンスの観点から「基準」が平成18年10月17日に公表された（「基準」15項）。

● 「基準」設定前の制度との相違点

「基準」が設定される前には，証券取引法関係規則において，「関連当事者との取引に関する開示」が規定されていた。「基準」の設定により，会計基準の1つとして，「関連当事者の開示」に係る内容が定められた。

従来，「関連当事者との取引に関する開示」に限定されていたが，親会社及び重要な関連会社の情報は，会社の財務諸表を理解する上で有用な情報と考えられるため，「関連当事者との取引の開示」だけでなく，「関連当事者の存在」に関する開示として，親会社等の情報も追加されている（「基準」16項）。

関連当事者の範囲として，①親会社の役員及びその近親者，②重要な子会社の役員及びその近親者及び③従業員のための企業年金が含まれ，関連当事者の範囲拡大が行われている。

従来の開示項目に加え，関連当事者に対する貸倒懸念債権・破産更生債権等に係る情報（貸倒引当金，貸倒損失等）が要求されている。

Column

「関連当事者の開示に関する会計基準」とIASとの相違点

「基準」では，主要株主及びその近親者が「関連当事者」に含まれていますが，IAS24では含まれていません。IAS24では，主要な経営者の役員報酬が開示されなければなりませんが，「基準」では関連当事者間の開示においては必要ありません。ただし，「コーポレート・ガバナンスに関する情報」として財務諸表外で開示されています。

〔問題29〕 （四半期財務諸表に関する会計基準）

1(1)

| ① | 年度の連結財務諸表❶ | ② | 開示対象期間 ❶ | ③ | 簡便的な会計処理❶ |
| ④ | 原価差異 ❶ | ⑤ | 季節的な変動 ❶ | | |

(2)

| | 1連結会計年度が3か月を超える場合に，当該年度を3か月ごとに区分した期間❷ |

(3)

| | 四半期財務諸表では，年度の財務諸表や中間財務諸表よりも開示の迅速性が要求されるため。❷ |

2(1)

| | 標準原価等を年間（又は6か月等）で設定しているために発生する原価差異の繰延処理は，操業度等の季節的な変動により売上高と売上原価の対応関係が適切に表示されない可能性があることを考慮し，四半期会計期間における経済的実態をより適切に反映させる会計処理である。❸ |

(2)

| | 原価計算期間末までに原価差異の解消が見込まれない場合　❶ |
| | 原価計算期間が四半期会計期間と同じ又はそれより短い場合　❶ |

※　別解：操業度等が季節的に大きく変動しない場合

(3)

| | 四半期会計期間を含む年度の税引前当期純利益に対する税効果会計適用後の実効税率を合理的に見積もり，税引前四半期純利益に当該見積実効税率を乗じて計算し，四半期貸借対照表計上額は未払法人税等その他適当な科目により，流動負債又は流動資産として表示する。❷ |

3(1)

| (a) | 「四半期会計期間」を「年度」と並ぶ一会計期間とみなした上で，四半期財務諸表を，原則として年度の財務諸表と同じ会計処理の原則及び手続を適用して作成することにより，当該四半期会計期間に係る企業集団又は個別企業の財政状態，経営成績及びキャッシュ・フローの状況に関する情報を提供する。❷ |
| (b) | 「四半期会計期間」を「年度」の一構成部分と位置付け，四半期財務諸表が年度の財務諸表と部分的に異なる会計処理の原則及び手続を適用して作成されることにより，当該四半期会計期間を含む年度の業績予測に資する情報を提供する。❷ |

(2)

| | 予測主義によると，会社の恣意性が入る可能性があり，また，会社ごとに会計方針が大きく異なれば企業間比較が困難になる。一方，実績主義における実務処理は容易であるだけでなく，季節変動性について実績主義による場合でも，十分な定性的情報や前年同期比較を開示することにより，財務諸表利用者を誤った判断に導く可能性を回避できる。恣意的な判断の介入の余地や実行面での計算手続の明確化などの理由により，基本的な考え方として実績主義が採用された。❺ |

〔問題29〕 (四半期財務諸表に関する会計基準)

1

　金融商品取引法に基づく四半期報告制度において，上場会社等は「四半期財務諸表」を作成・開示しなければならない。上場会社以外の継続開示会社も，金融商品取引法に基づき，半期報告書に代えて「四半期報告書」を提出することができるようになった。

　「四半期報告書」とは，四半期財務諸表を含んだ報告書をいい，「四半期財務諸表」とは，四半期連結財務諸表及び四半期個別財務諸表をいう。なお，「四半期会計期間」とは，1連結会計年度又は1事業年度（以下「年度」という）が3か月を超える場合に，当該年度の期間を3か月ごとに区分した期間をいう（「基準」4項）。

　「四半期連結財務諸表」は，四半期連結貸借対照表，四半期連結損益及び包括利益計算書（2計算書方式による場合には，四半期連結損益計算書，連結包括利益計算書），四半期連結キャッシュ・フロー計算書から成り，「四半期個別財務諸表」は，四半期個別貸借対照表，四半期個別損益計算書，四半期個別キャッシュ・フロー計算書から構成されている。ただし，「四半期連結財務諸表」を開示する場合には，「四半期個別財務諸表」の開示は要求されない（「基準」5項～6項）。

　「四半期株主資本等変動計算書」の作成に関しては，①四半期開示制度の先行実践国である米国においても，四半期財務諸表として「連結株主持分変動計算書」の作成・開示は求められず，財政状態に重大な変動がある場合に注記が求められていること，②「連結株主資本等変動計算書」は従来の「連結剰余金計算書」よりも作成に負担を要し，45日以内の開示が必要な点を考えると，作成は不要とすべきであるという見解等，米国の状況や四半期開示における適時性の要請などを踏まえ，「四半期株主資本等変動計算書」の作成・開示は求めず，主な変動事由を注記事項として開示することとなった（「基準」36項）。

　「四半期連結財務諸表」を作成する場合，年度の連結財務諸表と同様に，企業集団に属する親会社・子会社が「一般に公正妥当と認められる企業会計の基準」に準拠して作成した「四半期個別財務諸表」を基礎としなければならない（「基準」8項）。「四半期連結財務諸表」にも，四半期個別財務諸表への「準拠性の原則」が要求されている。

　「四半期連結財務諸表」の作成に採用する会計方針は，「四半期特有の会計処理」を除き，原則として，年度の連結財務諸表の作成に採用する会計方針に準拠しなければならない。ただし，当該四半期連結財務諸表の「開示対象期間」に係る企業集団の財政状態，経営成績及びキャッシュ・フローの状況に関する財務諸表利用者の判断を誤らせない限り，「簡便的な会計処理」を適用することができる（「基準」9項）。

　「四半期財務諸表」に対しては，「年度の財務諸表」や「中間財務諸表」よりも開示の迅速性が求められているので，「簡便的な会計処理」を採用することができる。

　例えば，「簡便的な会計処理」として，「中間連結財務諸表作成基準」及び「中間財務諸表作成基準」で認められている項目（棚卸資産の実地棚卸の省略，減価償却方法に定率法を採用している場合の減価償却費の期間按分計算，退職給付費用の期間按分計算，連結会社相互間の債権債務の相殺における差異調整の省略と未実現損益の消去における見積り計算等）のほかに，一般債権の貸倒見積高の算定方法，棚卸資産の収益性の低下による簿価切下げの方法，原価差異の配賦方法，固定資産の減価償却費の算定方法，経過勘定項目の処理方法，税金費用の算

定方法などがある（「基準」47項）。

　前年度の連結財務諸表及び直前の四半期連結財務諸表を作成するために採用した会計方針は，継続して適用し，みだりに変更してはならない（「基準」10項）。「四半期連結財務諸表」に対しても，会計方針の「継続性の原則」が要求されている。ただし，「会計方針の変更」を行う場合，過去の期間に新たな会計方針を遡及適用する（「基準」10－2項）。

　子会社の四半期決算日が「四半期連結決算日」と異なる場合には，子会社は，合理的な手続により四半期連結決算日に四半期決算を行わなければならない。その差異が3か月を超えない場合には，子会社の四半期決算を基礎として，四半期連結決算を行うことができる。ただし，四半期決算日が異なることから生ずる連結会社間の取引に係る会計記録の「重要な不一致」について，必要な整理を行う（「基準」15項）。

2

　四半期連結財務諸表作成のための「特有の会計処理」には，「原価差異の繰延処理」及び「税金費用の計算」がある（「基準」11項）。

　法人税等については，四半期会計期間を含む年度に適用される税率に基づき，年度決算と同様の方法により計算し，繰延税金資産・負債については，回収可能性等を検討した上で，四半期貸借対照表に計上する。ただし，税金費用については，四半期会計期間を含む年度の「税引前当期純利益」に対する税効果会計適用後の実効税率を合理的に見積もり，「税引前四半期純利益」に当該見積実効税率を乗じて計算することができる（「基準」14項）。

　この場合には，四半期貸借対照表計上額は「未払法人税等」その他適当な科目により流動負債又は流動資産として表示され，前年度末の繰延税金資産・負債は，回収可能性や適用税率の変更の影響等を検討した上で，四半期貸借対照表に計上される（「基準」48項）。

　実績主義が採用されているので，原価差異の繰延処理と後入先出法における売上原価の修正は容認されないが，四半期財務諸表において，年度決算や年度決算よりも短い会計期間の中で，売上原価が操業度等により大きく変動し，売上高と売上原価の対応関係が適切に表示されない可能性があるため，売上原価に関連する当該2項目は例外的に「四半期特有の会計処理」として認められていた。ただし，後入先出法は「基準第9号」により平成22年4月1日以後に開始する事業年度から廃止された。

3

　四半期財務諸表の性格付けについては，中間財務諸表と同様，「実績主義」と「予測主義」という2つの異なる考え方がある（「基準」39項）。

　「実績主義」とは，四半期会計期間を年度と並ぶ一会計期間とみた上で，四半期財務諸表を，原則として年度の財務諸表と同じ会計方針を適用して作成することにより，当該四半期会計期間に係る企業集団又は企業の財政状態，経営成績及びキャッシュ・フローの状況に関する情報を提供する考え方である。

　「予測主義」は，四半期会計期間を年度の一構成部分と位置付けて，四半期財務諸表を，年度の財務諸表と部分的に異なる会計方針を適用して作成することにより，当該四半期会計期間を含む年度の業績予測に資する情報を提供する考え方である。

● 「基準」の公表経緯・社会的背景

　昭和49年の商法改正により，大部分の会社が半年決算から1年決算に移行したので，企業内容開示の頻度・適時性に関して問題が生じ，半期報告書制度の関心が高まっていた。事業年度を構成する中間会計期間に係る有用な会計情報を提供するために，昭和52年3月に「中間財務諸表作成基準」が作成・公表された。

　「中間財務諸表作成基準」では「予測主義」が採用され，中間決算特有の会計処理として，(1)年度の財務諸表の作成に際して適用されないような営業費用の繰延処理・繰上計上，(2)棚卸資産に後入先出法を適用している場合の売上原価の修正，(3)棚卸資産に低価基準を適用している場合の評価損の不計上，(4)原価差異の繰延処理が認められていた。

　平成10年3月に「中間財務諸表作成基準」が大幅に改正され，「中間連結財務諸表作成基準」も作成・公表されている。そこでは「実績主義」が採用されたために，上記の中間決算特有の会計処理は認められないこととなった。

　平成17年6月に金融審査会金融分科会第一部会が「今後の開示制度のあり方について」を公表し，その中で「四半期開示のあり方」が示され，四半期財務諸表に係る作成基準の整備を提案している。

　ASBJは，金融審議会金融分科会第一部会での四半期開示に関する検討を受け，平成17年1月に四半期開示ワーキング・グループを設置し，四半期財務情報開示の検討に入った（「基準」30項）。ASBJは，会計基準の検討に当たり，①上場会社等においては半期報告制度が廃止されて四半期報告制度へ統一され，中間財務諸表が第2四半期の四半期財務諸表に置き換わり，第1四半期，第2四半期，第3四半期という形で四半期財務諸表による開示が行われること，②原則として四半期連結財務諸表ベースでの開示のみが求められ，特定の会社を除き四半期個別財務諸表の開示は求められないこと，③四半期会計期間終了後，公認会計士又は監査法人のレビュー手続を経た上で，遅くとも45日以内での開示が求められるという，適時性に係るより強い制約があることを前提とした（「基準」32項）。その結果，「基準」が平成19年3月14日に公表され，他の会計基準の公表・改正により何度か改正され，平成24年6月29日に最終改正されている。

● 「基準」設定前の制度との相違点

　「中間財務諸表作成基準」の平成10年改訂時に「予測主義」から「実績主義」に変更する際に，「中間決算特有の会計処理」として認められていた「原価差異の繰延処理」と「棚卸資産に後入先出法を適用している場合の売上原価修正」は，相対的にみて恣意的な判断の介入の余地が大きい等の理由で，削除されていた。

　しかし，四半期決算では，年度決算や中間決算よりも短い会計期間の中で企業集団又は企業の財政状態，経営成績及びキャッシュ・フローの状況に関する情報を適切に提供しなければならないという点を踏まえ，売上原価に関連する当該2項目は一定の条件を満たした場合には，継続適用を条件に「四半期特有の会計処理」として容認された。ただし，「基準9号」により後入先出法が廃止されたため，平成21年改正時に「棚卸資産に後入先出法を適用している場合の売上原価修正」は削除された。

　また，税金費用の計算についても「四半期特有の会計処理」として認められている。

〔問題30〕（リース取引に関する会計基準）

1 (1)

①	権　利 ❶	②	借　手 ❶	③	経済的利益 ❶
④	使　用 ❶	⑤	所有権 ❶		

(2)

> 法的形式上は解約可能であるとしても，解約に際し相当の違約金を支払わなければならない等の理由から，事実上解約不能と認められるリース取引 ❷

(3)

> リース物件の取得価額相当額，維持管理等の費用，陳腐化によるリスク等のほとんどすべてのコストを負担すること ❶

(4)

> リース期間の中途で解約できないノン・キャンセラブル要件 ❶
> リース料を実質的に負担するフル・ペイアウト要件 ❶

2

(a)	リース資産は，リース物件の法的所有権の有無にかかわらず，報告主体がリース物件を支配・利用し，そこから得られると期待される経済的便益を実質的に享受できるので，資産性を有する。 ❸
(b)	リース債務は，リース期間の中途でリース契約を解約できず，実質的にリース債務の支払義務を負うことになるので，負債性を有する。 ❸

3

> 経済的にはリース物件の売買及び融資と類似の性格を有するが，法的には賃貸借の性格を有し，また，役務提供が組み込まれる場合が多く，複合的な性格を有する。 ❸

> リース物件の耐用年数とリース期間が異なる場合が多く，また，リース物件の返還が行われるため，物件そのものの売買というよりは，使用する権利の売買の性格を有する。 ❸

> 借手が資産の使用に必要なコスト（リース物件の取得価額，金利・維持管理費用相当額等）を，通常，契約期間にわたる定額のキャッシュ・フローとして確定する。 ❸

※ 順不同

〔問題31〕（リース取引に関する会計基準）

1(1)

①	リース物件 ❶	②	リース料総額 ❶	③	利息相当額 ❶
④	残存価額 ❶	⑤	リース投資資産 ❶		

(2)

リース物件を使用収益する権利を借手が行使できることとなった日　❷

(3)

利息法とは，各期の支払利息相当額をリース債務の未返済元本残高に一定の利率を乗じて算定する方法である。当該利率は，リース料総額の現在価値が，リース取引開始日におけるリース資産（リース債務）の計上額と等しくなる利率として求められる。　❹

2

リース物件を使用できる期間がリース期間に限定されるという特徴があり，また，リース物件の返還が行われるため，物件そのものの売買というよりも，使用する権利の売買の性格を有するので，原則として，リース期間を耐用年数とし，残存価額をゼロとして算定する。　❹

3

所有権移転ファイナンス・リース取引の場合では，貸手は，借手からのリース料と割安購入選択権の行使価額で回収するが，所有権移転外ファイナンス・リース取引の場合にはリース料と見積残存価額の価値により回収を図る点で異なる。この差異により，所有権移転ファイナンス・リース取引で生じる資産は「リース債権」に計上し，所有権移転外ファイナンス・リース取引で生じる資産は「リース投資資産」に計上されることになる。この場合のリース投資資産は，将来のリース料を収受する権利と見積残存価額から構成される複合的な資産である。　❿

〔問題30〕 (リース取引に関する会計基準)

1

「リース取引」とは,特定の物件の所有者たる貸手(レッサー)が,当該物件の借手(レッシー)に対し,合意された「リース期間」にわたり,これを使用収益する権利を与え,借手は,合意された使用料(「リース料」という)を貸手に支払う取引をいう(「基準」4項)。

リース取引は,「ファイナンス・リース取引」と「オペレーティング・リース取引」に分類される。

「ファイナンス・リース取引」とは,(a)リース契約に基づくリース期間の中途において当該契約を解除することができないリース取引又はこれに準ずるリース取引であり,(b)借手が,当該契約に基づき使用する「リース物件」からもたらされる経済的利益を実質的に享受することができ,かつ,当該リース物件の使用に伴って生じるコストを実質的に負担することとなるリース取引をいう(「基準」5項)。

「リース期間の中途に契約解除できないリース取引に準ずるリース取引」とは,法的には解約可能であるとしても,解約に際し相当の違約金を支払わなければならない等の理由から,事実上解約不能と認められるリース取引をいう(「基準」36項)。

「借手がリース物件からもたらされる経済的利益を実質的に享受する」とは,当該リース物件を自己所有するとするならば得られると期待される経済的利益を享受することをいい,「リース物件の使用に伴って生じるコストを実質的に負担する」とは,当該リース物件の取得価額相当額,維持管理等の費用,陳腐化によるリスク等のほとんどすべてのコストを負担することをいう(「基準」36項)。

ファイナンス・リース取引の「借手側」は,「リース取引開始日」(借手が,リース物件を使用収益する権利を行使することができることとなった日)に,通常の売買取引に係る方法に準じた「売買処理」により,リース物件とこれに係る債務を「リース資産」及び「リース債務」として計上する(「基準」10項)。

　　　(借)リ ー ス 資 産　　×××　　　(貸)リ ー ス 債 務　　×××

リース資産及びリース債務の計上額の算定に当たっては,原則として,リース契約締結時に合意されたリース料総額からこれに含まれている利息相当額の合理的な見積額を控除する方法による。当該利息相当額については,原則として,リース期間にわたり「利息法」により配分する(「基準」11項)。

したがって,リース資産・リース債務のリース取引開始時には,リース料総額がそのままリース資産及びリース債務の計上額とはならない。リース期間が長期にわたり,リース料総額に含まれる一定の利息を認識するために,その算定には「割引現在価値」の考え方が用いられている。

他方,「オペレーティング・リース取引」とは,ファイナンス・リース取引以外のリース取引をいう(「基準」6項)。

オペレーティング・リース取引については,通常の「賃貸借取引」に係る方法に準じて会計処理を行う(「基準」15項)。したがって,借手側と貸手側によるリース料の支払・受取時には,次のような仕訳処理を行う。

　借手側:(借)支 払 リ ー ス 料　　×××　　(貸)現 金 預 金　　×××

貸手側：(借)現　金　預　金　　×××　　(貸)受取リース料　　×××

2

　ファイナンス・リース取引は，(a)リース期間の中途で解約できない「ノン・キャンセラブル要件」と(b)リース料を実質的に負担する「フル・ペイアウト要件」を充たすリース取引である。

　さらに，(a)解約不能のリース期間中のリース料総額の現在価値が，当該リース物件を借手が現金で購入するものと仮定した場合の合理的見積金額（「見積現金購入価額」という）の概ね90％以上である「現在価値基準」，(b)解約不能のリース期間が，当該リース物件の経済的耐用年数の概ね75％以上である「経済的耐用年数基準」のいずれかに該当する場合には，「ファイナンス・リース取引」と判定される。

　このように，「ファイナンス・リース取引」と判定されたもののうち，(1)リース期間終了後又はリース期間の中途でリース物件の所有権が借手に移転する「所有権移転条項付リース」，(2)リース物件の価額に比して著しく有利な価額で買い取る権利が与えられ，その行使が確実に予想される「割安購入選択権条項付リース」又は(3)「特別仕様のリース物件」のいずれかに該当する場合には「所有権移転ファイナンス・リース取引」，いずれにも該当しない場合には「所有権移転外ファイナンス・リース取引」に区分される（適用指針16号，10項）。

　つまり，ファイナンス・リース取引は，リース契約上の諸条件に照らしてリース物件の所有権が借手に移転すると認められる「所有権移転ファイナンス・リース取引」，それ以外の「所有権移転外ファイナンス・リース取引」に分類される（「基準」8項）。

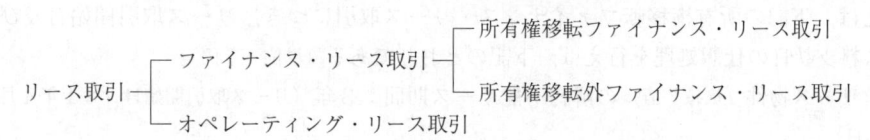

```
                         ┌─ 所有権移転ファイナンス・リース取引
          ┌─ ファイナンス・リース取引 ─┤
リース取引 ─┤                    └─ 所有権移転外ファイナンス・リース取引
          └─ オペレーティング・リース取引
```

　ファイナンス・リース取引のうち「所有権移転外ファイナンス・リース取引」は，次の点で「所有権移転ファイナンス・リース取引」と異なる性質を有する（「基準」38項）。

(1) 経済的にはリース物件の売買及び融資と類似の性格を有する一方，法的には賃貸借の性格を有し，また，役務提供が組み込まれる場合が多く，複合的な性格を有する。

(2) リース物件の経済的耐用年数とリース期間は異なる場合が多く，また，リース物件の返還が行われるため，物件そのものの売買というよりは，「使用する権利」の売買の性格を有する。所有権移転外ファイナンス・リース取引は，「資産使用権の取得取引」とみなされる。

(3) 借手が資産の使用に必要なコスト（リース物件の取得価額，金利相当額，維持管理費用相当額，役務提供相当額など）を，通常，契約期間にわたる定額のキャッシュ・フローとして確定する。

　したがって，「所有権移転ファイナンス・リース取引」と「所有権移転外ファイナンス・リース取引」との間では，売買処理を具体的に適用するに当たり，リース資産の取得価額・減価償却費の算定等で異なる点が生じる。

〔問題31〕 （リース取引に関する会計基準）

1

「所有権移転ファイナンス・リース取引」における「借手側」の会計処理としては，前述したように，売買処理と利息法が採用されている。

「リース資産」及び「リース債務」として計上する価額は，次のように算定される（適用指針16号，37項）。

(1) 借手において当該リース物件の「貸手の購入価額」が明らかである場合，「貸手の購入価額」が借手側におけるリース物件の取得原価となる。

(2) 「貸手の購入価額」が明らかでない場合，リース料総額を割引率で割り引いた「現在価値」（残価保証（リース終了時に，リース物件の処分価額が契約上取り決めた保証価額に満たない場合，借手に対してその不足額を貸手に支払う義務が課される条件）がある場合には，リース総額に残価保証額を合算して，割り引いた現在価値。なお，割安購入選択権がある場合には，その行使価格も含む。）と「見積現金購入価額」とのいずれか低い価額で計上する。

リース料の支払日には，リース債務の支払額は利息相当額とリース債務返済額に区分して処理される。

　　（借）リ ー ス 債 務　×××　　（貸）現 金 預 金　×××
　　　　　支 払 利 息　×××

決算日には，「所有権移転ファイナンス・リース取引」に係るリース資産の減価償却費は，自己所有の固定資産に適用する減価償却方法と同一の方法により算定される（「基準」12項）。

例えば，下記の所有権移転ファイナンス・リース取引につき，リース取引開始日及びリース料支払日の仕訳処理を行えば，下記のとおりである（単位：千円）。

(イ) リース物件（機械装置）の解約不能リース期間：3年（リース取引開始日：×1年4月1日）

(ロ) リース料：年額30,000千円（リース料総額：90,000千円）で，支払は各期末（会計期間：4月1日から3月31日）に行う。

(ハ) 借手の見積現金購入価額：83,000千円（貸手のリース物件の購入額は，借手には明らかでない）

(ニ) 借手の適用利子率：年5％

(1) リース取引開始日（×1年4月1日）：
　　（借）リ ー ス 資 産　81,697※　　（貸）リ ー ス 債 務　81,697

　　※ $\dfrac{30,000千円}{1+5\%} + \dfrac{30,000千円}{(1+5\%)^2} + \dfrac{30,000千円}{(1+5\%)^3} ≒ 81,697千円 < 83,000千円$

(2) 第1回支払日（×2年3月31日）：
　　（借）リ ー ス 債 務　25,915　　（貸）現 金 預 金　30,000
　　　　　支 払 利 息　 4,085

　　第2回支払日（×3年3月31日）：
　　（借）リ ー ス 債 務　27,211　　（貸）現 金 預 金　30,000
　　　　　支 払 利 息　 2,789

第3回支払日（×4年3月31日）：
(借) リ ー ス 債 務　　28,571　　　(貸) 現 金 預 金　　30,000
　　　支 払 利 息　　 1,429

図表30－1　リース債務と利息相当額

（単位：千円）

支　払　日	リース料支払額 (a)	元本分 (b)	利息分 ((a)−(b))	債務の期首元本 (c)	債務の期末元本 ((c)−(b))
×2年3月31日	30,000	25,915[※1]	4,085	81,697	55,782
×3年3月31日	30,000	27,211[※2]	2,789	55,782	28,571
×4年3月31日	30,000	28,571[※3]	1,429	28,571	0

※1　$30,000 \div (1+0.05)^3 ≒ 25,915$　　※2　$30,000 \div (1+0.05)^2 ≒ 27,211$
※3　$30,000 \div (1+0.05) ≒ 28,571$

「所有権移転ファイナンス・リース取引」に係る「貸手側」では，リース取引開始日に「売買処理」により「リース債権」として計上する（「基準」13項）。

貸手における利息相当額の総額は，リース契約締結時に合意されたリース料総額及び見積残存価額の合計額から，これに対応するリース資産の取得価額を控除することによって算定する。当該利息相当額については，原則として，リース期間にわたり「利息法」により配分する（「基準」14項）。

リース取引開始日に「リース債権」として計上する会計処理法として，(a)リース取引開始日に売上高と売上原価を計上する方法，(b)リース料受取時に売上高と売上原価を計上する方法及び(c)売上高を計上せずに利息相当額を各期へ配分する方法のいずれかの方法を選択し，継続的に適用しなければならない（適用指針16号，51項，61項）。

上記リース取引における貸手側の購入価額が78,730千円であり，計算利子率が7％である場合における仕訳処理は，それぞれ次のとおりである（単位：千円）
(a)法：リース契約時
(借) リ ー ス 債 権　　90,000　　　(貸) 売　　　　上　　90,000
　　　売 上 原 価　　78,730　　　　　 買　　掛　　金　　78,730
第1回リース料受取時：
(借) 現 金 預 金　　30,000　　　(貸) リ ー ス 債 権　　30,000
　　　繰延リース利益繰入　 5,759　　　　 繰延リース利益　　　5,759※
　　※　3,797＋1,962＝5,759
第2回リース料受取時：
(借) 現 金 預 金　　30,000　　　(貸) リ ー ス 債 権　　30,000
　　　繰延リース利益　　3,797　　　　　繰延リース利益戻入益　3,797
第3回リース料受取時：
(借) 現 金 預 金　　30,000　　　(貸) リ ー ス 債 権　　30,000
　　　繰延リース利益　　1,962　　　　　繰延リース利益戻入益　1,962

(b)法：リース契約時

(借)リース債権	78,730		(貸)買　掛　金	78,730	

第1回リース料受取時：

(借)現　金　預　金	30,000		(貸)売　　　　上	30,000	
売　上　原　価	25,037		リース債権	25,037	

第2回リース料受取時：

(借)現　金　預　金	30,000		(貸)売　　　　上	30,000	
売　上　原　価	26,203		リース債権	26,203	

第3回リース料受取時：

(借)現　金　預　金	30,000		(貸)売　　　　上	30,000	
売　上　原　価	28,038		リース債権	28,038	

(c)法：リース契約時

(借)リース債権	78,730		(貸)買　掛　金	78,730	

第1回リース料受取時：

(借)現　金　預　金	30,000		(貸)リース債権	25,037	
			受　取　利　息	4,963	

第2回リース料受取時：

(借)現　金　預　金	30,000		(貸)リース債権	26,203	
			受　取　利　息	3,797	

第3回リース料受取時：

(借)現　金　預　金	30,000		(貸)リース債権	28,038	
			受　取　利　息	1,962	

図表30－2　受取リース料の内訳

(単位：千円)

回　収　日	リース料受取額	元　本　分	受取利息分
×2年3月31日	30,000	25,037[※1]	4,963
×3年3月31日	30,000	26,203[※2]	3,797
×4年3月31日	30,000	28,038[※3]	1,962

※1　$30,000 \div (1+0.07)^3 \fallingdotseq 25,037$　　※2　$30,000 \div (1+0.07)^2 \fallingdotseq 26,203$
※3　$30,000 \div (1+0.07) \fallingdotseq 28,038$

2

「所有権移転外ファイナンス・リース取引」における「借手側」の会計処理としては，所有権移転ファイナンス・リース取引と同様に，リース取引開始日に売買処理により，リース物件とこれに係る債務を「リース資産」及び「リース債務」として計上する（「基準」10項）。

ただし，「リース資産」及び「リース債務」として計上する価額は，次のような「原則処理」により算定される（適用指針16号，22項）。

(1) 借手において当該リース物件の「貸手の購入価額」が明らかである場合には，リース料総額を割引率で割り引いた「現在価値」と「貸手の購入価額」等とのいずれか低

い額による。

(2) 「貸手の購入価額」が明らかでない場合には，「現在価値」と「見積現金購入価額」とのいずれか低い額による。

「所有権移転外ファイナンス・リース取引」においても，利息相当額の総額は，原則としてリース期間にわたり「利息法」により配分するが，リース資産総額に重要性が乏しいと認められる場合は，「例外処理」として次のいずれかの方法を採用することができる（適用指針16号，31項）。

(1) リース料総額から利息相当額の合理的な見積額を控除しない方法（リース資産及びリース債務をリース料総額で計上し，支払利息は計上せず，減価償却費のみを計上する方法）
(2) 利息相当額の総額をリース期間にわたり定額法で配分する方法

「所有権移転外ファイナンス・リース取引」に係るリース資産の減価償却費は，原則として，リース期間を耐用年数とし，残存価額をゼロとして算定する（「基準」12項）。

なお，リース期間が1年以内である「短期のリース取引」，企業に事業内容に照らして重要性の乏しいリース取引であり，かつ，リース契約1件当たりのリース料総額が300万円以下である「少額のリース取引」のように，個々のリース資産に重要性が乏しいと認められる場合には，「簡便処理」として，「オペレーティング・リース取引」の会計処理と同様に，通常の「賃貸借取引」に係る方法に準じて会計処理を行うことができる（適用指針16号，34項～35項）。

「所有権移転外ファイナンス・リース取引」の「貸手側」では，リース取引開始日に「売買処理」により「リース投資資産」として計上する（「基準」13項）。

利息相当額の総額は，原則として，リース期間にわたり「利息法」により配分する（「基準」14項）。ただし，貸手としてのリース取引に重要性が乏しいと認められる場合は，リース期間にわたり定額で配分することができる。

なお，リース取引開始日に「リース投資資産」として計上する会計処理法としては，前述の「所有権移転ファイナンス・リース取引」と同様に，(a)リース取引開始日に売上高と売上原価を計上する方法，(b)リース料受取時に売上高と売上原価を計上する方法及び(c)売上高を計上せずに利息相当額を各期へ配分する方法のいずれかの方法を取引形態に応じて選択し，継続的に適用しなければならない（適用指針16号，51項）。例えば，(a)法による仕訳処理は次のとおりである。

リース契約時：
　　（借）リース投資資産　　×××　　（貸）売　　　　　上　　×××
　　　　売　上　原　価　　×××　　　　買　　掛　　金　　×××
第1回リース料受領時：
　　（借）現　金　預　金　　×××　　（貸）リース投資資産　　×××
　　　　繰延リース利益繰入　×××　　　　繰延リース利益　　×××
第2回以降リース料受領時：
　　（借）現　金　預　金　　×××　　（貸）リース投資資産　　×××
　　　　繰延リース利益　　×××　　　　繰延リース利益戻入益　×××

● 「基準」の公表経緯・社会的背景

　設備調達方法としてリース取引が導入されて以来，30年経過し，平成３年度におけるリース取引による設備投資額の民間設備投資額に占める割合が7.76%に達している経済環境を鑑み，企業会計審議会は，平成５年６月17日に「リース取引に係る会計基準」を公表した。

　この会計基準では，ファイナンス・リース取引のうち「所有権移転外ファイナンス・リース取引」について，一定の注記を要件として通常の賃貸借取引に係る方法に準じた会計処理（以下「例外処理」という）の採用を認めてきた。現状では，大半の企業において，この例外処理が採用されていた（「基準」30項）。

　「例外処理」がほぼすべてを占める現状は，会計基準の趣旨を否定するような特異な状況であり，早急に是正される必要があるとの認識に立ち，ASBJは「リース取引に係る会計基準」を修正する形で平成19年３月30日に「基準」を公表した。

● 「基準」設定前の制度との相違点

　旧基準では，「所有権移転外ファイナンス・リース取引」については，一定の注記を要件として「賃貸借処理」（例外処理）が採用されていた。

　「基準」は，原則として，「所有権移転外ファイナンス・リース取引」に対しても「売買処理」を要求する。ただし，リース契約１件当たりのリース料総額が300万円以下の「少額リース資産」，リース期間が１年以内の「短期リース取引」については，簡便法として「賃貸借処理」を採用することができる。

― Column ―

解答欄スペースの使い方

　解答欄のスペース（字数制限のあるマス目形式の解答欄を含みます）の使い方のルールとしては，できるだけ解答欄を埋めるように書き込んだほうが良いと思います。というのは，試験委員は予め模範解答（合格答案）を作成（準備）して，やや広めのスペースを用意していると考えられるからです。社会科学系の国家試験の論文式問題において，１行で済ませる省エネ解答では点は取れません。

〔問題32〕 （工事契約に関する会計基準）

1 (1)

| ① | 成果の確実性 ❶ | ② | 工事収益総額 ❶ | ③ | 工事原価総額 ❶ |
| ④ | 工事進捗度 ❶ | ⑤ | 未成工事支出金 ❶ | ⑥ | 目的物の引渡し ❶ |

(2)

　　工事収益総額を信頼性をもって見積もるためには，その前提として，最終的に工事の完成が確実であることが必要である。そのためには，施工者に当該工事を完成させるに足りる十分な能力があり，かつ，工事完成に必要な環境条件も整っており，工事契約において対価の定めがあることが必要である。工事原価総額を信頼性をもって見積もるためには，工事原価の事前見積りと実績を対比することにより，適時・適切に工事原価総額の見積りを見直さなければならない。　❻

2

　　工事契約による事業活動は，工事遂行を通じて成果に結び付けることが期待される投資であり，当該事業活動を通じて「投資のリスク」から解放されている。工事契約では，顧客による工事契約の履行（代金の支払い）が確実であるので，工事の進行途上においても，部分的に履行された対価とみなされ，「投資のリスク」から解放されたことになる。工事契約に基づく工事の進捗に応じて，その進捗部分について「成果の確実性」が認められ，「投資のリスク」から解放された場合には「工事進行基準」が適用される。　❼

3 (1)

　　工事損失の金額を合理的に見積もることができる場合には，工事損失のうち，工事契約に関して既に計上された損益の額を控除した残額は，工事損失が見込まれた期の損失として処理され，工事損失引当金が計上される。　❹

(2)

　　工事損失引当金繰入額は売上原価に含め，工事損失引当金は流動負債として計上する。　❷

〔問題32〕 (工事契約に関する会計基準)

1

「工事契約」とは，仕事の完成に対して対価が支払われる請負契約のうち，土木，建築，造船，一定の機械装置の製造等，基本的な仕様・作業内容を顧客の指図に基づいて行うものをいう（「基準」4項）。「受注制作のソフトウェア」についても，工事契約に準じる（「基準」5項）。

工事契約に係る認識基準は，工事契約に関して工事収益・工事原価を認識するための期間帰属基準であり，「工事進行基準」又は「工事完成基準」が適用される（「基準」6項(2)）。

「工事進行基準」とは，工事契約に関して「工事収益総額」，「工事原価総額」及び決算日における「工事進捗度」を合理的に見積もり，これに応じて当期の工事収益・工事原価を認識・測定する方法である（「基準」6項(3)）。

他方，「工事完成基準」とは，工事契約に関して，工事が完成し，目的物の引渡しを行った時点で，工事収益・工事原価を認識・測定する方法である（「基準」6項(4)）。

「工事契約」に関して，工事の進行途上においても，その進捗部分について成果の確実性が認められる場合には「工事進行基準」を適用し，この要件を充たさない場合には「工事完成基準」を適用する（「基準」9項）。

「成果の確実性」が認められるためには，次の各要素について，信頼性をもって見積もることができなければならない（「基準」9項，6項(5)，6項(6)）。

(1) 工事収益総額（工事契約において定められた，施工者が受け取る対価の総額）
(2) 工事原価総額（工事契約において定められた，施工者の義務を果たすための支出の総額）
(3) 決算日における工事進捗度

「工事収益総額」を信頼性をもって見積もるためには，その前提として，最終的に当該工事の完成に関する「確実性」が求められる。そのためには，施工者には当該工事を完成させるに足りる十分な能力があり，かつ，工事が完成するのに必要な環境条件も整っていなければならない（「基準」10項，48項）。

「工事収益総額」を信頼性をもって見積もるためには，工事契約において当該工事に関する「対価の定め」があることも必要である。「対価の定め」とは，当事者間で実質的に合意された対価の額に関する定め，対価の決済条件及び決済方法に関する定めをいう（「基準」11項）。

一方，「工事原価総額」を信頼性をもって見積もるためには，「工事原価」の事前の見積り及び実績を対比することにより，適時・適切に「工事原価総額」の見積りの見直しが行われることが必要である（「基準」12項）。

「決算日における工事進捗度」は，「原価比例法」（決算日までに実施した工事に関して発生した工事原価が工事原価総額に占める割合をもって決算日における工事進捗度とする方法）や原価比例法以外の方法（例えば，直接作業時間比率や施工面積比率に基づく方法）等，工事契約における施工者の履行義務全体との対比において「決算日」における当該義務の遂行の割合を合理的に反映する方法を用いて見積もる。

2

「工事契約」の範囲は，仕事の完成に対して対価が支払われる請負契約のうち，基本的な仕様や作業内容を顧客の指図に基づいて行う工事の契約に限定されている。

当事者間での対価の定め（対価の額，対価の決済条件，決済方法に関する定め）や基本的な仕様・作業内容が合意された「工事契約」については，施工者が契約上の義務のすべてを果たし終えず，法的には対価に対する請求権を未だ獲得していない状態であっても，その工事に必要とされる技術が確立され，完成の確実性が高い状況では，「成果の確実性」が高まり，「収益」として認識することが適切である。

平成18年12月に公表された討議資料『財務会計の概念フレームワーク』の見解によれば，収益・費用は，投下資金が投資のリスクから解放された時点で把握される。

「投資のリスク」とは，投資の成果の不確実性を意味し，投資にあたって期待された成果が事実となれば，それはリスクから解放されることになる。つまり，投資に期待された成果に対比される事実が生じ，投資がリスクから解放された時点で，収益・費用は把握される。「工事契約」による事業活動は，工事の遂行を通じて成果に結び付けることが期待されている投資であり，そのような事業活動を通じて，「投資のリスク」から解放されている（「基準」40項）。

したがって，「工事契約」に係る工事収益総額，工事原価総額及び工事進捗度について，信頼性をもって見積もることができる場合には，「成果の確実性」が認められ，「投資のリスク」から解放されたことになり，「工事進行基準」が適用される。この要件を満たさない場合には，「工事完成基準」が適用される。

3

工事契約の締結以後に生じた想定外の資材価格高騰，工事進捗の遅延による経費の増加，施工者に起因する設計変更等によって，「工事原価総額等」（工事原価総額のほか，販売直接経費がある場合にはその見積額を含めた額）が「工事収益総額」を超過する場合もある。

「工事原価総額等」が「工事収益総額」を超過する可能性が高く，かつ，その金額を合理的に見積もることができる場合には，その超過すると見込まれる額（「工事損失」という）のうち，工事契約に関してすでに計上された損益の額を控除した残額を，「工事損失」が見込まれた期の損失として処理し，「工事損失引当金」を計上する（「基準」19項，63項）。

（借）工事損失引当金繰入　×××　　（貸）工事損失引当金　×××

「工事損失引当金」を計上する会計処理は，工事契約に係る認識基準が工事進行基準・工事完成基準であるにかかわらず，また，工事の進捗度にかかわらず適用される（「基準」20項）。

例えば，×1年期央に総合病院の工事契約（当初の工事収益総額10,000百万円，当初の工事原価総額9,500百万円，建設期間2年）を締結し，工事を着工したが，工事原価総額は次のとおり，×1年度末と×2年度末においてそれぞれ9,600百万円と10,500百万円に増加した場合，工事損失引当金に係る仕訳処理は下記のとおりである（単位：百万円）。

	×1年度	×2年度	×3年度
工事収益総額	10,000	10,000	10,000
過年度に発生した工事原価の累計	−	2,400	7,560
当期に発生した工事原価	2,400	5,160	2,940
完成までに要する工事原価	7,200	2,940	−
工事原価総額	9,600	10,500	10,500
工事利益（損失△）	400	△500	△500

×1年度：(借) 工 事 原 価　　2,400　　(貸) 原 価 諸 勘 定　　2,400
　　　　　　　工事未収入金　　2,500　　　　工 事 収 益　　　2,500※1

　　※1　10,000百万円×25%（工事進捗度：$\frac{2,400百万円}{9,600百万円}$）＝2,500百万円

×2年度：(借) 工 事 原 価　　5,160　　(貸) 原 価 諸 勘 定　　5,160
　　　　　　　工事未収入金　　4,700　　　　工 事 収 益　　　4,700※2
　　　　　　　工 事 原 価　　　140　　　　工事損失引当金　　　140※3

　　※2　10,000百万円×72%（工事進捗度：$\frac{2,400百万円＋5,160百万円}{10,500百万円}$）
　　　　−2,500百万円＝4,700百万円
　　※3　工事損失引当金繰入額：
　　　　見積工事損失　　　△500百万円（＝10,000百万円−10,500百万円）
　　　　−×1年度計上利益　　100百万円（＝2,500百万円−2,400百万円）
　　　　−×2年度計上損失　△460百万円（＝4,700百万円−5,160百万円）
　　　　　　　　　　　　　△140百万円（＝500百万円−（460百万円−100百万円））

×3年度：(借) 工 事 原 価　　2,940　　(貸) 原 価 諸 勘 定　　2,940
　　　　　　　工事未収入金　　2,800　　　　工 事 収 益　　　2,800※4
　　　　　　　工事損失引当金　　140　　　　工 事 原 価　　　　140

　　※4　10,000百万円−（2,500百万円＋4,700百万円）＝2,800百万円

　工事契約の施工者にとって工事契約に係るサービスは棚卸資産（商品）であるので，「工事損失引当金繰入額」は売上原価に含め，「工事損失引当金」の残高は貸借対照表に流動負債として計上する。なお，同一の工事契約に関する棚卸資産と工事損失引当金がともに計上される場合には，貸借対照表の表示上，相殺して表示することができる（「基準」21項）。

　工事契約に関しては，次の事項を注記しなければならない（「基準」22項）。

(1) 工事契約日に係る認識基準
(2) 決算日における工事進捗度を見積もるために用いた方法
(3) 当期の工事損失引当金繰入額
(4) 同一の工事契約に関する棚卸資産と工事損失引当金がともに計上される場合には，次の(イ)又は(ロ)のいずれかの額（複数存在する場合には，その合計額）
　(イ) 棚卸資産と工事損失引当金を相殺せずに両建てで表示した場合……その旨及び当該棚卸資産の額のうち工事損失引当金に対応する額
　(ロ) 棚卸資産と工事損失引当金を相殺して表示した場合……その旨及び相殺表示した棚卸資産の額

● 「基準」の公表経緯・社会的背景

　従来，長期請負工事に関する会計処理としては，「企業会計原則」（注解７）により「工事完成基準」と「工事進行基準」との選択適用が認められてきた。

　しかし，企業の選択により異なる認識基準が採用される場合，財務諸表間の比較可能性が損なわれるという指摘がなされていた。また，国際会計基準では，一定の条件の下では「工事進行基準」が強制適用されている。このような状況を踏まえ，「基準」が平成19年12月27日に公表された。

● 「基準」設定前の制度との相違点

　これまで「工事完成基準」又は「工事進行基準」を任意的に選択適用できたが，「基準」の設定により，「工事完成基準」の採用には一定の制限が加えられた。

Column

アレキサンダー・アラン・シャンドの顕彰碑

　近代的銀行制度を移植するために，英国チャータード・マーカンタイル銀行の横浜支店長であったアレキサンダー・アラン・シャンドが，明治５年10月１日に大蔵省紙幣寮の顧問として招聘されました。着任直後から，簿記・財務報告書及び紙幣寮銀行局の官吏・国立銀行員に対する銀行簿記の教授のために，『銀行簿記精法』の口述・執筆に着手しています。その編集が一段落したシャンドは，避暑・静養のために家族とともに箱根に逗留していましたが，明治６年８月８日に３歳の長男・モンテギューを病気で亡くし，芦ノ湖畔（箱根駅伝ゴール地点のすぐ側）の萬福寺に葬りました。

　明治10年３月に紙幣寮顧問の任務を終え，帰英した後も，日本のために当時の政財界人（例えば，高橋是清，渋沢栄一）と親交を続けています。特に，日露戦争の戦費調達の大役を担った日銀副総裁の高橋是清（第20代総理大臣,２・26事件時の大蔵大臣のため暗殺）は，ロンドンでシャンドと再会し，米国のクーンロープ商会からの資金調達の仲介を受けています。帰国したシャンドは，英国パース銀行の重役となり，一生をバンカーとして全うしました。老後は，横浜生まれの長女（モンタギューとの双子）とともに悠々自適の生活を送り，長男の墓を最後まで気にしながら，1930年（昭和５年）４月12日に86歳の高齢で死去しました。

　同年11月26日には北伊豆地震が起こり，長男が眠る萬福寺・墓地が土砂に埋没しました。萬福寺は現在の地に復興しましたが，モンテギューの旧墓地は埋もれたままでした。平成20年８月８日（北京オリンピック開催日）に，渋沢栄一記念財団，旧第一勧業銀行・会計学界の有志等の寄付によりシャンドの顕彰碑の建立とともに墓の再建が135回忌として執り行われました。本小松石の顕彰碑には，『銀行簿記精法』の序に紙幣頭・芳川顕正が書いた「天下ノ事會計ヨリ重キハナシ」も刻み込まれています。

　日本初の複式簿記書『銀行簿記精法』を上梓し，日本の銀行制度創設に貢献し，日本経済近代化の礎を築いた恩人の一人・シャンドの顕彰碑に感謝を込めて参拝するならば，簿記論・財務諸表論・会計学の合格にも効能があるかもしれません。

〔問題33〕 (持分法に関する会計基準準)

1 (1)

①	資　本 ❶ 別解：純資産	②	持　分 ❶	③	当期純利益 ❶
④	連結会社 ❶		⑤	投　資 ❶	

(2)

非連結子会社 ❶	関連会社 ❶

(3)

(a)	投資会社が被投資会社の資本及び損益のうち投資会社に帰属する部分の変動に応じて，その投資の額を連結決算日ごとに修正する方法 ❷
(b)	被投資会社は投資会社に強い影響又は支配を受けているのにもかかわらず，当該会社の個別財務諸表は連結財務諸表に含められない。しかし，被投資会社は投資会社から多額の投資を受け，密接な関係にあり，投資会社の業績は被投資会社の業績の影響を強く受けることになるので，被投資会社の業績を連結財務諸表に反映させる方法として，「持分法」が採用されている。❸

(4)

当該企業に対する議決権の所有割合が15％以上20％未満であっても，財務・営業又は事業の方針決定に対して重要な影響を与えることができる一定の事実が認められる場合，当該他の企業は関連会社に該当するとする基準である。❸

2

持分法適用関連会社の欠損負担責任が投資会社の投資額の範囲に限定されている場合には，持分法による投資価額がゼロになるまで，投資会社は当該欠損を負担する必要がある。投資有価証券をゼロとした後には，投資額を超える部分は当該貸付金から減額される。さらに，債務超過持分相当額が貸付金を超過する場合には，当該超過額は負債の部に計上される。❹

3

関連会社は，投資会社が財務・営業又は事業の方針決定に重要な影響を与えることができる企業であり，関連会社の事業活動は投資会社の事業活動の延長上にあり，密接な関係を有する。関連会社の成果の獲得は，関連会社株式に出資した投資会社の投資の成果とみなすことができる。つまり，関連会社が利益を獲得した場合，間接的に投資会社は投資のリスクから解放されたとみなされるので，関連会社が利益を獲得したときに，投資会社において収益を認識することができる。その場合，投資会社が関連会社の利益のうち投資会社に帰属する部分の変動に応じて，その投資額を修正する「持分法」が採用される。❻

〔問題33〕 (持分法に関する会計基準準)

1

「持分法」とは，投資会社が被投資会社の資本及び損益のうち投資会社に帰属する部分の変動に応じて，その投資の額を連結決算日ごとに修正する方法をいう（「基準」4項）。

被投資会社に純損益が計算され，純資産が変動した場合，その増減変動額のうち，投資会社の持分割合に対応する額だけ，連結決算上で被投資会社への投資勘定（関連会社株式）を評価増減する方法が「持分法」である。

例えば，投資会社が30％の議決権を所有する被投資会社において，当期決算で20,000千円の利益が計上された場合，次のような連結決算仕訳が必要となる（単位：千円）。

　　　（借）関 係 会 社 株 式　　　6,000　　　　（貸）持分法による投資損益　　　6,000

持分法の適用に際しては，「被投資会社の財務諸表」について，資産・負債の評価，税効果会計の適用等，原則として，連結子会社と同様の処理を行う（「基準」8項）。

同一環境下で行われた同一の性質の取引等について，投資会社（その子会社を含む）及び持分法適用会社が採用する会計処理の原則及び手続は，原則として統一しなければならない（「基準」9項）。

その場合，より合理的な会計処理の原則及び手続を選択すべきであり，親会社の会計処理を子会社の会計処理に合わせる場合も考えられる。このため，投資会社の会計処理を連結子会社の会計処理に合わせている場合には，被投資会社の会計処理についても，当該連結子会社に合わせることとなる（「基準」25項）。

投資会社は，被投資会社の直近の財務諸表を使用する必要があるので，投資会社と被投資会社の決算日に差異があり，その差異の期間内に重要な取引又は事象が発生しているときには，必要な修正又は注記を行わなければならない（「基準」10項）。

投資会社の投資日における投資とこれに対応する被投資会社の資本との間に差額がある場合には，当該差額は「のれん」又は「負ののれん」とし，「のれん」は投資に含めて処理する（「基準」11項）。

ここにおける投資差額は，投資日における投資会社の投資原価と被投資会社の時価による資本に投資会社の持分比率を乗じた投資会社持分との差額であり，資本連結上の「のれん」又は「負ののれん」に相当する。

投資会社は，投資の日以降における被投資会社の利益又は損失のうち投資会社の持分又は負担に見合う額を算定して，投資の額を増額又は減額し，当該増減額を当期純利益の計算に含める（「基準」12項）。

　　　（借）関 係 会 社 株 式　　　×××　　　（貸）持分法による投資損益　　×××
　　　　　　　　　　　　　　　　　　又は
　　　（借）持分法による投資損益　　×××　　　（貸）関 係 会 社 株 式　　×××

投資の増減額の算定に当たっては，連結会社と持分法適用会社との間の取引に係る未実現損益を消去するための修正を行わなければならない（「基準」13項）。

被投資会社から配当金を受け取った場合には，当該配当金に相当する額を投資の額から減額する必要がある（「基準」14項）。

　　　（借）受 取 配 当 金　　　×××　　　（貸）関 係 会 社 株 式　　×××

持分法の適用に際しては,「重要性の原則」が適用されることとなるが,持分法のための被投資会社の財務諸表の修正,投資会社・持分法適用会社が採用する会計処理の原則・手続の統一,のれんの処理,未実現損益の消去等に関して,重要性が乏しいものについては,修正又は処理等を行わないことができる(「基準」26項)。

なお,持分法適用会社の範囲は「非連結子会社」と「関連会社」である。すなわち,非連結子会社及び関連会社に対する投資については,原則として「持分法」を適用しなければならない。ただし,持分法の適用により,連結財務諸表に重要な影響を与えない場合には,持分法適用会社としないことができる(「基準」6項)。

持分法の適用に際しては,被投資会社の財務諸表の適正な修正,資産・負債の評価に伴う税効果会計の適用等について,原則として,連結子会社の場合と同様の処理を行う。ただし,連結会計では,時価により評価する子会社の資産・負債の範囲については,非支配株主持分に相当する部分を含めて時価評価する「全面時価評価法」のみが適用されることとなったが,「持分法適用関連会社」については,投資会社の持分に相当する部分に限定する「部分時価評価法」がこれまでと同様に適用され,原則として,投資日ごとに当該日における時価によって評価する(「基準」8項,26-2項)。

「持分法適用関連会社」に対する投資が段階的に行われている場合には,これまでと同様に,原則として,投資日ごとの原価とこれに対する被投資会社の資本との差額は,のれん又は負ののれんとして処理する。なお,各投資日後に生じた「持分法適用関連会社」の利益剰余金のうち当該関連会社に対する投資に対応する部分は,投資会社の利益剰余金として処理する(「基準」11項,26-3項)。

連結財務諸表上,「持分法による投資損益」は,投資に係る損益であるため,一括して「営業外損益」の区分に表示され,経常損益に反映させる。なお,持分法を適用する被投資会社に係るのれんの当期償却額,減損処理額及び負ののれんも,「持分法による投資損益」に含めて表示される(「基準」16項,27項)。

なお,連結財務諸表には,次の事項を注記しなければならない(「基準」17項)。

(a) 持分法を適用した非連結子会社及び関連会社の範囲に関する事項及びこれらに重要な変更があったときは,その旨及びその理由
(b) 持分法の適用の手続について特に記載する必要があると認められる事項がある場合には,その内容

持分法の適用に当たっては,投資会社は,被投資会社の直近の財務諸表を使用するが,投資会社と被投資会社の決算日に差異があり,その差異の期間内に重要な取引又は事象が発生しているときには,必要な修正又は注記を行う(「基準」10項)。

ところで,連結財務諸表を作成していないが,個別財務諸表において持分法を適用して算定された財務情報に係る注記を行う場合にも,「基準」に準拠することとなる(「基準」3項)。

したがって,連結財務諸表を作成していない会社では,関連会社への投資に対して持分法を適用した場合の投資の金額及び投資損益の金額等の注記を行う場合の当該注記の金額については,「基準」の定めが適用されることとなる(「基準」22項)。

2

「関連会社」とは，企業（当該会社が子会社を有する場合には，当該子会社を含む）が，出資，人事，資金，技術，取引等の関係を通じて，子会社以外の他の企業の財務及び営業又は事業の方針の決定に対して重要な影響を与えることができる場合における当該他の会社をいう（「基準」5項）。

関連会社の範囲については，投資会社が直接・間接に議決権の一定以上（例えば20％以上）を所有しているかどうかにより判定を行う「持株基準」と，実質的な影響力の有無に基づいて判定を行う「影響力基準」の考え方があるが，「基準」では，従来の取扱いを踏襲し，「影響力基準」も採用されている（「基準」23項）。

つまり，「子会社以外の他の会社」の財務及び営業又は事業の方針決定に重要な影響を与えることができないことが明らかに示されない限り，当該他の会社は「関連会社」に該当する（「基準」5-2項）。

(a) 子会社以外の他の企業の議決権の20％以上を自己の計算において所有している場合
(b) 子会社以外の他の企業の議決権の15％以上20％未満を自己の計算において所有している場合であり，かつ，次のいずれかの要件に該当する場合
　(イ) 役員や使用人である者，又はこれらであった者であり，かつ，子会社以外の他の企業の財務・営業又は事業の方針決定に関して影響を与えることができる者が，当該子会社以外の他の企業の代表取締役，取締役又はこれらに準ずる役職に就任している。
　(ロ) 子会社以外の他の企業に対して重要な融資（債務の保証及び担保の提供を含む）を行っている。
　(ハ) 子会社以外の他の企業に対して重要な技術を提供している。
　(ニ) 子会社以外の他の企業との間に重要な販売，仕入その他の営業上又は事業上の取引がある。
　(ホ) 上記のほかに，子会社以外の他の企業の財務・営業又は事業の方針決定に対して重要な影響を与えることが推測される事業が存在する。
(c) 自己の計算において所有している議決権（当該議決権を所有していない場合を含む）と，自己と出資・人事・資金・技術・取引等に緊密な関係があることにより，自己の意思と同一内容の議決権を行使すると認められる者及び自己の意思と同一内容の議決権を行使することに同意している者が所有している議決権とを合わせて，子会社以外の他の企業の議決権の20％以上を占めているときであり，かつ，上記(b)の(イ)から(ホ)までのいずれかの要件に該当する場合

なお，更生会社，整理会社，破産会社等であり，かつ，当該会社の財務・営業又は事業の方針決定に対して重要な影響を与えることができないと認められる企業は，関連会社に該当しない（「基準」5-2項）。

「持分法適用関連会社」が欠損による債務超過に陥った場合には，欠損の負担責任が投資額の範囲内に限定されているならば，持分法による投資価額がゼロになるまで，投資会社は負担する必要がある。ただし，契約上の債務保証がある場合，他の株主との間で損失分担契約がある場合には，持分割合・損失分担割合等の合理的な負担割合に相当する額を投資会社の持分に負担させる。他の株主に資金力・資産がないため，投資会社のみが当該

関連会社の借入金に対し債務保証している場合等には，債務超過額全額を投資会社の持分に負担させる必要がある。なお，「持分法適用関連会社」に対し設備資金・運転資金等の貸付金等がある場合には，投資有価証券をゼロとした後には，投資額を超える部分について当該貸付金等を減額する。さらに，債務超過持分相当額が投資有価証券・貸付金等を上回る場合には，当該超過額は「持分法適用に伴う負債」として負債の額に計上される（実務指針第9号）。

3

投資会社（投資家）が投資した「関連会社株式」は，当該投資会社が財務・営業又は事業の方針決定に重要な影響を与えることができる関連会社の株式であり，当該関連会社の事業活動は投資会社の事業活動の一部を構成しているものとみなすことができる。

換言すれば，被投資会社（関連会社）の成果の獲得は投資会社の投資の成果とみなすことができるので，被投資会社が利益を獲得することによって，投資会社は「投資のリスク」から解放されたことになる。

「投資のリスク」から解放されたときに，投資会社は収益（利益）を認識することができるが，被投資会社（関連会社）の利益のうち投資会社に帰属する部分を認識・計上する。つまり，投資会社が投資した「関連会社」により獲得された利益のうち，投資会社に帰属する部分だけを認識・計上する「持分法」が採択されることとなる。

●「基準」の公表経緯・社会的背景

　昭和50年6月24日に企業会計審議会から「連結財務諸表原則」（以下「昭和50年連結原則」という）が公表された。当時では，持分法は比較的新しい会計手法であり，諸外国でも必ずしも広く実施されていなかったため，「昭和50年連結原則」では，持分法の規定を設けたものの，当面の間，その適用を強制しないものとされた。

　「昭和50年連結原則」は何度か修正されてきたが，平成9年6月6日に全面改訂された「連結財務諸表原則」（以下「平成9年連結原則」という）が企業会計審議会から公表されている。「平成9年連結原則」では，関連会社の範囲の判定基準として「影響力基準」が明確に規定され，持分法も強制適用される。

　このように，持分法に関する会計処理は「連結財務諸表原則」に基づいて行われてきたが，「昭和50年連結原則」及び「平成9年連結原則」においては，親会社・子会社の会計処理については原則として統一するとされているものの，投資会社及び持分法適用関連会社については統一すべきか否かが明示されていなかった。

　しかしながら，会計基準の国際的コンバージェンスを進めるに当たり，持分法適用会社の会計処理の原則・手続について，従来の取扱いの見直しが要請された。これに伴って国際的な会計基準と同様に，持分法に関する会計処理等に係る取扱いを「平成9年連結原則」とは別の会計基準として整備することとされ，「基準」が平成20年3月10日に公表されるに至った。

　なお，「基準21号」（企業結合に関する会計基準），「基準22号」（連結財務諸表に関する会計基準）の（改訂）公表に伴い，平成20年12月26日に一部修正されている。

●「基準」設定前の制度との相違点

　「昭和50年連結原則」及び「平成9年連結原則」においては，「投資会社」及び持分法適用対象の「関連会社」については，その会計処理を統一すべきか否かが明示されておらず，原則として統一することが望ましいと解されてきた。また，持分法適用対象となる「非連結子会社」に至っては，必ずしも統一することを要しないと考えられてきた。

　しかし，会計基準の国際的なコンバージェンスが進展するに当たり，持分法適用対象となる「非連結子会社」や「関連会社」の会計処理の原則及び手続について，従来の取扱いが見直しされた。

　つまり，同一環境下で行われた同一の性質の取引等について，投資会社及び被投資会社が採用する会計処理の原則・手続は，連結子会社と同様に，原則として統一される。会計処理の原則・手続の統一が被投資会社の財務諸表上で行われていない場合には，持分法を適用するに際しては，統一するための修正を行わなければならない（「基準」25項）。

〔問題34〕 (セグメント情報等の開示に関する会計基準)

1(1)

| ① | 量的基準 ❶ | ② | 経済的特徴 ❶ | ③ | 種　類 ❶ | ④ | 販売方法 ❶ |

(2)

| 収益を稼得し，費用が発生する事業活動に関わる。　❶ |
| 最高経営意思決定機関が，当該構成単位に配分すべき資源に関する意思決定を行い，その業績を評価するために，その経営成績を定期的に検討する。　❶ |
| 分離された財務情報を入手できる。　❶ |

(3)

| セグメント情報等の開示によって，財務諸表利用者が企業の過去の業績を理解し，将来のキャッシュ・フローの予測を適切に評価できるように，当該企業の種々の事業活動の内容と経営環境に関する適切な情報が提供されなければならない。　❷ |

(4)

| 売上高がすべての事業セグメントの売上高の合計額の10％以上である。　❶ |
| 利益又は損失の絶対値が，利益の生じているすべての事業セグメントの利益の合計額，又は損失の生じているすべての事業セグメントの損失の合計額の絶対値のいずれか大きい額の10％以上である。　❶ |
| 資産がすべての事業セグメントの資産の合計額の10％以上である。　❶ |

2(1)

| 最高経営意思決定機関が意思決定を行い，業績評価のために使用する事業部，部門，子会社又は他の内部単位に対応する企業の構成単位に関する情報を提供する。　❷ |
| 最高経営意思決定機関が業績評価のために使用する報告において，特定の金額を配分する場合にのみ，当該金額を構成単位に配分する。　❷ |
| セグメント情報の作成のために採用する会計方針は，最高経営意思決定機関が資源を配分し，業績評価のための報告の中で使用するものと同一にする。　❷ |

(2)

| 財務諸表利用者が経営者の視点で企業を見ることにより，経営者の行動を予測し，その予測を企業の将来キャッシュ・フローの評価に反映することが可能になる。　❶ |
| セグメント情報の基礎となる財務情報は，経営者が利用するために既に作成されており，企業が必要とする追加的費用が比較的少ない。　❶ |
| 実際の企業の組織構造に基づく区分を行うため，その区分に際して恣意性が入りにくい。　❶ |

(3)

| 企業の組織情報に基づく情報であるため，企業間比較が困難であり，また，同一企業の年度間比較が困難になる。　❷ |
| 内部的に利用される財務情報に基づく情報の開示を要求することには，企業の事業活動の障害となる可能性がある。　❷ |

〔問題34〕（セグメント情報等の開示に関する会計基準）

1

「基準」は，「セグメント情報」の開示のほかに，下記情報を含めた「セグメント情報等」の開示を要求する（「基準」1項，29項～34項）。

(a) セグメント情報の関連情報
(b) 固定資産の減損損失に関する報告セグメント別情報
(c) のれんに関する報告セグメント別情報

「セグメント情報等の開示」の基本原則は，財務諸表利用者が，企業の過去の業績を理解し，将来のキャッシュ・フローの予測を適切に評価できるように，企業が行う様々な事業活動の内容及びこれを行う経営環境に関して適切な情報が提供されることである（4項）。

なお，従来，セグメント情報は連結財務諸表の注記情報としてのみ要求されてきたが，「基準」では，すべての企業の連結財務諸表又は個別財務諸表におけるセグメント情報等の開示が要求される。連結財務諸表で「セグメント情報等」の開示を行っている場合には，個別財務諸表での開示を要しない（「基準」3項）。

「基準」でいう「セグメント情報」とは，企業の構成単位であり，次の要件のすべてに該当するものをいう（「基準」6項）。

(1) 収益を稼得し，費用が発生する事業活動に関わる（同一企業内の他の構成単位との取引に関連する収益及び費用を含む）。
(2) 企業の最高経営意思決定機関が，当該構成単位に配分すべき資源に関する意思決定を行い，また，その業績を評価するために，その経営成績を定期的に検討する。

   なお，「最高経営意思決定機関」とは，企業の事業セグメントに資源を配分し，その業績を評価する機能を有する主体のことをいう（「基準」8項）。具体的には，取締役会，執行役員会議といった会議体である場合，最高経営責任者（CEO）又は最高執行責任者（COO）といった個人である場合などが考えられている（「基準」63項）。
(3) 分離された財務情報を入手できる。

企業の構成単位として識別された「セグメント情報」のうち，下記の「集約基準」及び「量的基準」に基づいて「報告セグメント」が決められる（「基準」10項～12項）。

(A) 集約基準

複数の事業セグメントが次の要件のすべてを満たす場合，当該事業セグメントを1つの事業セグメントに集約することができる。

(1) 当該事業セグメントを集約することが，セグメント情報を開示する「基本原則」と整合している。
(2) 当該事業セグメントの経済的特徴が概ね類似している。
(3) 当該事業セグメントの次のすべての要素が概ね類似している。
   ① 製品及びサービスの内容
   ② 製品の製造方法又は製造過程，サービスの提供方法
   ③ 製品及びサービスを販売する市場又は顧客の種類
   ④ 製品及びサービスの販売方法
   ⑤ 銀行，保険，公益事業等のような業種に特有の規制環境

(B) 量的基準

次の量的基準のいずれかを満たす事業セグメントを「報告セグメント」として開示しなければならない。
(1) 売上高（事業セグメント間の内部売上高又は振替高を含む。）がすべての事業セグメントの売上高の合計額の10％以上である。
(2) 利益又は損失の絶対値が，①利益の生じているすべての事業セグメントの利益の合計額，又は②損失の生じているすべての事業セグメントの損失の合計額の絶対値のいずれか大きい額の10％以上である。
(3) 資産が，すべての事業セグメントの資産の合計額の10％以上である。

このような基準により決定された「報告セグメント」の情報として，次の事項が開示されなければならない（「基準」17項～25項）。
(1) 報告セグメントの概要
　(イ) 報告セグメントの決定方法
　(ロ) 各報告セグメントに属する製品及びサービスの種類
(2) 各報告セグメントの利益（又は損失），資産，負債及びその他の重要な項目の額（外部顧客への売上高，事業セグメント間の内部売上高又は振替高，減価償却費（無形固定資産の償却費を含む），受取利息・支払利息，持分法投資利益（又は損失），特別利益・特別損失，税金費用（法人税等及び法人税等調整額）等）並びにその測定方法に関する事項
(3) 上記開示項目の合計額とこれに対応する財務諸表計上額との間の差異調整に関する事項
　(イ) 報告セグメントの売上高の合計額と損益計算書の売上高計上額
　(ロ) 報告セグメントの利益（又は損失）の合計額と損益計算書の利益（又は損失）計上額
　(ハ) 報告セグメントの資産の合計額と貸借対照表の資産計上額
　(ニ) 報告セグメントの負債の合計額と貸借対照表の負債計上額
　(ホ) その他の開示される各項目に関する報告セグメントの合計額とその対応する科目の財務諸表計上額

なお，ある事業セグメントの量的な重要性の変化により，報告セグメントとして開示する事業セグメントの範囲を変更する場合には，その旨及び前年度のセグメント情報を当年度の報告セグメントの区分により作り直した情報を開示しなければならない。ただし，その開示が実務上困難である場合（必要な情報の入手が困難である場合，当該情報を作成するために過度の負担を要する場合）には，セグメント情報に与える影響を開示することができる（「基準」16項）。

セグメント情報の中で同様の情報が開示されている場合を除き，次の事項を「セグメント情報の関連情報」として開示しなければならない。当該関連情報に開示される金額は，当該企業が財務諸表を作成するために採用した会計処理に基づく数値によるものとする（「基準」29項～32項）。

(1) 製品及びサービスに関する情報

主要な個々の製品又はサービスあるいはこれらの種類や性質，製造方法，販売市場等の類似性に基づく同種・同系列のグループ（製品・サービス区分）ごとに，外部顧客への売上

高を開示する。

なお，当該事項を開示することが実務上困難である場合には，当該事項の開示に代えて，その旨及びその理由を開示する。

(2) **地域に関する情報**
　(イ) 国内の外部顧客への売上高に分類した額と海外の外部顧客への売上高に分類した額
　(ロ) 国内に所在している有形固定資産の額と海外に所在している有形固定資産の額

(3) **主要な顧客に関する情報**

主要な顧客がある場合には，その旨，当該顧客の名称又は氏名，当該顧客への売上高及び当該顧客との取引に関連する主な報告セグメントの名称を開示する。

なお，報告すべきセグメントが1つしかなく，セグメント情報を開示しない企業であっても，「セグメント情報の関連情報」を開示しなければならない。

「セグメント情報」及び「セグメント情報の関連情報」のほかに，財務諸表利用者にとって有用となる情報として「固定資産の減損損失に関する報告セグメント別情報」及び「のれんに関するセグメント別情報」が開示される。

損益計算書に固定資産の減損損失を計上しており，セグメント情報の中で同様の情報を開示していない場合，財務諸表を作成するために採用した会計処理に基づく数値によって，その報告セグメント別の内訳を開示しなければならない（「基準」33項）。

また，損益計算書にのれんの償却額又は負ののれんの償却額を計上している場合には，財務諸表作成のために採用した会計処理に基づく数値によって，その償却額及び未償却残高に関する報告セグメント別の内訳をそれぞれ開示しなければならない（「基準」34項）。損益計算書に重要な「負ののれん」を認識した場合には，当該負ののれんを認識した事象について，その報告セグメント別の概要を開示しなければならない（「基準」34-2項）。

なお，「会計上の変更」又は「過去の誤謬の訂正」を行う場合，財務諸表を作成するために採用した会計処理に基づく数値によるセグメント情報等に影響を与えるので，財務諸表の「遡及処理」を行い，前年度のセグメント情報等について，「遡及処理」の影響を反映した情報を開示する必要がある（「基準」97-2項）。

2

「基準」では，米国基準と同様に，経営上の意思決定を行い，経営者による業績評価のために企業を事業の構成単位に分別した方法を基礎とする「マネジメント・アプローチ」が導入されている。「マネジメント・アプローチ」の特徴は，次の点にある（「基準」46項）。

(1) 企業の組織構造，すなわち，最高経営意思決定機関が経営上の意思決定を行い，また，企業の業績を評価するために使用する事業部，部門，子会社又は他の内部単位に対応する企業の構成単位に関する情報を提供すること
(2) 最高経営意思決定機関が業績を評価するために使用する報告において，特定の金額を配分している場合にのみ，当該金額を構成単位に配分すること
(3) セグメント情報を作成するために採用する会計方針は，最高経営意思決定機関が資源を配分し，業績を評価するための報告の中で使用するものと同一にすること

上記のような特徴を有する「マネジメント・アプローチ」には，次のような長所と短所があるが，これらを比較検討した結果，財務諸表利用者が経営者の視点で企業を理解でき

る情報を財務諸表に開示することによって，財務諸表利用者の意思決定により有用な情報を提供することができるので，「マネジメント・アプローチ」が採択された（「基準」46項〜50項）。

(A) マネジメント・アプローチの長所
 (1) 財務諸表利用者が経営者の視点で企業を見ることにより，経営者の行動を予測し，その予測を企業の将来キャッシュ・フローの評価に反映することが可能になる。
 (2) 当該セグメント情報の基礎となる財務情報は，経営者が利用するために既に作成されており，企業が必要とする追加的費用が比較的少ない。
 (3) 実際の企業の組織構造に基づく区分を行うため，その区分に際して恣意性が入りにくい。

(B) マネジメント・アプローチの短所
 (1) 企業の組織構造に基づく情報であるため，企業間の比較を困難にし，また，同一企業の年度間の比較が困難になる。
 (2) 内部的に利用されている財務情報を基礎とした情報の開示を要求することは，企業の事業活動の障害となる可能性がある。

● 「基準」の公表経緯・社会的背景

　わが国企業の経営多角化・国際化等に伴い，証券取引法に基づくディスクロージャー制度における財務情報の充実を図るために，連結財務諸表の付随情報として「セグメント情報」を開示するための会計基準として，昭和63年5月26日に企業会計審議会が「セグメント情報の開示基準」を公表した。

　この開示基準では，連結財務諸表の注記事項として，「事業の種類別セグメント情報」，「所在地別セグメント情報」及び「海外売上高」の3つのセグメント情報の開示が要求されてきた。これらのセグメント情報の開示は，多角化・国際化した企業経営の過去の業績と将来の予測について財務諸表利用者に有用な情報を提供するものであったが，現実的には，重要性が低いという理由により，大企業の2割近くが「事業の種類別セグメント情報」を作成していなかった。

　このような現状及び会計基準の国際的コンバージェンスを鑑み，ＡＳＢＪは平成20年3月21日に「基準」を公表し，平成21年3月27日に一部修正している。

● 「基準」設定前の制度との相違点

　従来，「事業の種類別セグメント情報」，「所在地別セグメント情報」及び「海外売上高」の3つのセグメント情報が，連結財務諸表の注記情報として開示されてきた。

　「基準」では，「セグメント情報等」として，(1)セグメント情報，(2)セグメント情報の関連情報，(3)固定資産の減損損失に関する報告セグメント別情報及び(4)のれんに関する報告セグメント別情報の開示が要求されている。しかも，すべての企業の連結財務諸表又は個別財務諸表において，「セグメント情報等」の開示を要する。

　従来の「事業の種類別のセグメント情報」と「所在地別セグメント情報」は，マネジメント・アプローチを採用した場合，類似の製品・サービスあるいは地域によって分割されたセグメント情報が開示されない可能性があるため，これらの情報を開示していない場合には，「関連情報」として一定の情報の開示が求められた。また，主要な顧客に関する情報も「関連情報」として開示される（「基準」55項）。

　なお，「基準」では，「セグメント情報」及び「セグメント情報の関連情報」に加えて，「固定資産の減損損失に関する報告セグメント別情報」及び「のれんに関する報告セグメント別情報」の開示が，財務諸表利用者にとっての有用な情報として要求されている。

〔問題35〕 （資産除去債務に関する会計基準）

1 (1)

①	高 い ❷	②	発生確率 ❷	③	時間価値 ❷
④	帳簿価額 ❷	⑤	減価償却 ❷		

(2)

> 有形固定資産の除去とは，有形固定資産を用役提供から除外することをいい，除去の具体的な態様としては，売却，廃棄，リサイクル等がある。❷

(3)

> 有形固定資産の取得・建設・開発又は通常の使用によって生じ，当該有形固定資産の除去に関して法令・契約で要求される法律上の義務及びそれに準ずるもの ❷

2

> 割引前の将来キャッシュ・フローに信用リスクによる加算が含まれていない以上，割引後の金額（割引価値）を算出する割引率も無リスクの割引率とすることが整合的である。同一内容の資産除去債務について信用リスクの高い企業の方が高い割引率を用いることにより，負債計上額が少なくなる結果は財政状態を適切に示さない。資産除去債務の性格上，自らの不履行の可能性を前提とする会計処理は適当ではない。❹

3 (1)

> 資産負債の両建処理は，有形固定資産の取得に付随して生じる除去費用の未払の債務を負債として計上すると同時に，対応する除去費用をその取得原価に含めることにより，当該資産への投資について回収すべき額を引き上げる。有形固定資産の除去時に不可避的に生じる支出額を付随費用と同様に取得原価に加えた上で，減価償却を通じて費用配分を行い，さらに，資産効率の観点からも有用と考えられる情報を提供する。❺

(2)

> 引当金処理の場合には，有形固定資産の除去に必要な金額が貸借対照表に計上されないことから，資産除去債務の負債計上が不十分である。❷

〔問題36〕（資産除去債務に関する会計基準）

1(1)

①	有形固定資産 ❶	②	時　点 ❶	③	負債計上時 ❶
④	加重平均 ❶	⑤	時の経過 ❶	⑥	減価償却費 ❶

(2)

当初認識時では予測できなかった技術革新・価格変動・インフレ率等 ❷
当初認識時における法律では法的義務等に該当しなかったが，法律の制定・改正等による資産除去の義務化 ❷

2

割引前の将来キャッシュ・フローに重要な見積りの変更が生じた場合，将来キャッシュ・フローの増加部分は新たな負債の発生と同様のものとみなされ，その調整額に適用する割引率としては，当該増額変更時点の割引率が適用される。　❹

3(1)

(a)	資産除去債務に係る負債・資産の残高を過年度に遡及して修正する方法 ❷
(b)	資産除去債務に係る負債・資産の残高の調整を行い，その調整の効果を一時の損益とする方法 ❷
(c)	資産除去債務に係る負債及び関連する有形固定資産の帳簿価額に加減し，減価償却を通じて残存耐用年数にわたり費用配分する方法 ❷

(2)

将来キャッシュ・フローの見積りの変更は会計上の見積りの変更であり，会計上の見積りの変更については，国際的な会計基準では将来に向かって修正する方法が採用され，わが国の会計慣行でも耐用年数の変更には影響額を変更後の残存耐用年数で処理する方法が一般的であるので，「プロスペクティブ・アプローチ」により処理することとされた。　❺

〔問題35〕（資産除去債務に関する会計基準）

1

「資産除去債務」とは，有形固定資産の取得・建設・開発又は通常の使用によって生じ，当該資産の除去に関しては法令又は契約で要求される法律上の義務又はそれに準ずるものをいう（「基準」3項(1)）。

「通常の使用」とは，有形固定資産を意図した目的のために正常に稼動させることをいい，例えば当該資産の除去義務が不適切な操業等の「異常な使用」によって発生した場合には，資産除去債務に該当しない（「基準」26項）。

資産除去債務の適用対象となる有形固定資産には，建設仮勘定，リース資産，投資不動産も含まれる（「基準」23項）。

有形固定資産の「除去」とは，有形固定資産を用役提供から除外することをいう。具体的な様態としては，売却・廃棄・リサイクルその他の方法による処分等は含まれるが，転用や用途変更は企業が自らの使用を継続し，当該資産を用役提供から除外していないので，含まれない（「基準」3項(2)，30項）。

資産除去債務は有形固定資産の除去に関連するものに限定されているため，有形固定資産の使用期間中に実施する環境修復や修繕は資産除去債務の対象とはならない（「基準」24項）。

なお，「法律上の義務の準ずるもの」には，有形固定資産の除去そのものを義務とするものではなくとも，有形固定資産を除去する際に当該資産に使用されている有害物質等を法律等の要求により，特別な方法で除去するという義務も含まれる（「基準」3項(1)）。

企業が負う将来の負担を財務諸表に反映させることが投資情報として有用であるとみなされるならば，「資産除去債務」は法令・契約で要求される法律上の義務だけに限定されていない。

「法律上の義務に準ずるもの」は，債務の履行を免れることがほぼ不可能な義務（すなわち，発生の可能性が高い債務）であり，法律上の義務とほぼ同等の不可避的な義務を指す。具体的には，法律上の解釈により当事者間での清算が要請される債務，過去の判例・通達等のうち法律上の義務とほぼ同等の不可避的な支出が義務付けられているものがそれに該当する。したがって，企業の自発的な計画のみによって行われる資産除去は，「法律上の義務に準ずるもの」には該当しない（「基準」28項）。

資産除去債務の典型例としては，原子力発電施設の解体に伴う債務がある。有形固定資産を除去する義務として，例えば，鉱山等の原状回復義務，定期借地権契約で賃借した土地の上に建設した建物・構築物を除去する義務，賃借建物の原状回復義務などが考えられる。有害物質等を特別の方法で除去する義務としては，例えば，アスベスト・PCBの除去の義務などが考えられる。

2

合理的で説明可能な仮定・予測に基づく自己の支出見積りとして，「割引前の将来キャッシュ・フロー」を計算する際には，次のような情報を基礎とする（適用指針21号，3項）。

(a) 有形固定資産の除去に必要な平均的処理作業に対する価格の見積り
(b) 有形固定資産を取得した際に，取引価額から控除された当該資産に係る除去費用の算定の基礎となった数値
(c) 過去において類似資産に発生した除去費用の実績
(d) 有形固定資産への投資の意思決定を行う際に見積もられた除去費用
(e) 資産除去サービス業者など第三者からの情報

「割引前の将来キャッシュ・フロー」の見積金額には，(1)生起する可能性の最も高い単一の金額（最頻値という），(2)生起し得る複数のキャッシュ・フローをそれぞれの発生確率で加重平均した金額（期待値という）が用いられる。単一の最頻値を用いる場合，他の生起可能性は一切無視されるので，資産除去債務の見積金額が広く分布しているときは，加重平均値を用いる「期待値」が適切な見積金額になると思われる。

上記の情報により計算された見積額は，さらに，インフレ率や見積値から乖離するリスクにより修正される。また，合理的で説明可能な仮定・予測に基づいて，技術革新などによる影響額を見積もる場合には，これを反映させる（適用指針21号，3項）。

割引前の将来キャッシュ・フローの割引計算に利用する割引率として，米国では，「信用リスク調整後リスク・フリー・レート」が採用されている。

信用リスクを反映させた割引率は，割引前の将来キャッシュ・フローに自己の信用リスクの影響を反映させている場合には整合的である。割引前の将来キャッシュ・フローに信用リスクの影響を反映させていない場合であっても，翌期以降に利息費用を計上するので，当該企業の信用状態に合わせて調整した「信用リスク調整後リスク・フリー・レート」が用いられるべきであろう。将来のキャッシュ・フローが信用リスクに関わりなく生じる支出額であるときには，信用リスクを反映させた割引率で割り引いた現在価値が負債の時価になると考えられる（「基準」40項）。

ところが，「基準」(6項(2)) は，割引率として，「貨幣の時間価値」を反映した無リスクの税引前の利率を採用する。

有利子負債やリース債務と異なり，明示的な金利キャッシュ・フローを含まない資産除去債務については，次のような理由により，「無リスクの割引率」が用いられる（「基準」40項）。

(1) 退職給付債務と同様に，無リスクの割引率の利用が会計基準全体の体系と整合的であること
(2) 割引前の将来キャッシュ・フローとして自己の信用リスクによる影響が加味されない見積額が利用されている以上，割引後のキャッシュ・フローを算出する割引率も無リスクの割引率とするのが整合的であること
(3) 同一内容の資産除去債務について信用リスクの高い企業の方が高い割引率を用いることにより，負債計上額が少なくなる結果は財政状態を適切に示さないこと
(4) 資産除去債務の性格上，自己の不履行の可能性を前提とする会計処理は適当でないこと

無リスクの割引率は，原則として，将来キャッシュ・フローが発生するまでの期間に対応した「利付国債」の流通利回りなどを参考にして決定される（適用指針21号，23項）。

3

　無リスク・レートにより算定された資産除去債務に対応する資産除去費用は，資産除去債務を負債として計上した時に，当該負債と同額を関連する有形固定資産の帳簿価額に加える。資産化された資産除去費用は，減価償却を通じて，当該有形固定資産の残存耐用年数にわたり各期に費用配分される（「基準」7項）。

　資産除去サービスに係る支払いが後日であっても，「現在の債務」として資産除去債務を計上するとともに，同額を当該資産の取得原価に算入する「資産・負債の両建処理」は，取得時の投資支出額のほかに資産除去支出額も取得原価に加えた上で，減価償却を通じて回収すべき金額を引き上げる方法である。一般的には，有形固定資産の取得原価には，購入代価のほかに，取得時点における付随費用（例えば，購入手数料，運送費，荷役費，据付費，試運転費等）が算入されるが，「資産・負債の両建処理」では，資産除去時点における資産除去費用も当該資産の取得原価に算入され，減価償却化されることになる。

　つまり，資産除去取引を資産取得取引と一体のものとして捉え，取得時点ばかりではなく除去時点に必要となる費用も取得原価に算入することによって，資産除去費用は減価償却の追加費用として取り扱われている。

　資産除去債務の発生時に，当該債務額を合理的に見積もることができない場合には，これを計上せず，合理的に見積もることができるようになった時点で負債として計上する（「基準」52項）。

　「資産除去債務を合理的に見積もることができない場合」とは，決算日現在に入手可能なすべての証拠を勘案し，最善の見積りを行ってもなお，合理的に金額を算定できない場合をいう。このような場合には，注記を要する（適用指針21号，2項）。

　資産除去債務の会計処理に関して，重要性が乏しい場合を除き，次の事項を注記しなければならない（「基準」16項）。

(イ)　資産除去債務の内容に関する簡潔な説明
(ロ)　支出発生までの見込期間，適用した割引率等の前提条件
(ハ)　資産除去債務の総額の期中における増減内容
(ニ)　資産除去債務の見積りを変更したときは，その変更の概要と影響額
(ホ)　資産除去債務額を合理的に見積もることができないため，貸借対照表に負債として計上していない場合には，当該債務の概要，合理的に見積もることができない旨及びその理由

　なお，時の経過による資産除去債務の調整額は，その発生時の費用として処理される。当該調整額は，期首の負債の帳簿価額に当初負債計上時点の割引率を乗じて算定される（「基準」9項）。この調整額は，退職給付会計における「利息費用」と同様の性格を有する（「基準」48項）。

　ただし，実際の資金調達活動による費用ではないこと，利息費用が退職給付費用の一部を構成するものとして整理されていることを考慮し，損益計算書上，当該資産の「減価償却費」と同じ区分に含めて計上する（「基準」14項，55項）。

　例えば，使用後に資産除去の法的義務があるアスベスト含有の構築物（取得原価300,000，耐用年数3年，残存価額0，定額法による）をt_1期首に取得し，使用後に支出する資産除去費用を30,000と見積もっていたが，t_4期中における実際の支出額は30,200であり，当初

認識時における割引率が3%であると仮定した場合，資産計上額・負債計上額・減価償却費及び増加費用（利息費用）に関する仕訳処理は，次のとおりである（適用指針21号，〔設例1〕大幅修正）。

t_1期首（資産取得時）：

  （借）構　築　物　　327,454　　（貸）現　金　預　金　300,000
                 資 産 除 去 債 務　 27,454※1

   ※1　$30,000 \div 1.03^3 = 27,454$

t_1期末（減価償却時，時の経過による資産除去債務の増加時）：

  （借）減 価 償 却 費　109,151※2　（貸）減価償却累計額　109,151
    利　息　費　用　　　824　　 資 産 除 去 債 務　　　824※3

   ※2　$327,454 \div 3年 = 109,151$
   ※3　$27,454 \times 3\% = 824$

t_2期末（減価償却，資産除去債務の増加）：

  （借）減 価 償 却 費　109,151　　（貸）減価償却累計額　109,151
    利　息　費　用　　　848　　 資 産 除 去 債 務　　　848※4

   ※4　$(27,454 + 824) \times 3\% = 848$

t_3期末（減価償却，資産除去債務の増加）：

  （借）減 価 償 却 費　109,152　　（貸）減価償却累計額　109,152
    利　息　費　用　　　874　　 資 産 除 去 債 務　　　874※5

   ※5　$(27,454 + 824 + 848) \times 3\% = 874$

t_4期末（資産除去と資産除去債務の履行）：

  （借）減価償却累計額　　327,454　　（貸）構　築　物　　327,454
    資 産 除 去 債 務　 30,000※6　　 現　金　預　金　 30,200
    資産除去債務履行差損　　200

   ※6　$27,454 + 824 + 848 + 874 = 30,000$

〔問題36〕（資産除去債務に関する会計基準）

1

当初認識時において資産除去債務（及び資産除去費用の資産化額）の公正価値を測定するためには，(1)有形固定資産の除去に要する「割引前の将来キャッシュ・フロー」及び(2)公正価値の算定に適用する「割引率」の2つの計算要素が必要である。

ただし，これらの計算要素の算定には，多くの見積りと仮定を前提とする。その前提が何らかの理由により崩れ，資産除去債務の見積りを変更しなければならない状況に遭遇する場合もある。

例えば，当初認識時点には予測できなかった技術革新や価格変動により，「割引前の将来キャッシュ・フロー」に関する見積りに変更を加えざるを得ない事態も生ずる。当初認識時における法律では法的義務等に該当しなかったが，法律の制定・改正等が行われたことにより，資産除去債務の履行が義務づけられ，将来キャッシュ・フローが新たに生じることもある。

当初認識後には，想定外の理由・原因等により，「割引前の将来キャッシュ・フロー」の見積変更を行う必要がある。「割引前の将来キャッシュ・フロー」に重要な見積りの変更が生じた場合，当該見積りの変更による調整額は，資産除去債務の帳簿価額及び関連する有形固定資産の帳簿価額に加減して処理する。資産除去債務が法令の改正等により新たに発生した場合も，見積りの変更と同様に取り扱う（「基準」10項）。

2

資産除去債務の算定にとって決定的な計算要素である「割引率」が市場利子率等の変動によって変動した場合にも，当初認識時における見積りは修正・変更する必要がある。

その場合，当初認識時に見積もった将来キャッシュ・フローの変更分には古い「当初認識時の割引率」を，新規に見積もった債務には新しい「変更時の割引率」を適用することが考えられる。

ただし，当初認識した債務の見積りに対する修正に帰属するキャッシュ・フローの変動額と新規の債務から生じるキャッシュ・フローの変動額を区分することは困難である。

実務上の理由から，「割引前のキャッシュ・フロー」の増額変更には「変更時の割引率」が適用され，減額変更には「当初認識時（負債計上時）の割引率」が適用される。

割引前の将来キャッシュ・フローに重要な見積りの変更が生じ，当該キャッシュ・フローが増加する部分は，新規に負債が生じたものとみなされ，その時点の割引率が適用されている。

なお，過去に「割引前の将来キャッシュ・フロー」の見積りが増加した場合で，減少部分に適用すべき割引率を特定できないときは，減額変更によるキャッシュ・フローの変動分を測定するためには「加重平均割引率」を使う（「基準」11項）。

つまり，割引前の将来キャッシュ・フローに重要な見積りの変更が生じた場合の割引率は，次のとおりである。

キャッシュ・フローが増額変更した場合：その増額変更時点の割引率

キャッシュ・フローが減額変更した場合：負債計上時（当初認識時）の割引率

過去にキャッシュ・フローの見積りが増加した場合で，減少部分に適用すべき割引率を特定できないとき：加重平均した割引率

資産除去債務履行時の資産除去債務計上額と当該債務決済のために実際に支払われた額との「履行差額」は，除去費用の総額が固定資産の利用期間にわたって配分され，将来キャッシュ・フローに重要な見積りの変更が生じた場合には資産除去債務の計上額が見直されることを前提とすれば，固定資産の取得原価に含められて減価償却を通じて費用処理された除去費用と異なるものではないので，原則として，「減価償却費」と同じ区分に含めて計上する（「基準」56項〜57項）。

なお，当初の除去予定時期よりも著しく早期に除去する場合等，当該履行差額が異常な原因により生じた場合には，特別損益として処理する（「基準」58項）。

3

資産除去債務の見積りの変更から生じる調整額に対する会計処理としては，次のような3つの方法がある（「基準」50項）。

(1) 資産除去債務に係る負債及び関連する有形固定資産の帳簿価額に加減し，減価償却を通じて残存耐用年数にわたり費用配分を行う「プロスペクティブ・アプローチ」
(2) 資産除去債務に係る負債及び有形固定資産の残高の調整を行い，その調整の効果を一時の損益とする「キャッチアップ・アプローチ」
(3) 資産除去債務に係る負債及び有形固定資産の残高を過年度に遡及して修正する「レトロスペクティブ・アプローチ」（遡及処理）

このような会計上の見積りの変更については，(イ)国際的な会計基準では将来に向かって修正する方法が採用されていること，(ロ)わが国の現行会計慣行でも耐用年数の変更には影響額を変更後の残存耐用年数で処理する方法が一般的であることなどから，上記(1)の「プロスペクティブ・アプローチ」で処理される（「基準」51項）。

この場合，割引前の将来キャッシュ・フローの見積りの変更による調整額は，資産除去債務に係る負債の帳簿価額及び関連する有形固定資産の帳簿価額に加減する（「基準」51項）。

なお，資産除去債務が法令の改正等により新たに発生した場合に，影響が特に需要であれば，重要な法律改正又は規制強化による法律的環境の著しい悪化として，「減損の兆候」に該当する（「基準」52項）。

また，合理的に見積もることができなかった資産除去債務の金額を合理的に見積もることができるようになった場合にも，将来キャッシュ・フローの見積りの変更と同様に処理する。ただし，資産に係る将来キャッシュ・フローに関する不利な予想が明確になったものであるから，「減損の兆候」として扱う（「基準」52項）。

●「基準」の公表経緯・社会的背景

　わが国においては，従来，電力業界で原子力発電施設の解体費用に対して発電実績に応じて「解体引当金」を計上する事例はあったものの，国際的な会計基準のように，有形固定資産の解体・撤去・原状回復の資産除去サービスに係る支払いが将来の資産除去時点であっても現在の債務として割引価値で負債計上するとともに，同額を付随費用として当該資産の取得原価（又は帳簿価額）に算入する「資産負債の両建処理」は行われていなかった。

　有形固定資産の除去に関する将来の負担を財務諸表に反映させることは投資情報として役立つという指摘や会計基準の国際的コンバージェンスの観点から，資産除去債務の会計処理に関する「基準」が公表された（「基準」22項）。

●「基準」設定前の制度との相違点

　従来，資産除去サービスを受ける時点に発生している費用を計上する「費用処理」，あるいは引当金の設定要件を満たすならば，資産除去サービスに係る費用を有形固定資産の使用に応じて適切に各期に費用計上し，それに対応する金額を負債として計上する「引当金処理」が採用されてきた。

　また，「連続意見書　第三」（第一・四）によれば，残存価額とは，固定資産の耐用年数到来時において予想される当該資産の売却価格又は利用価格であり，解体・撤去・処分等のために費用を要するときには，これを売却価格又は利用価格から控除した額をもって残存価額としなければならない。この場合，解体・撤去・処分等のための資産除去費用は，「負の残存価額」とみなされている。当初の残存価額から資産除去費用を控除するということは，当該資産の当初における減価償却費に資産除去費用を加算した金額をもって「要償却額」とし，減価償却を行うことになる。資産除去費用を減価償却費の追加費用として取り扱い，資産除去費用を残存価額から差し引き，要償却額に加算する会計処理方法は，「残存価額控除法」と呼ぶことができるであろう。

　「基準」が採用する「資産負債の両建処理」は，有形固定資産の解体・撤去・原状回復の資産除去サービスに係る支払いが後日であっても，現在の「資産除去債務」として割引価値で負債計上するとともに，同額を付随的費用として当該資産の取得原価（又は帳簿価額）に算入し，減価償却の一部として耐用年数にわたり償却する方法である。この方法は，資産取得時に資産除去時の資産除去費用を現在価値で資産化する会計処理であるので，「現在価値資産化法」と呼ぶことができるであろう。

〔問題37〕 (賃貸等不動産の時価等の開示に関する会計基準)

1(1)

①	投　資 ❶	②	遊　休 ❶	③	総　額 ❶
④	貸借対照表計上額 ❶	⑤	損　益 ❶		

(2)

賃貸収益又はキャピタル・ゲインの獲得を目的として保有される不動産　❷

(3)

将来の使用が見込まれていない遊休不動産は，売却を予定されている不動産と同様に，処分によるキャッシュ・フローしか期待されていないため，時価が企業にとっての価値を示すものと考えられる。　❸

(4)

利用者に対する付随的なサービスの重要性を判断基準とすることが実務上容易ではないこと，会計処理ではなく時価等の注記を行う開示対象範囲の問題であることから，形式的な区分を重視し，投資不動産の遊休不動産に加え，第三者に利用させることによってキャッシュ・フローの獲得を図る賃貸不動産についても，一律に開示対象となった。　❹

2

これらの不動産を保有している企業では，当該不動産から市場平均を超える成果を生み出すことを期待して使用されているので，その企業にとっての価値は，通常，市場の平均的な期待で決まる時価ではないと考えられるため，時価等の開示対象から除かれる。　❹

3(1)

時価とは，公正な評価額をいい，通常，観察可能な市場価格に基づく価額である。市場価格が観察できない場合には，合理的に算定された価額をいう。　❸

(2)

財務諸表利用者が賃貸等不動産の収益性や投資効率などを総合的に把握することに役立つ情報を提供できると考えられるため，賃貸等不動産の期中における主な変動や損益の注記も行われる。　❹

〔問題37〕（賃貸等不動産の時価等の開示に関する会計基準）

1

「賃貸等不動産」とは，棚卸資産に分類されている不動産以外のものであって，賃貸収益又はキャピタル・ゲインの獲得を目的として保有されている不動産（ファイナンス・リース取引の貸手における不動産を除く。）をいう（「基準」4項(2)）。

「賃貸等不動産」は，貸借対照表上，通常，次の科目に含まれている（適用指針23号，4項）。

(イ) 「有形固定資産」に計上されている土地，建物（建物附属設備を含む。），構築物及び建設仮勘定
(ロ) 「無形固定資産」に計上されている借地権
(ハ) 「投資その他の資産」に計上されている投資不動産

ファイナンス・リース取引に該当する不動産については，前述のように，貸手において賃貸等不動産には該当しないが，借手において当該不動産が賃貸収益又はキャピタル・ゲインの獲得を目的として保有されている不動産に該当する場合には，賃貸等不動産となる（適用指針23号，52項）。

不動産を信託財産としている信託（不動産信託）の受益者は，原則として，不動産を直接保有する場合と同様に処理することから，その信託財産である不動産が賃貸収益又はキャピタル・ゲインの獲得を目的として保有されている不動産に該当する場合には，受益者は当該不動産の持分割合に相当する部分を「賃貸等不動産」として取り扱うことができる（適用指針23号，6項）。

「賃貸等不動産」には，将来において賃貸等不動産として使用される予定で開発中の不動産，継続して賃貸等不動産として使用される予定で再開発中の不動産も含まれる。また，賃貸を目的として保有されているにもかかわらず，一時的に借手が存在していない不動産についても，「賃貸等不動産」として取り扱う（「基準」6項）。

なお，賃貸されているオフィスビル・駐車場等の不動産は，投資目的で保有する不動産には該当しないことから，これらを総称して「賃貸等不動産」と名付けられた（「基準」28項）。

2

物品の製造・販売，サービスの提供，経営管理に使用されている不動産は，それらを事業投資として保有している企業では，当該不動産から市場平均を超える成果を生み出すことを期待して使用されているので，その企業にとっての価値は，通常，市場の平均的な期待で決まる時価ではないと考えられる。したがって，時価等の開示対象から除かれる（「基準」20項）。

ただし，物品の製造・販売，サービスの提供，経営管理に使用されている部分と賃貸等不動産として使用される部分で構成される不動産について，賃貸等不動産として使用される部分は，「賃貸等不動産」に含める（「基準」7項）。

なお，物品の製造・販売，サービスの提供，経営管理に使用されている不動産など，開示対象となる賃貸借等不動産についても，その時価を開示することを妨げない（「基準」21

項)。

3

「賃貸等不動産」を保有している場合には，賃貸等不動産の概要，貸借対照表計上額及び期中における主な変動，当期末における時価とその算定方法，当該資産に関する損益を注記しなければならない (「基準」8項)。

「賃貸等不動産の概要」には，主な賃貸等不動産の内容，種類，場所が含まれる (適用指針23号，9項)。

「賃貸等不動産の貸借対照表計上額」を注記する場合，原則として，取得原価から減価償却累計額・減損損失累計額 (減損損失累計額を取得原価から直接控除している場合を除く) を控除した金額をもって行う。貸借対照表計上額に関する「期中の変動」に重要性がある場合には，その事由及び金額を掲載する (適用指針23号，10項)。

賃貸等不動産の当期末における「時価」とは，公正な評価額をいい，通常，観察可能な市場価格に基づく価額である。市場価格が観察できない場合には，時価は合理的に算定された金額をいう (「基準」4項(1))。

賃貸等不動産に関する「合理的に算定された価額」は，「不動産鑑定評価基準」による方法又は類似の方法に基づいて算定する。なお，契約により取り決められた一定の売却予定額がある場合には，「合理的に算定された価額」として当該売却予定価額を用いる (適用指針23号，11項)。

企業活動にはほとんど使用されていない状態にある遊休不動産のうち，将来の使用が見込まれていない「遊休不動産」は，売却が予定されている不動産と同様に，売却による回収額を意味する時価以上のキャッシュ・フローは見込めないので，これらを保有する企業にとっては時価が意味を持つと考えられる。このため，当該遊休不動産は，時価等の開示を必要とする「賃貸等不動産」の範囲に含められる (「基準」23項)。

なお，連結財務諸表において賃貸等不動産の時価等の開示を行う場合，例えば，連結会社間で賃貸されている不動産は，連結貸借対照表上，「賃貸等不動産」には該当しない (適用指針23号，32項)。

賃貸等不動産の貸借対照表計上額と当期末における時価のみならず，当該不動産の期中における主な変動や損益も併せて注記することによって，財務諸表利用者が賃貸等不動産の収益性や投資効率などを総合的に把握することに役立つ情報を提供できると考えられるので，貸借対照表計上額に関する期中の主な変動及び損益の注記も行う (「基準」30項)。

なお，連結財務諸表において賃貸借不動産の時価等の開示を行っている場合には，個別財務諸表での開示を要しない (「基準」32項)。

● 「基準」の公表経緯・社会的背景

　国際会計基準では，賃貸収益又はキャピタル・ゲインを目的として保有する「投資不動産」の会計処理として，時価で計上し，取得原価との差額を損益に計上する「再評価モデル」と原価で計上する「原価モデル」が選択適用されている。ただし，「原価モデル」を採用した場合には，時価等を注記することになっている。

　わが国でも，金融商品に係る時価等に関する事項の開示の充実が図られ，貸付金など事業投資としての性格が見受けられるものであっても，時価を注記することとなっている（「基準」17項）。

　このように，金融商品の時価の注記対象を拡大したことを踏まえ，事実上，事業投資とみなされる不動産であっても，その時価を開示することが投資情報として有用であるという意見があること，さらに，国際会計基準が原価評価の場合に時価を注記していることとのコンバージェンスを図る観点から，「賃貸等不動産」に該当する場合には，財務諸表の注記事項として時価等が開示されることとなった（「基準」18項）。

● 「基準」設定前の制度との相違点

　従来，固定資産に区分される不動産の期末評価基準として，取得原価から減価償却累計額・減損損失累計額を控除した金額で計上する「原価評価」が採用されていた。

　「基準」は，「賃貸等不動産」に該当する場合には，「原価評価」を行った上に，賃貸等不動産の時価及びその算定方法，賃貸等不動産に関する損益等の注記・開示を要求する。

― Column ―

「賃貸等不動産の時価等の開示に関する会計基準」とIASとの相違点

　わが国の「基準」では，投資不動産の再測定（期末評価）には「原価モデル」（原価評価）が採用され，時価等の開示に止まりますが，IAS40は「原価モデル」と「再評価モデル」（時価評価）の選択適用を容認しています。「基準」が要求する「原価モデル」と「時価等の開示」の併用は，計算技術上二重手間であり，「再評価モデル」の採用と手間は同じです。わが国でも，会計基準の国際的コンバージェンスにより「再評価モデル」も認められる時期が到来するものと思われます。

〔問題38〕 (企業結合に関する会計基準)

1(1)

①	原　価 ❶	②	企業結合日 ❶	③	持分法による評価額 ❶
④	段階取得に係る損益 ❶	⑤	取得関連費用 ❶		

(2)

　取得とは，ある企業が他の企業に対する支配を獲得することをいい，支配とは，ある企業の活動から便益を享受するために，その企業の財務・経営方針を左右する能力を有することをいう。取得企業とは，ある企業を取得する企業をいい，当該取得される企業を被取得企業という。❷

(3)

　ある企業が他の企業の企業結合前における株式の時価を超えるプレミアムを支払う場合には，通常，当該プレミアムを支払った企業が取得企業となる。❷

2(1)

採用理由	結合当事企業は，相互の事業価値等を適切に反映した結果として，交換比率等の主要な結合要件の合意に達しているが，合意内容が公表された後の株価変動には被取得企業の本来の事業価値とは必ずしも関係しない影響が混在している。❸
短　所	被取得企業の取得原価は合意日における株価に基づいて算定されるが，取得した純資産は取得日における時価に基づいて算定されるので，取得原価と取得した純資産・のれんの測定日が異なる。❸

(2)

　実際の株式交付時点（取得日）における株価を基礎として取得企業の株式を算定するので，取得原価と取得した純資産・のれんの測定日が同一となり，測定日に整合性がある。つまり，被取得企業の取得原価及び取得した純資産は，支配を獲得した取得日における株価及び時価に基づいて測定される。❸

3(1)

　個々の交換取引はあくまでその時点での等価交換取引であり，取得が複数の交換取引により達成された場合，取得原価は個々の交換取引ごとに算定した原価の合計額とすることが経済的実態を適切に反映するとの考え方による。❸

(2)

　取得に相当する企業結合が行われた場合には，支配を獲得したことにより，過去に所有していた投資の実態又は本質が変わったものとみなし，その時点でいったん投資が清算され，改めて投資を行ったと考えられるため，企業結合時点での時価を新たな投資原価とすべきである。❹

〔問題39〕 (企業結合に関する会計基準)

1 (1)

①	被取得企業 ❶	②	法律上の権利 ❶	③	取得の対価 ❶
④	純　額 ❶	⑤	20 ❶		

(2)

> 被取得企業又は取得した事業に対する支配が取得企業に移転した日，結合当事企業の事業のすべて又は事実上すべてが統合された日 ❷

(3)

> 具体例として，企業結合日後に予想される人員の配置転換・再教育費用などのリストラ関連の費用又は損失などが挙げられる。企業結合の条件交渉過程でリストラ関連の費用又は損失相当額だけ取得の対価が減額されている場合は，被取得企業が企業結合前に当該費用・損失を負担したものと擬制し，それを負債として見積計上することにより，当該費用・損失を企業結合後の取得企業の業績に反映させないことができ，企業結合後における取得企業の投資原価の回収計算が適切に行うことができる。 ❹

2 (1)

> 「持分の結合」は，結合当事企業のいずれの株主も他の企業を支配したとは認められず，企業結合前のリスクと便益を引き続き企業結合後に共有し，すべての結合当事企業の持分が継続しているとみなされる。「持分の継続」と判断されるならば，これまでの投資がそのまま継続していると考えられるので，すべての結合当事企業の資産・負債はその帳簿価額で企業結合後もそのまま引き継ぐ「持分プーリング法」が採用される。 ❹

(2)

> パーチェス法の目的は，通常の資産購入に適用する原則と同様に，独立企業間取引を前提とする公正価値で被取得企業を購買したように処理することである。企業結合を取得とみなした場合，持分の継続が断たれた被取得企業では，投資家はそこでいったん投資を清算し，改めて当該資産・負債に対して投資を行い，それを取得企業に現物で出資したと考えられるので，被取得企業の資産・負債を時価で再評価するパーチェス法が採用される。 ❺

3

> 規則的償却法によれば，企業結合の成果たる収益と，その対価の一部を構成する投資消去差額の償却という費用の対応が可能になる。また，のれんは投資原価の一部であることに鑑みれば，規則的償却法は投資原価を超えて回収された超過額を企業にとっての利益とみる考え方とも首尾一貫している。さらに，取得したのれんは時価の経過とともに自己創設のれんに入れ替わる可能性があるので，取得したのれんの非償却による自己創設のれんの実質的な資産計上を防ぐことができる。 ❺

〔問題38〕（企業結合に関する会計基準）

1

「企業結合」とは，ある「企業」（会社及び会社に準ずる事業体をいい，会社，組合その他これらに準ずる事業体）又はある企業を構成する「事業」（企業活動を行うために組織化され，有機的一体として機能する経営資源）と他の企業又は他の企業を構成する事業とが1つの報告単位に統合されることをいう。なお，複数の取引が1つの企業結合を構成している場合には，それらを一体として取り扱う（「基準」4項～6項）。

企業結合に該当する取引には，「共同支配企業の形成」及び「共通支配下の取引」も含められる（「基準」3項）。「共同支配」とは，複数の独立した企業が契約等に基づき，ある企業を共同で支配することをいう（「基準」8項）。ちなみに「支配」とは，ある企業又は企業を構成する事業の活動から便益を享受するために，その企業又は事業の財務・経営方針を左右する能力を有することをいう（「基準」7項）。

「共同支配企業」とは，複数の独立した企業により共同で支配される企業をいい，「共同支配企業の形成」とは，複数の独立した企業が契約等に基づき，当該共同支配企業を形成する企業結合をいう（「基準」11項）。「共通支配下の取引」とは，結合当事企業（又は事業）のすべてが，企業結合の前後で同一の株主により最終的に支配され，かつ，その支配が一時的ではない場合の企業結合をいう。親会社と子会社の合併及び子会社同士の合併は，共通支配下の取引に含まれる（「基準」16項）。

2

「共同支配企業の形成」及び「共通支配下の取引」以外の「企業結合」は，「取得」となる。この場合における会計処理は，「パーチェス法」による（「基準」17項）。

ここに「取得」とは，ある企業が他の企業又は企業を構成する事業に対する支配を獲得することをいう。「取得企業」とは，ある企業又は企業を構成する事業を取得する企業をいい，当該取得される企業を「被取得企業」という（「基準」9項～10項）。

「取得企業」の決定方法は，「基準第22号」の考え方を用いるが，取得企業の決定に明確でない場合には，下記の要素を考慮して「取得企業」を決定する（「基準」18項～22項）。

(a) 主な対価の種類として，「現金」又は「他の資産」を引き渡す又は負債を引き受けることとなる企業結合の場合には，通常，当該現金又は他の資産を引き渡す又は負債を引き受ける企業（結合企業）

(b) 主な対価の種類が「株式」（出資を含む。以下同じ。）である企業結合の場合には，通常，当該株式を交付する企業（結合企業）

　対価の種類が「株式」である場合の「取得企業」の決定に当たっては，次のような要素を総合的に勘案しなければならない。

　(イ) 総体としての株主が，結合後企業の議決権比率のうち最も大きい割合を占める結合当事企業（総体としての株主が占める相対的な議決権比率の大きさ）

　(ロ) 結合後企業の議決権を過半には至らないものの，最も大きな議決権比率を有する株主又は株主グループのいた結合当事企業（最も大きな議決権比率を有する株主の存在）

　(ハ) 結合後企業の取締役会その他これに準ずる機関（重要な経営事項の意思決定機関）

の構成員の過半数を選任又は解任できる株主又は株主グループのいた結合当事企業
　　（取締役等を選解任できる株主の存在）

　(ニ)　結合後企業の取締役会その他これに準ずる機関（重要な経営事項の意思決定機関）
　　を事実上支配する役員又は従業員のいた結合当事企業（取締役会等の構成）

　(ホ)　企業結合前における株式の時価を超えるプレミアムを支払う場合には、通常、当
　　該プレミアムを支払った結合当事企業（株式の交換条件）

(c)　結合当事企業のうち、いずれかの企業の相対的な規模（例えば、総資産額、売上高あ
　　るいは純利益）が著しく大きい場合には、通常、当該相対的な規模が著しく大きい結
　　合当事企業

(d)　結合当事企業が3社以上である場合の取得企業の決定に当たっては、上記要件に加
　　えて、いずれの企業がその企業結合を最初に提案したかについても考慮すること

　「株式の交付」による取得の場合において、いつの時点の株価をもって取得原価を算定すべきであるのかが問題となる。この点につき、「基準」公表前では、原則として「合意日モデル」が採用され、例外的に「取得日モデル」が採用されていた。

　「合意日モデル」では、取得の対価となる財の時価は、企業結合の主要条件（株式の交換比率等）が合意されて公表された日前の合理的な期間における株価を基礎にして算定される。主要な交換条件の合意・公表時点における株価を利用する「合意日モデル」の主な論拠としては、(a)結合当事企業は、お互いの本来の事業価値等を適切に反映した結果として、企業結合の主要条件の合意に至っているのが通常であり、(b)そのような合意内容が公表された後の株価変動には被取得企業の本来の事業価値とは必ずしも関係しない影響が混在している可能性もあると考えられるためである（「企業結合基準意見書」三・3・(2)・③）。

　「基準」では、「取得日モデル」に変更された。すなわち、被取得企業又は取得した事業の「取得原価」は、原則として、取得の対価（支払対価）となる財の企業結合日における「時価」で算定する。支払対価が現金以外の資産の引渡し、負債の引受け又は株式の交付の場合には、支払対価となる財の時価と被取得企業又は取得した事業の時価のうち、より高い信頼性をもって測定可能な時価で算定する（「基準」23項）。

　市場価格のある取得企業等の株式が「取得の対価」（支払対価）として交付される場合における「時価」は、原則として、企業結合日（被取得企業に対する支配が取得企業に移転した日、又は結合当事企業の事業のすべてが結合された日）における「株価」を基礎にして算定する（「基準」24項）。

　「合意日モデル」のもとでは、被取得企業の取得原価は「合意日」における株価に基づいて算定されるが、取得した純資産は「取得日」における時価に基づいて算定される。一方、実際の株式交付時（取得日）における株価に基づいて取得企業の株式を算定する「取得日モデル」のもとでは、被取得企業の取得原価及び取得純資産は、支配を獲得した取得日における株価及び時価を基礎として測定されるので、取得の対価（支払対価）及び取得純資産・のれんの測定日が同日となり、測定日に整合性がある。

　なお、「取得」に直接要した支出額のうち、「取得」の対価性が認められる外部のアドバイザー等に支払った特定の報酬・手数料等の「取得関連費用」は、従来、「取得原価」に含められていた。「取得」はあくまでも等価交換取引であるという考え方が重視され、取得企業が等価交換の判断要素として考慮した支出額に限り、取得原価に算入されていた。

個別に取得した資産における付随費用と同様に，企業結合における「取得関連費用」が取得原価に含められることにより，その後の損益は，企業結合において投資した原価の超過回収額となり，概念的には個別に取得した資産と一貫した会計処理となる（「基準」94項）。

一方，国際的な会計基準では，「取得関連費用」は，(1)事業の売主と買主の間の公正価値での交換の一部ではなく，企業結合とは別の取引と考えられること，(2)「取得関連費用」のうち直接費は取得原価に含まれ，間接費が除かれる不整合性が存在すること等の理由から，発生した事業年度の費用として取り扱われている（「基準」94項）。

平成25年改正基準においては，国際的な会計基準に基づく財務諸表との比較可能性を改善する観点，取得関連費用のどこまでを取得原価の範囲とするかという実務上の問題点を解消する観点から，発生した事業年度の費用として処理されることになった（「基準」94項）。

3

従来，「段階取得」における取得原価は，取得企業が被取得企業に対する支配を獲得するに至った個々の取引ごとに支払対価となる財の時価を算定し，それらを合算したものとしていた。これは，個々の交換取引はあくまでその時点での等価交換取引であり，取得が複数の交換取引により達成された場合，取得原価は個々の交換取引ごとに算定した原価の合計額とすることが経済的実態を適切に反映するとの考え方による（「基準」88項）。

しかし，企業が他の企業を支配するという事実は，当該企業の株式を単に追加取得することとは大きく異なるものであるため，被取得企業の取得原価は，過去から所有している株式の原価の合計額ではなく，当該企業を取得するために必要な額とすべきであるという見方がある。すなわち，取得に相当する企業結合が行われた場合には，支配を獲得したことにより，過去に所有していた投資の実態又は本質が変わったものとみなし，その時点でいったん投資が清算され，改めて投資を行ったと考えられるため，企業結合時点での時価を新たな投資原価とすべきとするものである（「基準」89項）。

「基準」では，段階取得における被取得企業の取得原価は，個別財務諸表では従来どおり個々の取引ごとの原価の合計額をもって算定するが，連結財務諸表では個々の取引すべての企業結合日における時価をもって算定することとした。したがって，取得企業の個別財務諸表では当該原価の合計額をもって取得原価となるが，連結財務諸表では，段階取得における被取得企業の取得原価は，支配を獲得するに至った個々の取引すべての企業結合日における時価を基礎として算定されるため，当該被取得企業の取得原価と支配獲得に至った個々の取引ごとの原価の合計額との差額は，連結財務諸表において「段階取得に係る損益」として当期損益に算入される（「基準」90項）。

〔問題39〕（企業結合に関する会計基準）

1

「パーチェス法」の会計処理において，取得企業から支払う項目に係る金額決定が「取得原価の算定」の問題であるのに対し，取得企業に入る項目に係る金額決定が「取得原価の配分」の問題である。すなわち，現金・株式等を支払対価として取得した被取得企業の資産・負債は，企業結合後には取得企業の資産・負債として計上されるため，その認識・測定が要求され，それを実行するのが「取得原価の配分」である。

取得原価は，被取得企業からの取得資産・引受負債のうち，企業結合日時点において識別可能資産・負債の企業結合日時点の時価を基礎として，当該資産・負債に対して企業結合日以後1年以内に配分しなければならない（「基準」28項）。

「パーチェス法」を適用するに際しては，まず，結合当事企業の中から「取得企業」を決定し，次に，被取得企業を取得した取得企業がその取得に要した対価の公正価値（取得の対価）により「取得原価」を決定し，しかる後に，当該取得原価を個々の取得資産・引受負債の時価に基づき配分し，配分後の残額を「のれん」として処理する手続による。

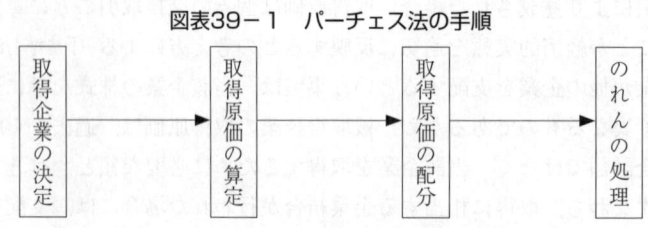

図表39－1　パーチェス法の手順

取得企業の決定 → 取得原価の算定 → 取得原価の配分 → のれんの処理

出所：菊谷正人＝石山宏，前掲書（第4版），254頁。

2

企業結合の中には，いずれの結合当事企業も他の結合当事企業に対する支配を獲得したとは合理的に判断できない「持分の結合」がある。

「持分の結合」とは，いずれの企業（又は事業）の株主（又は持分保有者）も他の企業（又は事業）を支配したとは認められず，結合後企業のリスクや便益を引き続き相互に共有することを達成するため，それぞれの事業のすべて又は事実上のすべてを統合して1つの報告単位となることをいう。「持株の結合」に対する会計処理としては，「持分プーリング法」（すべての結合当事企業の資産，負債及び資本をそれぞれの適切な帳簿価額で引き継ぐ方法）が適用される（「基準」63項，68項）。

「持分の結合」の本質は，企業結合前に存在していたリスク・便益の相互共有が企業結合後に継続していることである。持分の継続は，「対価の種類」と「支配」という2つの観点から判断される。具体的には，①企業結合に際して支払われた対価のすべてが，原則として，議決権のある株式であること，②結合後企業に対して各結合当事企業の株主が総体として有することになった議決権比率が等しいこと，③議決権比率以外の支配関係を示す一定の事実が存在しないことの3要件をすべて満たせば，持分は継続していると判断され，そのような企業結合に対しては「持分プーリング法」が適用される（「基準」69項）。

前途したように，「取得」となる企業結合に対しては「パーチェス法」（被結合企業から

受け入れる資産・負債の取得原価を，対価として交付する現金及び株式等の時価（公正価値）とする方法）が適用される（「基準」17項，63項）。「パーチェス法」の目的は，通常の資産購入に採用する原則を適用して被取得企業を会計処理することにある。

したがって，「パーチェス法」では，被取得企業から引き継いだ資産・負債は，当該資産・負債を購入（パーチェス）により取得したとみなされ，購入時の公正価値（時価）で評価される。ある企業が他の企業の支配を獲得する「取得」と判定された企業結合には，被取得企業の「持分の継続」は断絶され，取得企業にとっては，実質的に新規の投資と同じであり，交付する現金・株式等の投資額（企業結合日における時価）を取得原価として，被取得企業から受け入れる純資産を時価で評価することになる。取得の対価として交付する現金・株式等の公正価値（取得原価）と被取得企業の純資産の公正価値との差額は「のれん」として処理される。

なお，企業結合の会計処理方法には，取得企業と被取得企業の双方の資産・負債を公正価値で再評価した後に企業結合する「フレッシュ・スタート法」もある。「フレッシュ・スタート法」の採用に合理性が認められるためには，新設合併のように，すべての結合当事企業がいったん解散し，すべての株主の持分が清算された上で，新たに設立された企業へ拠出するという経済的実態が必要であると考えられる。この方法の適用に最適な事象・根拠等が必ずしも明確ではない現況等を勘案し，現時点においては採用されないが，「フレッシュ・スタート法」が諸外国において企業結合の会計処理方法として採用される際等には，当該方法の要否を検討する必要性が生ずる可能性もある（「基準」72項）。

「共同支配企業の形成」においては，共同支配企業は，共同支配投資企業（共同支配企業を共同で支配する企業）から移転する資産・負債を，移転直前に共同支配投資企業において付されていた「適正な帳簿価額」により計上する。共同支配企業に事業を移転した共同支配投資企業は，個別財務諸表上，当該企業が受け取った共同支配企業に対する投資の取得原価を，移転した事業に係る株主資本相当額に基づいて算定し，連結財務諸表上，共同支配企業に対する投資について持分法を適用する（「基準」38項〜39項）。

「共通支配下の取引」により企業集団内を移転する資産・負債は，原則として，移転直前に付されていた「適正な帳簿価額」により計上する。移転された資産・負債の差額は，純資産として処理する。移転された資産・負債の対価として交付された株式の取得原価は，当該資産・負債の「適正な帳簿価額」に基づいて算定する（「基準」41項〜43項）。

3

被取得企業の取得原価（取得の対価）が取得した識別可能純資産（取得した識別可能資産と引き受けた識別可能負債との差額）の公正価値を上回る場合には，その超過額は「のれん」として処理し，下回る場合には，その不足額は「負ののれん」として処理する。

のれんの会計処理法には，「規則的償却法」と「減損処理法」が考えられる。「準準」は「規則的償却法」を採用するが，その長所は次のとおりである（「基準」105項）。

(1) 企業結合の成果たる収益と，その対価の一部を構成する投資消去差額の償却という費用の対応が可能になる。
(2) のれんは投資原価の一部であることに鑑みれば，規則的償却法は，投資原価を超えて回収された超過額を企業にとっての利益とみる考え方とも首尾一貫している。

(3) 企業結合により生じたのれんは時間の経過とともに自己創設のれんに入れ替わる可能性があるので，取得したのれんの非償却による自己創設のれんの実質的な資産計上を防ぐことができる。
(4) のれんの効果の及ぶ期間及びその原価のパターンは合理的に予測可能なものではない点に関しては，価値が減価した部分の金額を継続的に把握することは困難であり，かつ，煩雑であると考えられるため，ある事業年度において減価が全く認識されない可能性がある方法よりも，一定の期間にわたる「規則的償却法」が合理的である。
(5) のれんのうち価値の減価しない部分の存在も考えられるが，その部分だけを合理的に分離することは困難であり，分離不能な部分を含め「規則的償却法」には一定の合理性がある。

規則的な償却を行わず，のれんの価値が損なわれた時に減損処理を行う「減損処理法」には，次のような欠点がある（「基準」106項）。
(1) のれんが超過収益力を表すとみると，競争の進展によって通常はその価値が減価するにもかかわらず，競争の進展に伴うのれんの価値の減価の過程を無視することになる。
(2) 超過収益力が維持されている場合においても，それは企業結合後の追加的な投資や企業の追加的努力によって補完されているにもかかわらず，のれんを償却しないことは，追加投資による自己創設のれんを計上することと実質的に等しくなるという問題点がある。
(3) 実務的な問題としては，減損処理を実施するためには，のれんの価値の評価方法を確立する必要があるが，そのために対処すべき課題も多い。

なお，「負ののれん」の会計処理方法としては，⑴負ののれんの発生原因に対応した会計処理を行う方法，⑵正ののれんの会計処理方法と同様の「規則的償却法」が考えられ，⑴法には次のような方法がある（「基準」110項）。
(イ) 企業結合によって受け入れた非流動資産に負ののれんを比例的に配分し，残額が生じれば繰延利益又は発生時の利益として計上する方法
(ロ) 全額を認識不能な項目やバーゲン・パーチェスとみなし，発生時の利益として計上する方法

従前には，原則として「規則的償却法」，例外として「即時利益計上法」が採用されていたが，「基準」では，「負ののれん」は当期の利益として処理される（「基準」33項）。

のれんは「無形固定資産」の区分に表示し，のれんの当期償却額は「販売費及び一般管理費」の区分に表示する。負ののれんは，原則として，「特別利益」に表示する（「基準」47項～48項）。

●「基準」の公表経緯・社会的背景

　わが国には，企業結合に関する包括的な会計基準がなかったが，平成9年以降，度重なる商法改正によって企業組織再編成（合併制度の合理化，株式交換・移転制度の新設，会社分割制度の創設など）を支援するための法制が整備されてきたために，企業会計審議会は平成15年10月31日に「企業結合に係る会計基準」を公表した。「企業結合に係る会計基準」は，会計基準の国際的調和化を配慮して，国際会計審議会（IASB）の前身であった国際会計委員会（IASC）が1998年に改訂・公表していた「国際会計基準第22号」（IAS22（1998年改訂））に類似する内容となっている。

　例えば，企業結合は，ある企業（取得企業）が他の企業（被取得企業）に対する支配を獲得する「取得」，いずれの企業の株主も他の企業を支配したとは認めず，結合後のリスク・便益を引続き相互に共有する「持分の結合」に分けられ，「取得」には「パーチェス法」，厳格な要件（対価種類要件，議決権比率要件，議決権比率要件以外の支配要件）を満たす「持分の結合」に対しては「持分プーリング法」が適用されている。

　パーチェス法を適用する場合，企業結合の対価として交付した持分証券の測定日として，(a)当該企業結合の主要条件が合意されて公表された前（後）の合理的な株価を基礎にして取得企業の株式を算定する「合意日モデル」，(b)実際の株式交付日における株価を基礎にして算定する「取得日モデル」があるが，原則適用として「合意日モデル」，例外適用として「取得日モデル」が採用されている。

　パーチェス法を適用した場合に生じる「のれん」は，原則として，20年以内に「規則的償却法」で償却するが，例外的に即時に費用化できる。「負ののれん」も，原則として，20年以内に「規則的取崩法」により取り崩され，例外的に即時に収益化することができた。

　2001年（平成13年）4月からIASCから改称・改組されたIASBは，2004年（平成16年）3月にIAS22（1998年改訂）を改訂し，「国際財務報告基準第3号」（IFRS3）を作成・公表した。

　IFRS3では，持分プーリング法を廃止し，「パーチェス法強制適用アプローチ」に変更した上で，「のれん」には減損テスト法を適用し，「負ののれん」には即時取崩法（負ののれんの消滅）を適用する。

　ASBJは，平成19年8月にIASBと結んだ「東京合意」により，平成20年までの短期コンバージェンス・プロジェクトの1つとして企業結合会計に関する下記事項の審議に入った（「基準」64項）。

　(a)　持分プーリング法の廃止及び取得企業の決定方法
　(b)　株式の交換の場合における取得原価の算定方法
　(c)　段階取得における取得原価の会計処理
　(d)　負ののれんの会計処理
　(e)　企業結合により受け入れた研究開発の途中段階の成果の会計処理等

　ASBJは，IFRS3にコンバージェンスするために，「企業結合に係る会計基準」を大幅修正する形で「基準21号」を平成20年12月26日に公表した。平成25年9月13日には，「基準22号」（連結財務諸表に関する会計基準）とともに改正されている。

● 「基準」設定前の制度との相違点

　「基準」では，(a)持分プーリング法は廃止され，パーチェス法強制適用アプローチが採択された。企業結合の対価として(b)株式の交換の場合における取得原価は，IFRS3と同様に，「取得日モデル」により実際の株式交付日における株価に基づいて算定される。

　取得が複数の取引により達成される(c)段階取得における取得原価は，取得企業が被取得企業に対する支配を獲得するに至った個々の取引ごとの原価を合計していたが，「基準」では，IFRS3と同様に，支配を獲得するに至った個々の取引すべての企業結合日における時価で算定される。当該被取得企業の取得原価と個々取引ごとの原価の合計額との差額は，「段階取得に係る損益」として処理される。

　「のれん」の会計処理は修正されなかったが，(d)「負ののれん」は当期の利益として計上されることとなった。つまり，即時収益化（「負ののれん」の発生益の当期計上）が強制適用となり，「負ののれん」の負債計上は消滅した。

Column

「負ののれん発生益」と「割安購入による利益」

　被取得企業の取得原価（取得の対価）が被取得企業の純資産の時価を下回る場合には，その不足額は「負ののれん」（negative goodwill）として処理されますが，取得企業側にとっては利得として認識されます。わが国の「基準」では，「パーチェス法」を適用した場合に生じる負ののれんは「負ののれん発生益」として特別利益に表示されますが，IFRS3では，「バーゲン・パーチェス（割安購入）による利益」として認識・計上されています。IFRS3の前身基準であるIAS22は，「正ののれん」（possitive goodwill）と「負ののれん」と称していましたが，IFRS3は「のれん」と「割安購入による利益」に名称変更しています。利得でありながら「負の」を冠することには，用語（日本語）上の違和感があります。わが国でも，「負ののれん発生益」ではなく「割安パーチェスによる利益」又は「のれん発生益」に名称変更すべきではないでしょうか。

〔問題40〕（連結財務諸表に関する会計基準）

1 (1)

①	支　配	②	利害関係者の判断	③	親会社
④	会計方針	⑤	連結会社		

(2)

　例えば，海外送金等に為替管理上の制限がある場合，在外子会社の所在地国の為替相場の変動が激しい場合など，「連結の範囲」に含めると企業集団に関する判断をミスリードする企業

（別解）
　政治的に敵対している国に配置されている子会社，例えばアラブ諸国で広範に取引しているイスラエルの子会社の財務諸表を連結することは，企業集団の財務内容を阻害することになる。

(3)

　子会社の決算日と連結決算日の差異が3か月を越えない場合には，子会社の正規の決算を基礎として連結決算を行うことができる。ただし，この場合には，子会社の決算日と連結決算日が異なることから生じる連結会社間の取引に係る会計記録の重要な不一致について，必要な整理を行う。

(4)

　議決権不履行株主や協力的株主の存在による議決権の過半数所有，取締役会等の構成員の過半数支配，契約等による財務・営業方針等の支配，融資の過半数提供等により，実質的に支配している企業

(5)

　会計処理の統一に当たっては，より合理的な会計方針を選択すべきであり，子会社の会計処理を親会社の会計処理に合わせる場合のほか，親会社の会計処理を子会社の会計処理に合わせる場合も考えられる。

2

　連結財務諸表は，連結会社の個別財務諸表に基づいて作成されるが，その基礎となる個別財務諸表を作成する際に，経営者の判断・見積りあるいは慣習の介入，複数の会計方針の選択適用により相対的真実性しか確保できないので，自動的に連結財務諸表の真実性も相対的にならざるを得ない。また，資本連結に際して，子会社の資産・負債は時価で評価されるが，時価の算定には主観的になることがあり，唯一絶対的な会計数値を得ることはできない。

〔問題41〕（連結財務諸表に関する会計基準）

1 (1)

①	支配獲得	②	評価差額	③	子会社
④	親会社	⑤	加算		

(2)

　全面時価評価法は，親会社が子会社を支配した結果，子会社が企業集団に含まれることになった事実を重視する考え方に基づく評価法であり，連結財務諸表を親会社とは区別される企業集団全体の財務諸表と位置づけ，資本に関しては，企業集団を構成するすべての連結会社の株主を反映させる「経済的単一体説」と整合的である。

(3)

名　　称	部分時価評価法
採用理由	部分時価評価法は，親会社が投資を行った際の親会社の持分を重視する考え方に基づく評価法であり，連結財務諸表を親会社の財務諸表と位置づけ，資本に関して，親会社の株主の持分のみを反映させる「親会社説」と整合的である。

(4)

　連結貸借対照表の作成に際し，子会社の資産・負債のすべてを支配獲得日の時価により評価する全面時価評価法を適用し，子会社の資産・負債の時価による評価額が当該資産・負債の個別貸借対照表上の金額と異なる場合に，評価差額が生じる。

2

(a)	親会社株主のために連結財務諸表は作成されるべきであると考える「親会社説」によれば，非支配株主は連結集団外部の第三者であるので，非支配株主持分は外部者持分として，連結貸借対照表では負債として表示される。
(b)	連結財務諸表は親会社財務諸表の延長として把握され，非支配株主といえども株主である点では支配株主と同じであり，負債として扱うことは適当ではないと考える「親会社拡張説」によれば，非支配株主持分は負債の部と純資産の部の中間に表示される。
(c)	親会社・子会社の連結会社全体を単一経済単位とみなし，その企業集団の株主の立場に立って連結財務諸表を作成すべきであると考える「経済的単一体説」によれば，非支配株主も支配株主（親会社株主）と同様に企業集団への資金提供者として同等に扱われるので，純資産の部に表示される。

〔問題42〕 (連結財務諸表に関する会計基準)

1(1)

①	非支配株主持分 ❶	②	追加投資額 ❶	③	資本剰余金 ❶
④	帳簿価額 ❶				

(2)

子会社株式の追加取得日における非支配株主持分の額によって計算する。 ❷

(3)

負ののれんが生じた事業年度における利益として処理する。 ❷

(4)

段階取得における子会社に対する投資の金額は，支配獲得日における時価で算定され，当該時価と株式取得ごとの原価の合計額との差額は，当期の「段階取得に係る損益」として処理される。 ❸

2(1)

当該会社は関連会社とみなされ，連結会計上，持分法を適用しなければならない。 ❷

(2)

当該会社は企業集団外の外部会社とみなされ，連結貸借対照表上，残存する当該会社に対する投資は個別貸借対照表上の帳簿価額で評価される。 ❷

3(1)

経済的単一体説では，親会社株主も非支配株主も同様に企業集団に対する資金提供者（資本主）として同等に取り扱われるので，子会社の時価発行増資等に伴い親会社の持分が増減した場合，当該変動は資本主間で行われた資本取引であるとみなされる。したがって，持分変動差額を資本剰余金として処理する方法は，経済的単一体説と整合的である。 ❺

(2)

親会社説では，企業集団における資本主は親会社株主に限定され，非支配株主は外部者とみなされるので，子会社の時価発行増資等に伴い親会社の持分が増減した場合，当該変動は親会社と外部者との間で行われた損益取引であるとみなされる。したがって，持分変動差額を損益として処理する方法は，親会社説と整合的である。 ❺

〔問題43〕 (連結財務諸表に関する会計基準)

1(1)

①	個別損益計算書 ❶	②	全　額 ❶	③	帳簿価額 ❶
④	持分比率 ❶				

(2)

　　親子会社間及び子会社間で行われた連結会社相互間の取引は，連結会計上，企業集団内で行われた内部取引とみなされ，連結財務諸表上では計上される必要がないので，個別会計上で計上されている取引は相殺消去されなければならない。❷

(3)

　　連結会社間の金銭の貸借は，企業集団内部の取引であるので，貸付金と借入金を相殺消去するとともに，金銭の貸借に伴う受取利息と支払利息も相殺しなければならない。❷

2(1)

(a)	未実現利益を全額消去し，消去額の全額をすべて親会社の持分に負担させる。❶
(b)	未実現利益を全額消去し，消去額の全額を親会社の持分と少数株主持分の持分比率に応じて負担させる。❶
(c)	未実現利益のうち，親会社の持分比率に相当する未実現利益のみを消去し，親会社の持分にこれを負担させる。❶

(2)

　　資産に含まれる内部利益の全額は親会社に計上されているので，当該内部利益の全額を未実現利益として消去し，消去額の全額をすべて親会社の持分に負担させる「全額消去・親会社負担方式」が採用される。❸

(3)

　　資産に含まれる内部利益の全額は子会社に計上されるので，当該内部利益の全額を未実現利益として消去し，消去額の全額を親会社持分と少数株主持分のそれぞれの持分比率に応じて負担させる「全額消去・持分負担方式」が採用される。❸

(4)

　　子会社から子会社に資産を販売した場合，資産に含まれる内部利益はどちらかの子会社に計上されているので，当該売買取引はアップ・ストリームであると考えられる。したがって，「全額消去・持分負担方式」が採用されるべきである。❸

3

　　連結会社相互間の取引により生じた資産に含まれる内部損失が消去されるならば，連結会計上，売手側の帳簿価額まで評価額が引き上げられる。しかし，売手側の帳簿価額まで引き上げても，当該内部損失のうち回収不能と認められる部分は，販売などを通じてその全額を回収できない。したがって，当該内部損失は実現損失として消去しない。❺

〔問題40〕（連結財務諸表に関する会計基準）

1

　連結財務諸表は，支配従属関係にある複数の企業からなる企業集団を単一の組織体とみなし，親会社が当該企業集団の財政状態，経営成績及びキャッシュ・フローの状況を総合的に報告するために作成した財務諸表である。親会社は，原則として，すべての子会社を連結の範囲に含める。

　ここに「親会社」とは，他の企業の財務及び営業又は事業の方針を決定する「意思決定機関」（株主総会その他これに準ずる機関）を支配している企業をいい，「子会社」とは，当該他の企業をいう。親会社及び子会社又は子会社が，他の企業の意思決定機関を支配している場合における当該他の企業も，その親会社の子会社とみなす（「基準」6項）。

　「基準」は，当該他の企業における議決権の過半数所有を連結範囲の判定基準とする「持株基準」のほかに，「他の企業の意思決定機関を支配している企業」も子会社の範囲に含める「支配力基準」を採用している。

　他の企業の議決権の40％以上50％以下を自己の計算において所有している企業であり，かつ，次のいずれかの要件に該当する企業は，「他の企業の意思決定機関を支配している企業」となる（「基準」7項）。

　(イ)　自己の計算において所有している議決権と，自己の出資・人事・資金・技術・取引等で緊密な関係があることにより自己の意思と同一内容の議決権を行使する者及びそのことに同意している者が所有する議決権とを合わせて，他の企業の議決権の過半数を占めている。

　(ロ)　役員又は使用人である者，又はこれらであった者で自己が他の企業の財務・営業又は事業の方針決定に関して影響を与えることができる者が，当該他の企業の取締役会その他これに準ずる機関の構成員の過半数を占めている。

　(ハ)　他の企業の重要な財務・営業又は事業の方針決定を支配する契約等が存在する。

　(ニ)　他の企業の資金調達額（貸借対照表の負債の部に計上されているもの）の総額の過半について融資（債務の保証及び担保の提供を含む）を行っている（自己と出資・人事・資金・技術・取引等で緊密な関係のある者が行う融資の額を合わせて資金調達額の総額の過半となる場合を含む）。

　(ホ)　他の企業の意思決定機関を支配していることが推測される事実が存在する。

　支配力基準により連結される「連結会社」とは，親会社及び連結される子会社をいう（「基準」8項）。原則として，すべての子会社は連結の範囲に含められるが，(1)支配が一時的である企業，(2)連結により利害関係者の判断を著しく誤らせるおそれのある企業は「非連結子会社」として連結の範囲に含められない（「基準」13項〜14項）。

　「支配が一時的である」とは，当連結会計年度において支配に該当しているものの，直前連結会計年度において支配に該当しておらず，かつ，翌連結会計年度以降「相当の期間」にわたって支配に該当しないことが確実に予定されている場合をいう（「適用指針22号」18項）。また，「連結することにより利害関係者の判断を著しく誤らせるおそれのある企業」とは，例えば海外送金等に為替管理上の制限がある場合，在外子会社の所在地国の為替相場の変動が激しい場合など，「連結の範囲」に含めると企業集団に関する判断をミ

スリードする企業に限定される。

　なお，子会社であっても，その資産・売上高・利益・利益剰余金を考慮し，連結の範囲から除いても企業集団の財政状態，経営成績及びキャッシュ・フローの状況に関する合理的な判断を妨げない程度に「重要性の乏しい子会社」は，連結の範囲に含めないことができる（「基準」注3）。「重要性の乏しい小規模子会社」の財務諸表までも連結の範囲に含めると，費用がかかり過ぎ，事務的負担も膨大となるため，「重要性の原則」が適用され，「小規模子会社」の連続免除が認められている。

　連結会社における会計処理の統一に当たっては，より合理的な会計処理の原則及び手続を選択すべきであり，子会社の会計処理を親会社の会計処理に合わせる場合だけでなく，親会社の会計処理を子会社の会計処理に合わせる場合も考えられる。なお，実務上の事情を考慮して，財政状態，経営成績及びキャッシュ・フローの状況の表示に重要な影響がないと考えられるもの（例えば，棚卸資産の評価方法である先入先出法，平均法等）については，敢えて統一を求めるものではない（「基準」58項）。

　同一環境下で行われた同一の性質の取引等について，親会社及び子会社が採用する会計処理の原則及び手続は，原則として統一する（「基準」17項）。

　連結貸借対照表は，親会社及び子会社の個別貸借対照表における資産，負債及び純資産の金額に基づいて，①子会社の資産及び負債の評価，②連結会社相互間の投資と資本の相殺消去（資本連結）及び債権と債務の相殺消去等の処理を行って作成する（「基準」18項）。

2

　「基準」（9項～12項）では，連結財務諸表作成における一般原則として，(1)企業集団の財政状態，経営成績及びキャッシュ・フローの状況に関して真実な報告を提供するものでなければならない「連結財務諸表真実性の原則」，(2)企業集団に属する親会社及び子会社が一般に公正妥当と認められる企業会計の基準に準拠して作成した個別財務諸表を基礎として作成しなければならない「連結財務諸表準拠性の原則」又は「連結財務諸表基準性の原則」，(3)企業集団の状況に関する判断を誤らせないように，利害関係者に対し必要な財務情報を明瞭に表示するものでなければならない「連結財務諸表明瞭性の原則」，(4)連結財務諸表作成のために採用した基準及び手続は，毎期継続して適用し，みだりにこれを変更してはならない「連結財務諸表継続性の原則」が列挙されている。

　「連結財務諸表真実性の原則」と「連結財務諸表明瞭性の原則」には，「重要性の原則」が適用される。すなわち，連結財務諸表を作成するに当たっては，企業集団の財政状態，経営成績及びキャッシュ・フローの状況に関する利害関係者の判断を誤らせない限り，(a)連結の範囲の決定，(b)子会社の決算日が連結決算日と異なる場合の仮決算の手続，(c)連結のための個別財務諸表の修正，(d)子会社の資産・負債の評価，(e)のれんの処理，(f)未実現損益の消去，(g)連結財務諸表の表示等に関して「重要性の原則」が適用される（「基準注解」注1）。

　なお，「連結財務諸表真実性の原則」における「真実性」とは，「企業会計原則」における「真実性」と同様に，ある条件の下での「相対的真実性」を意味する。連結財務諸表において，真実性の意味が相対的にならざるを得ない理由として，次のようなことが考えられる。

(a) 連結財務諸表は，企業集団に属する各企業の個別財務諸表を総合して作成されるが，その基礎となる個別財務諸表自体が相対的真実性を具有するに過ぎない。個別財務諸表を作成する際に，経営者の主観的判断・見積りあるいは習慣の介入，複数の会計方針の選択適用により唯一絶対的な会計数値を得ることはできない。

(b) 資本連結に際しては，連結子会社の資産・負債は簿価ではなく時価で評価されるが，時価の算定について主観的になることがある。

(c) 個別財務諸表は，「正規の簿記の原則」に従って正確な会計帳簿に基づいて作成されなければならないが，連結財務諸表を作成する際には，その基礎となる会計帳簿が存在しない。企業集団に属する各企業の個別財務諸表を集計・調整する「連結精算表」（帳簿外）を通じて，連結財務諸表が作成されるため，その点でも絶対的真実性を求めることができない。

〔問題41〕（連結財務諸表に関する会計基準）

1

「資本連結」とは，親会社の子会社に対する投資とこれに対応する子会社の資本を相殺消去し，消去差額が生じた場合には当該差額をのれん（又は負ののれん）として計上するとともに，子会社の資本のうち親会社に帰属しない部分を非支配株主持分に振り替える一連の処理をいう。

資本連結して連結貸借対照表を作成する際には，子会社の資産及び負債のすべてを支配獲得日の時価により評価する「全面時価評価法」が適用される（「基準」20項）。子会社の資産・負債の時価による評価額と当該資産・負債の個別貸借対照表上の金額（帳簿価額）との差額は，「評価差額」として，子会社の資本に計上する（「基準」21項）。「全面時価評価法」は，親会社が子会社を支配した結果，子会社が企業集団に含まれることになった事実を重視する「経済的単一体概念」（又は親会社拡張概念）に基づく方法である。

「基準」設定前に実践されていた「平成9年連結原則」では，時価により評価する子会社の資産・負債の範囲を親会社の持分に相当する部分に限定する「部分時価評価法」と「全面時価評価法」の選択適用が認められていたが，「基準」では，「全面時価評価法」が強制適用されることとなった。

「部分時価評価法」とは，子会社の資産・負債のうち，親会社の持分に相当する部分については株式の取得日ごとに当該日における「時価」（公正な評価額）により評価し，それ以外の（非支配株主持分に相当する）部分については子会社の個別財務諸表上の金額（簿価）による方法である（「平成9年連結原則」二・1・(1)）。「部分時価評価法」は，親会社が投資を行った際の親会社の持分を重視する「親会社説」に基づく方法である。

なお，「持分法」を適用する「関連会社」の資産・負債のうち，投資会社の持分に相当する部分については，「部分時価評価法」により，原則として投資日ごとに当該日における時価によって評価する（「基準」61項）。

2

　「非支配株主持分」とは，連結子会社の資本のうち親会社（連結財務諸表提出会社）の持分に帰属しない部分をいう。支配獲得日の子会社の資本は，親会社に帰属する部分と非支配株主に帰属する部分とに分け，前者は親会社の投資と相殺消去し，後者は非支配株主持分として処理する。支配獲得日後に生じた子会社の利益剰余金及び評価・換算差額等のうち非支配株主に帰属する部分は，非支配株主持分として処理する（「基準注解」注7）。

　「非支配株主持分」の会計処理については，連結基礎概念（連結主体論）との関連から議論が行われてきた。

　連結財務諸表は親会社株主のために作成されるべきであると考える「親会社説」に基づけば，非支配株主は連結集団外部の第三者であり，非支配株主持分は外部者持分として，連結貸借対照表では負債として表示される。「昭和50年連結原則」は，平成9年の改正まで少数株主持分（現在，非支配株主持分）を「負債の部」に表示していた。

　連結財務諸表は親会社財務諸表の延長として把握され，非支配株主といえども株主である点では，支配株主（親会社株主）と同質であり，負債として扱うことは適当ではないと考える「親会社拡張説」によれば，非支配株主持分は負債の部と資本の部との中間に表示される。「平成9年連結原則」では，少数株主持分は，一般債務のような返済義務のある負債ではなく，また，親会社株主に帰属する資本でもないところから，連結固有の項目として，負債の部と資本の部（現在，純資産の部）の中間に「独立項目」として表示されていた。

　連結財務諸表の作成目的を，親会社・子会社の連結企業集団全体を単一の経済単位とみなし，連結企業集団の営業活動に関する財務情報を提供することにあるとする「経済的単一体説」の観点からは，非支配株主も支配株主（親会社株主）と同様に，企業集団への資本提供者として同等に取り扱われるため，「非支配株主持分」は支配株主持分と同様に株主持分（純資産）の一部として表示される。「基準5号」では，負債の部と資本の部との中間区分は設けないとする消極的な考え方ではあるが，結果的に，非支配株主持分は「純資産の部」に記載されることとなった（「基準5号」22項）。ただし，非支配株主持分は，子会社の資本のうち親会社に帰属しない部分であり，親会社株主に帰属するものではなく，純資産の部における内訳項目である「株主資本」とは区別される。

〔問題42〕（連結財務諸表に関する会計基準）

1

　子会社株式を追加取得した場合，子会社の資本に対する親会社の持分は増加し，「非支配株主持分」は減少する。この場合には，追加取得した株式に対応する持分を非支配株主持分から減額し，追加取得により増加した親会社の「追加取得持分」を追加投資額と相殺消去する。追加取得持分と追加投資額との間に生じた差額は，資本剰余金として処理される（「基準」65項）。

　なお，追加取得持分及び減額する非支配株主持分は，追加取得日における非支配株主持分により計算する（「基準注解」注8・(1)）。

　例えば，×1年3月31日にS社（諸資産700,000千円（ただし，土地200,000千円を含み，そ

の支配獲時の時価は240,000千円),諸負債100,000千円,資本金400,000千円,利益剰余金200,000千円)の発行済株式の80％を500,000千円で取得し,子会社化していたが,さらに×2年3月31日にS社(資本金400,000千円,利益剰余金220,000千円)の株式の10％を70,000千円で追加取得した場合,×2年3月31日の連結修正仕訳は次のとおりである(単位:千円)。なお,のれんは,発生年度の翌年より10年間で均等償却を行い,実効税率は40％とする。

(1) 開始仕訳:

(借)資本金当期首残高　　400,000　　(貸)子会社株式　　500,000
　　利益剰余金当期首残高　200,000　　　　非支配株主持分当期首残高　120,480※2
　　評　価　差　額　　　24,000※1
　　の　れ　ん　　　　　18,080※3

※1　(240,000−200,000)×60％=24,000
※2　(400,000+200,000+24,000)×20％=120,480
※3　500,000−(400,000+200,000+24,000)×80％=18,080

(2) 利益振替仕訳:

(借)非支配株主に帰属当期純利益　4,000　　(貸)非支配株主持分当期変動額　4,000※4

※4　(220,000−200,000)×20％=4,000

(3) のれん償却仕訳:

(借)のれん償却　1,808　　(貸)の　れ　ん　1,808

(4) 追加取得仕訳:

(借)非支配株主持分　64,400※5　　(貸)子会社株式　70,000
　　資本剰余金　　　5,600

※5　(400,000+220,000+24,000)×10％=64,400

2

子会社株式の一部を売却したが,親会社と子会社の支配関係が継続している場合,子会社の資本に対する親会社持分は減少し,「非支配株主持分」は増加する。この場合には,売却株式に対応する持分を親会社持分から減額し,非支配株主持分を増額するとともに,売却による親会社持分の減少額(売却持分)と売却価額との間に生じた差額は,資本剰余金として処理する(「基準」29項,66項)。売却持分及び増額する非支配株主持分については,親会社の持分のうち売却した株主に対応する部分として計算する。子会社株式の一部売却において,関連する法人税等(子会社への投資に係る税効果の調整を含む)は,資本剰余金から控除する(「基準注解」注9)。

例えば,上記の設例において,×2年3月31日にS社株式の20％を140,000千円で売却した場合,売却時の連結修正仕訳は次のとおりである(単位:千円)。なお,(1)開始仕訳,(2)利益振替仕訳及び(3)のれん償却仕訳は同じである。

(4) 一時売却仕訳：

(借) 子 会 社 株 式　　125,000 ※6　　(貸) 非支配株主持分
　　　　　　　　　　　　　　　　　　　当期変動額　　128,800 ※7
　　　株 式 売 却 益　　 19,320　　　　　資 本 剰 余 金　　 15,520 ※8

※6　$500,000 \times \dfrac{20\%}{80\%} = 125,000$

※7　$(400,000 + 220,000 + 24,000) \times 20\% = 124,480$

※8　$140,000 - (400,000 + 220,000 + 24,000) \times 20\% = 15,520$

3

　子会社が時価発行増資等を行った場合，親会社の引受割合が従来の持分比率と異なり，かつ，発行価格が従来の1株当たりの純資産額と異なるときは，親会社の払込額と当該増資等による親会社の持分の増減額との間に差異が生じる。この差額は，持分比率の変化により，親会社持分の一部が非支配株主持分に，又は非支配株主持分が親会社持分に振り替わることから生じるものである。

　「平成9年連結原則」では，連結財務諸表上の払込資本は親会社の株主の払込資本のみであり，子会社の払込資本は連結上の払込資本を構成しないと解釈していることから，親会社の増減資によらない当該差額は，連結上の払込資本を構成しないこととされた。「基準」では，子会社の時価発行増資等による持分変動による差額も，資本剰余金として処理する（「基準」67項）。

　なお，支配獲得後の親会社の持分変動による差額は資本剰余金とされたことに伴い，資本剰余金の期末残高が負の値になる場合には，連結会計年度末において，資本剰余金を零とし，当該負の値を利益剰余金から減額する（「基準」67－2項）。

〔問題43〕（連結財務諸表に関する会計基準）

1

　親子会社間及び子会社間で行われた「連結会社相互間の取引」は，連結会計上，企業集団内で行われた内部取引とみなされ，相殺消去される。さらに，「連結会社相互間の取引」によって取得した資産に含まれる未実現損益も，消去されなければならない。

　連結会社相互間における取引高は，個別会計上，それぞれの会社の帳簿で計上されているが，企業集団全体から見れば，企業集団内部の取引から生じたものであり，企業集団外部に対する売上高・仕入高等はないので，連結会計上，相殺消去されなければならない。

2

　未実現損益の消去法として，親会社から子会社に商品を販売し，親会社が利益を計上している「ダウン・ストリーム」の場合には，「全額消去・親会社負担方式」（未実現利益を全額消去し，消去の全額を親会社が負担する方式），子会社から親会社又は他の子会社に商品を販売し，子会社が利益を計上している「アップ・ストリーム」の場合には，「全額消去・持分比率負担方式」（未実現利益を全額消去し，消去額を親会社と少数株主のそれぞれの持分比率に応じて負担させる方式）が適用される。

「全額消去・親会社負担方式」も「全額消去・持分比率負担方式」も，連結財務諸表を親会社とは区別される企業集団全体の財務諸表と位置づけて，企業集団を構成するすべての連結会社の株主の持分を反映させる「経済的単一体説」と整合している。なお，未実現損失については，売手側の帳簿価額のうち回収不能と認められる部分は消去しない。

3

「連結損益及び包括利益計算書」又は「連結損益計算書」における営業損益計算・経常損益計算・純損益計算の区分では，下記のとおり表示する（「基準」39項）。
(1) 営業損益計算の区分では，売上高及び売上原価を記載して「売上総利益」を表示し，さらに販売費及び一般管理費を記載して「営業利益」を表示する。
(2) 経常損益計算の区分では，営業損益計算の結果を受け，営業外収益及び営業外費用を記載して「経常利益」を表示する。
(3) 純損益計算の区分では，次のとおりに表示する。
 ① 経常損益計算の結果を受け，特別利益及び特別損失を記載して「税金等調整前当期純利益」を表示する。
 ② 「税金等調整前当期純利益」に法人税額等（住民税額及び利益に関連する金額を課税標準とする事業税額を含む）を加減し，「当期純利益」を表示する。
 ③ 2計算書方式の場合，「当期純利益」に「非支配株主に帰属する当期純利益」を加減し，「親会社株主に帰属する当期純利益」を表示する。1計算書方式の場合，当期純利益の直後に「親会社株主に帰属する当期純利益」及び「非支配株主に帰属する当期純利益」を付記する。

これまで使用されてきた「少数株主損益調整前当期純利益」は「当期純利益」，「少数株主損益」は「非支配株主に帰属する当期純利益」に改称された。したがって，従前の「当期純利益」は「親会社株主に帰属する当期純利益」に変更された。

なお，連結財務諸表には，次の事項が注記されなければならない（「基準」43項）。

(1) **連結の範囲等**
  連結範囲に含めた子会社，非連結子会社に関する事項その他連結の方針に関する重要な事項及びこれらに重要な変更があったときは，その旨及びその理由
(2) **決算期の異なる子会社**
  子会社の決算日が連結決算日と異なるときは，当該決算日及び連結のため当該子会社について特に行った決算手続の概要
(3) **会計処理の原則及び手続等**
  ① 重要な資産の評価基準・減価償却方法等及びこれらについて変更があったときは，その旨，その理由及びその影響
  ② 子会社の採用する会計処理の原則・手続で親会社及びその他の子会社との間で特に異なるものがあるときは，その概要
(4) 企業集団の財政状態，経営成績及びキャッシュ・フローの状況を判断するために重要なその他の事項（例えば，重要な後発事象，企業結合及び事業分離等，ノンリコース債務に対する資産）

● 「基準」の公表経緯・社会的背景

　昭和50年6月24日に「連結財務諸表原則」が企業会計審議会から公表され，昭和52年4月1日以後に開始する事業年度から適用されている。「昭和50年連結原則」では，連結財務諸表は，連結貸借対照表，連結損益計算書及び連結剰余金計算書から構成されている。基本的に「親会社説」に基づいているので，連結範囲の判定基準として「持株基準」が採用され，「少数株主持分」は負債の部に表示されている。

　税効果会計（期間差異のみを対象とする繰延法）は，わが国の会計実務では慣行として成熟していないことを考慮して，当面の間，任意的に適用された。連結財務諸表は，個別財務諸表を補足して企業集団に関する財務諸表を提供する観点から，有価証券届出書・報告書の「添付書類」として提出されることとなったが，その重要性を鑑み，公認会計士又は監査法人の監査対象となっている。

　「昭和50年連結原則」は，数次にわたり修正されてきたが，平成9年6月6日に全面的に改訂・公表された。「平成9年連結原則」は，子会社の判定基準として「持株基準」から「支配力基準」に変更し，「少数株主持分」を負債の部と資本の部（現在，純資産の部）の中間項目として表示した。任意適用とされていた「税効果会計」は全面的に適用され，その場合，評価差額も含む「一時差異」が税効果会計の対象であり，「資産負債法」が適用されている。

　「昭和50年連結原則」では，資本連結の手続が明確になっていないことが問題視されていたので，「平成9年連結原則」では，資本連結の手続が明文規定化され，「部分時価評価法」（子会社の資産・負債のうち，親会社の持分に相当する部分について株式の取得日ごとに当該日の時価で評価する方法）又は「全面時価評価法」（子会社の資産・負債のすべてを支配獲得日の時価で評価する方法）が選択適用されることとなった。

　平成13年7月26日に発足したASBJは，一連の商法改正と平成17年の会社法創設及び会計基準の国際的コンバージェンスに対応する形で，「基準第5号」，「基準第6号」，「基準第16号」等を公表してきた。「基準第5号」の公表により，「少数株主持分」は純資産の部に計上され，「基準第6号」の公表により，従来の「連結剰余金計算書」の作成は廃止され，「連結株主資本等変動計算書」の作成が制度化されることとなった。この結果，「平成9年連結原則」については多くの読替えが必要となり，さらに国際的コンバージェンスも鑑み，平成20年12月26日に「基準第22号」が「平成9年連結原則」を部分修正する形でASBJより公表された。さらに，平成25年9月13日に最終改正されている。

● 「基準」設定前の制度との相違点

　「平成9年連結原則」では，時価により評価する子会社の資産・負債の範囲を親会社の持分に相当する部分に限定する「部分時価評価法」及び子会社の資産・負債のすべてを時価で評価する「全面時価評価法」による処理が認められていたが，「平成9年連結原則」の公表後，部分時価評価法の採用はわずかであること，また，子会社株式を現金以外の対価（例えば，自社の株式）で取得する取引を対象としていた「企業結

合に係る会計基準」(平成15年10月31日公表)では「全面時価評価法」が前提とされたこととの整合性の観点から,「基準第22号」(20項)では,「全面時価評価法」のみが採用されることになった。

前述したように,「少数株主持分」は「平成9年連結原則」では負債と資本の中間項目として表示されていたが,「基準第22号」では,純資産の部に区分して記載することとされている。

従来,親会社の子会社に対する投資の金額は,個別財務諸表上の金額に基づいて算定されてきたため,子会社株式の取得が複数回により達成される「段階取得」の場合,子会社となる会社に対する支配を獲得するに至った「個々の取引ごとの原価」の合計額が当該投資の金額とされてきた。「基準第22号」では,「基準第21号」(第25項(2))の定めと同様に,段階取得における子会社に対する投資の金額は,連結財務諸表上,「支配獲得日における時価」で算定することとした。この結果,親会社となる企業の連結財務諸表において,支配獲得日における時価と支配を獲得するに至った個々の取引ごとの原価の合計額との差額は,当期の「段階取得に係る損益」(特別損益)として処理される(「基準」62項)。

投資と資本の相殺消去により生じた消去差額は,「平成9年連結原則」では,「連結調整勘定」と呼ばれていたが,「基準」では,「企業結合に係る会計基準」に従い,「のれん」に改められた。

連結損益計算書における純損益計算の区分に,「非支配株主に帰属する当期純利益」が表示される。

「平成9年連結原則」においては,連結剰余金計算書を作成することとされていたが,「基準第22号」では,「基準第5号」に従い,「連結株主資本等変動計算書」,平成10年3月に公表された「連結キャッシュ・フロー計算書」が作成される。

なお,平成25年の改正時には,子会社株式の追加取得及び一部売却,子会社の時価発行増資等に伴う持分変動差額は資本剰余金として処理されることになり,「少数株主持分」は「非支配株主持分」に改称されている。「支配力基準」を採用している場合には,親会社が必ずしも過半数の議決権を保有しているとは限らず,親会社以外の外部株主が過半数を占める可能性もある。外部株主の持分は「少数株主持分」として表示されていたが,この場合には,外部株主は少数の株主に当たらないので,IFRS3と同様に,「少数株主持分」から「非支配株主持分」に名称変更されたのである。

〔問題44〕（会計上の変更及び誤謬の訂正に関する会計基準）

1(1)

①	新たな会計方針 ❶	②	正当な理由 ❶	③	累積的影響額 ❶
④	期　首 ❶	⑤	会計事象 ❶		

(2)

　「会計方針」とは，財務諸表の作成にあたって採用した会計処理の原則及び手続をいう。「表示方法」とは，財務諸表の作成にあたって採用した表示の方法（注記による開示も含む。）をいい，財務諸表の科目分類，科目配列及び報告様式が含まれる。「会計方針」は，資産，負債，純資産，最終的には利益数値に影響を及ぼすが，「表示方法」は，実質的には利益数値に影響を与えず，形式的な表示・開示に影響する。❸

(3)

　「遡及適用」とは，新たな会計方針を過去の財務諸表に遡って適用していたかのように会計処理することであり，「財務諸表の組替え」とは，新たな表示方法を過去の財務諸表に遡って適用していたかのように表示を変更することである。両方とも，過去の財務諸表を遡及的に処理する「遡及処理」であるという点で，類似する。❸

2(1)

　過去の時点では企業は新たに採用する会計方針に基づいた会計処理を行うためのデータが必ずしも必要とされていないため，当期に遡及適用を行うのに必要なデータがその時点で収集されていない場合 ❷

　過去の時点で当期の遡及を行うのに必要なデータが収集されていたとしても，当期まで保存されていない場合 ❷

(2)

　遡及適用に関する当期の期首時点における累積的影響額を算定することはできるが，表示期間のいずれかに当該期間に与える影響額を算定することが実務上不可能な場合には，遡及適用が実行可能な最も古い期間（当期を含む）の期首時点での累積的影響額を算定し，当該期首残高から新たな会計方針を部分的に適用する。❸

　遡及適用に関する当期の期首時点における累積的影響額を算定することが実務上不可能であり，かつ，部分的な遡及適用もできない場合には，期首以前の実行可能な最も古い日から将来にわたり新たな会計方針を適用する。❸

3

　過去の財務諸表に対して新しい会計方針を遡及処理することにより，原則として財務諸表全体のすべての項目に関する情報が比較情報として提供され，特定の項目だけではなく，財務諸表全般に関する比較可能性が高まる。また，当期の財務諸表との比較可能性を確保するために，過去の財務諸表を変更後の会計方針に基づいて比較情報を提供することによっても，情報の有用性が高まる。❹

〔問題45〕(会計上の変更及び誤謬の訂正に関する会計基準)

1(1)

①	将　来 ❶	②	表示期間 ❶	③	累積的影響額 ❶
④	影響額 ❶	⑤	1株当たり ❶		

(2)

> 　会計上の見積りの変更とは，新たに入手可能となった情報に基づいて，過去に財務諸表を作成する際に行った会計上の見積りを変更することをいい，修正再表示とは，過去の財務諸表における誤謬の訂正を財務諸表に反映することをいう。 ❷

(3)

財務諸表の基礎となるデータの収集又は処理上の誤り ❶
事実の見落としや誤解から生じる会計上の見積りの誤り ❶
会計方針の適用の誤り又は表示方法の誤り ❶

2(1)

> 　「会計方針の変更」が，既存の会計基準等の改正又は廃止及び新会計基準等の設定により，従来採用していた会計方針から他の会計方針に変更することをいい，遡及処理を行うが，「会計上の見積りの変更」は，過去の見積りの変更による影響を当期以降の財務諸表に認識するため，遡及処理を行わない。 ❸

(2)

(a)	「キャッチ・アップ方式」は，実質的に過去の期間への遡及適用と同様の効果をもたらす処理となることから，新たな事実の発生に伴う見積りの変更に関する会計処理としては，適切な方法ではない。この方式による処理が適切と思われる状況があったとしても，耐用年数の短縮に収益性の低下を伴うことが多く，減損処理の中で両方の影響を含めて処理できる。耐用年数の変更等による影響額を当該期間に一時に認識する「臨時償却」として処理されている事例の多くが，将来に生じる除却損の前倒し的な意味合いが強かった。 ❸
(b)	有形固定資産の耐用年数の見積りの変更は，当期及び当該資産の残存耐用年数にわたる将来の各期間の減価償却費に影響を与えるので，当期に対する変更の影響は当期の損益で認識し，将来に対する影響があれば，その影響は将来の期間の損益で認識すべきである。 ❸

3(1)

> 　過去の期間の損益に含まれていた計算の誤り又は不適当な判断を当期において発見し，その修正を行うことから生じる損失又は利得は，前期損益修正として当期の特別損益に算入されていた。 ❷

(2)

> 　過去の財務諸表における誤謬が発見された場合に修正再表示を行えば，期間比較が可能な情報を開示するという観点から有用である。重要性の判断に基づき，過去の財務諸表を修正再表示しない場合には，損益計算書上，その性質により，営業損益又は営業外損益として認識する処理が行われることになる。 ❹

〔問題44〕（会計上の変更及び誤謬の訂正に関する会計基準）

1

　「会計方針」とは，財務諸表の作成に当たって採用した会計処理の原則及び手続をいう。「表示方法」とは，財務諸表の作成に当たって採用した表示の方法（注記による開示も含む。）をいい，財務諸表の科目分類，科目配列及び報告様式が含まれる。「会計上の見積り」とは，資産及び負債や収益及び費用等の額に不確実性がある場合において，財務諸表作成時に入手可能な情報に基づいて，その合理的な金額を算出することをいう（「基準」4項(1)～(3)）。

　「会計上の変更」とは，「会計方針の変更」，「表示方法の変更」及び「会計上の見積りの変更」をいう。過去の財務諸表における誤謬の訂正は，会計上の変更には該当しない（「基準」4項(4)）。

　「会計方針の変更」とは，従来採用していた「一般に公正妥当と認められた会計方針」から他の「一般に公正妥当と認められた会計方針」に変更することをいう。「遡及適用」とは，新たな「会計方針」を過去の財務諸表に遡って適用していたかのように会計処理することをいう（「基準」4項(5)，(9)）。

　「表示方法の変更」とは，従来採用していた「一般に公正妥当と認められた表示方法」から他の「一般に公正妥当と認められた表示方法」に変更することをいう。「財務諸表の組替え」とは，新たな「表示方法」を過去の財務諸表に遡って適用していたかのように表示を変更することをいう（「基準」4項(6)，(10)）。

　「会計上の見積りの変更」とは，新たに入手可能となった情報に基づいて，過去に財務諸表を作成する際に行った会計上の見積りを変更することをいう。「会計上の見積りの変更」は，当該変更が変更期間のみに影響する場合には，当該変更期間に会計処理を行い，当該変更が将来の期間にも影響する場合には，将来にわたり会計処理を行う（「基準」4項(7)，17項）。

　財務諸表の「遡及処理」とは，「遡及適用」，「財務諸表の組替え」又は「修正再表示」により，過去の財務諸表を遡及的に処理することをいう（「基準」27項）。

　「誤謬」とは，原因となる行為が意図的であるか否かにかかわらず，財務諸表作成時に入手可能な情報を使用しなかったことによる，又はこれを誤用したことによる，次のような誤りをいう（「基準」4項(8)）。

　① 財務諸表の基礎となるデータの収集又は処理上の誤り
　② 事実の見落としや誤解から生じる会計上の見積りの誤り
　③ 会計方針の適用の誤り又は表示方法の誤り

　「修正再表示」とは，過去の財務諸表における「誤謬の訂正」を財務諸表に反映することをいう（「基準」4項(11)）。

図表44－1　会計上の変更と誤謬の訂正

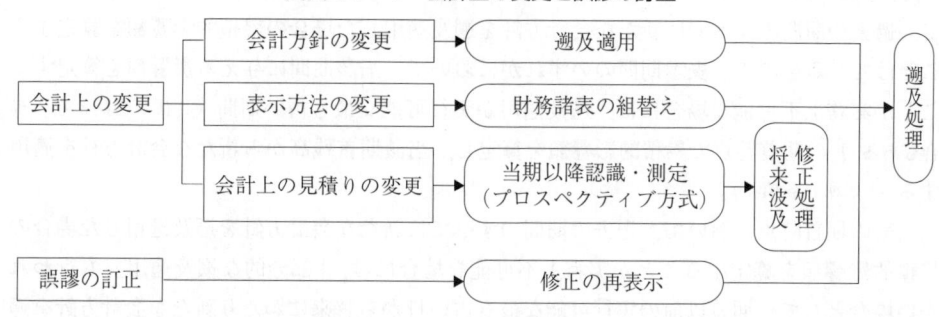

```
                ┌─ 会計方針の変更 ──→ 遡及適用 ──────────────┐
                │                                              │
会計上の変更 ──┼─ 表示方法の変更 ──→ 財務諸表の組替え ────┼→ 遡及処理
                │                                              │
                └─ 会計上の見積りの変更 →当期以降認識・測定  ├ 将来波及
                                      （プロスペクティブ方式）│ 修正処理
                                                              │
誤謬の訂正 ──────────────────────→ 修正の再表示 ──────────┘
```

「会計方針の変更」，「表示方法の変更」及び「誤謬の訂正」に対して，過去の財務諸表に「遡及処理」を求めることにより，財務諸表の期間比較可能性及び企業間比較可能性が向上し，財務諸表の意思決定有用性を高めることができる。

2

「会計方針」は，正当な理由により変更を行う場合を除き，毎期継続して適用する。「正当な理由」により変更を行う場合は，次のいずれかに分類される（「基準」5項）。

(1) 会計基準等の改正に伴う会計方針の変更

「会計基準等の改正」によって特定の会計処理の原則・手続が強制される場合，従来認められていた会計処理の原則・手続を任意に選択する余地がなくなる場合など，会計基準等の改正に伴って会計方針の変更を行うことをいう。「会計基準等の改正」には，既存の会計基準等の改正又は廃止のほか，新たな会計基準等の設定が含まれる。

なお，会計基準等に早期適用の取扱いが定められおり，これを適用する場合にも，会計基準等の改正に伴う会計方針の変更として取り扱う。

(2) 上記(1)以外の正当な理由による会計方針の変更

「正当な理由」に基づき，自発的に会計方針の変更を行うことをいう。

「会計方針の変更」が行われる場合，変更後の会計方針を過去の期間のすべてに遡及適用する。原則的な取扱いとして，「表示期間」（当期の財務諸表及びこれに併せて過去の財務諸表が表示されている場合の，その表示期間）より前の期間に関する遡及適用による累積的影響額は，表示する財務諸表のうち，最も古い期首の資産，負債及び純資産の額に反映する。表示する過去の各期間の影響額は，当該各期間の財務諸表に反映する。

ただし，「遡及適用」が実務上不能である場合には，「部分的な遡及適用」が行われるか，又は「部分的な遡及適用」も行われない。「遡及適用が実務上不可能な場合」とは，次のような状況が該当する（「基準」8項）。

(1) 過去の情報が収集・保存されておらず，合理的な努力を行っても，遡及適用による影響額を算定できない場合

(2) 遡及適用に当たり，過去における経営者の意図について仮定することが必要な場合

(3) 遡及適用に当たり，会計上の見積りを必要とするときに，会計事象・取引が発生した時点の状況に関する情報について，対象となる過去の財務諸表が作成された時点で入手可能であったものと，その後判明したものとに，客観的に区別することが時の経過により不可能な場合

「部分的な遡及適用」の取扱いは，次のとおりとする。つまり，当期の期首時点において，過去の期間のすべてに新たな会計方針を遡及適用した場合の累積的影響額を算定することはできるものの，表示期間のいずれかにおいて，当該期間に与える影響額を算定することが実務上不可能な場合には，遡及適用が実行可能な最も古い期間（これが当期となる場合もある。）の期首時点で累積的影響額を算定し，当該期首残高から新たな会計方針を適用する（「基準」9項(1)）。

当期の期首時点において，過去の期間のすべてに新たな会計方針を遡及適用した場合の累積的影響額を算定することが実務上不可能な場合には，「部分的な遡及適用」も行われない場合として，期首以前の実行可能な最も古い日から将来にわたり新たな会計方針を適用する（「基準」9項(2)）。

図表44-2　遡及適用の原則的な取扱い及び原則的な取扱いが実務上不可能な場合の取扱い
（2期開示で，当期期首に会計方針の変更（AからBへ変更）が行われた場合）

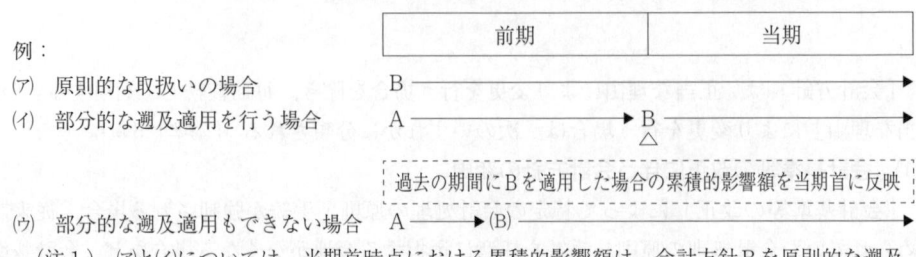

例：

	前期	当期
(ア) 原則的な取扱いの場合	B ────	────→
(イ) 部分的な遡及適用を行う場合	A ────	B △ ────→

　　　　　　　　　　　　　　　　過去の期間にBを適用した場合の累積的影響額を当期首に反映

(ウ) 部分的な遡及適用もできない場合　A ────→ (B) ────

（注1）　(ア)と(イ)については，当期首時点における累積的影響額は，会計方針Bを原則的な遡及適用を行った場合の金額となり，両者は一致している。

（注2）　(ウ)については，会計方針Bを原則的に遡及適用する場合の当期首時点の残高が算定できないケースであり，当期首の残高に与える影響額は過去のある時点から会計方針Bを将来に向けて適用した場合の累積額となるため，(ア)及び(イ)の場合の期首時点における累積的影響額とは金額が異なっている。

出所：中條恵美「企業会計基準第24号『会計上の変更及び誤謬の訂正に関する会計基準』及び企業会計基準適用指針第24号『会計上の変更及び誤謬の訂正に関する会計基準の適用指針』」『会計・監査ジャーナル』No.655，2010年，13頁。

「表示方法の変更」に対しては，新たな表示方法を過去の財務諸表に遡って適用したかのように「組替え」を行う。

「表示方法の変更」には，財務諸表における同一区分内で科目の独立掲記・統合又は科目名の変更，重要性の増加に伴う表示の変更，財務諸表の表示区分を超えた表示方法等も含まれる。

「表示方法の変更」が「会計方針の変更」に伴って行われた場合には，「会計方針の変更」として処理される（適用指針24号，7項）。例えば，営業外収益から売上高に区分変更する場合，資産・負債及び損益の認識・測定について何の変更も伴わない場合には，「表示方法の変更」として取り扱われる（適用指針24号，19項）。

キャッシュ・フローの表示の内訳の変更，営業キャッシュ・フローの表示方法（直接法・間接法）の変更などは「表示方法の変更」として取り扱われるが，資金の範囲の変更などは「会計方針の変更」として処理される（適用指針24号，9項，20項）。

3

　前述したように，会計方針の変更に対する「遡及適用」，表示方法の変更に対する「財務諸表の組替え」及び過去の誤謬に対する「修正再表示」は，「遡及処理」と総称される。

　過去の期間への遡及処理によって「期間比較可能性」及び「企業間の比較可能性」が向上し，財務諸表の意思決定有用性を高めることが期待される（「基準」34項）。

〔問題45〕（会計上の変更及び誤謬の訂正に関する会計基準）

1

　「会計上の見積り」とは，資産・負債・収益・費用等の額に不確実性がある場合に，入手可能な情報に基づいて合理的な金額を算出することをいい，「会計上の見積りの変更」とは，新たに入手可能となった情報に基づいて「会計上の見積り」を変更することをいう。

　「会計上の見積りの変更」の事例としては，有形固定資産の耐用年数について，生産性向上のための合理化・改善策が策定された結果，従来の減価償却期間と使用可能予測期間との乖離が明らかとなったことに伴い，新たな耐用年数を採用した場合などが考えられる（「基準」40項）。

　「会計上の見積りの変更」は，新しい情報によってもたらされるので，過去に遡って処理せず，その影響は将来に向けて当期以降の財務諸表において認識される（「基準」55項）。

　従来，「企業会計原則注解」（注12）の規定により，過年度における引当金過不足修正額などは「前期損益修正」として特別損益に表示されている。「基準」では，引当額の過不足が計上時の見積り誤りに起因する場合には，「過去の誤謬」に該当するため，「修正再表示」を行うこととなる。一方，過去の財務諸表作成時において入手可能な情報に基づき最善の見積りを行った場合には，当期中における状況の変化により「会計上の見積りの変更」を行ったときの差額，又は実績が確定したときの見積金額との差額は，その変更のあった期，又は実績が確定した期に，その性質により，「営業損益」又は「営業外損益」として認識することとなる（「基準」55項）。

　「会計上の見積りの変更」のうち当期に影響を与えるものには，当期だけに影響を与えるもの及び当期と将来の期間の両方に影響を与えるものがある。例えば，回収不能債権に対する貸倒見積額の見積りの変更は当期の損益・資産の額に影響を与え，当該影響は当期においてのみ認識される。一方，有形固定資産の耐用年数の見積りの変更は，当期及び将来の各期間の減価償却費に影響を与える。このように，当期に対する変更の影響は当期の損益で認識し，将来に対する影響があれば，その影響は将来の期間の損益で認識することとなる（「基準」56項）。

2

　有形固定資産の耐用年数の変更等に関する「臨時償却」は，当該影響額を変更期間で一時に認識する方法（キャッチ・アップ方式）であるが，「基準」では廃止された。「キャッチ・アップ方式」は，実質的に過去の期間への遡及適用と同様の効果をもたらす処理となることから，新たな事実の発生に伴う見積りの変更に関する会計処理としては，適切な方法ではない。「キャッチ・アップ方式」による処理が適切と思われる状況があったとして

も，その場合には耐用年数の短縮に収益性の低下を伴うことが多く，減損処理の中で両方の影響を含めて処理できる。「臨時償却」として処理されている事例の多くが，将来に生じる除去損の前倒し的な意味合いが強い。「基準」では，有形固定資産の耐用年数の変更等による影響額に対しては，当期以降に費用配分する方法（プロスペクティブ方式）が採用された（「基準」57項）。

図表45－1　キャッチ・アップ方式とプロスペクティブ方式の相違
（有形固定資産の耐用年数の変更による減価償却（定額法による））

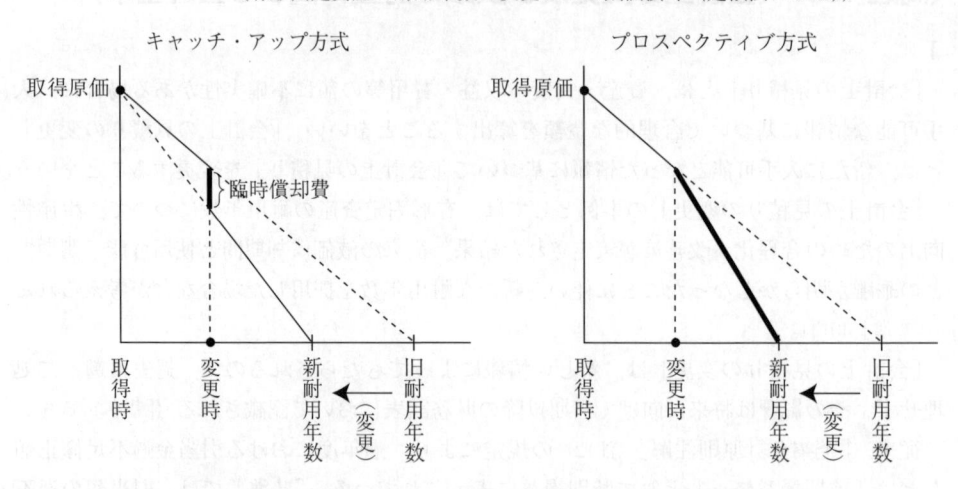

キャッチ・アップ方式　　　　　　　　　プロスペクティブ方式

（グラフ：取得原価／臨時償却費／取得時・変更時・新耐用年数・旧耐用年数（変更））

なお，「会計上の見積りの変更」を行った場合には，次の事項を注記しなければならない（「基準」18項）。
(1) 会計上の見積りの変更の内容
(2) 会計上の見積りの変更が，当期に影響を及ぼす場合は当期への影響額。当期への影響がない場合でも将来の期間に影響を及ぼす可能性があり，かつ，その影響額を合理的に見積ることができるときには，当該影響額。ただし，将来への影響額を合理的に見積ることが困難な場合には，その旨

3

会計上，「誤謬」については，それが意図的であるか否かにより，その取扱いを区別する必要性はないと考えられるため，「基準」では，誤謬を「不正」に起因するものも含められている（「基準」42項）。

「過去の誤謬」の訂正として，従来は，当該誤謬が発見された期間に「前期損益修正」として当期の特別損益で修正されていた（企業会計原則注解（注12））。「基準」では，期間比較可能な情報を開示するという観点から有用であるため，過去の財務諸表を修正再表示する方法に転換された。ただし，重要性の判断に基づき，過去の財務諸表を修正再表示しない場合は，損益計算書上，その性質により，「営業損益」又は「営業外損益」として認識する処理が行われることになると考えられる（「基準」65項）。

● 「基準」の公表経緯・社会的背景

　国際的な会計基準では，企業が自発的に会計方針や表示方法を変更した場合には，過去の財務諸表を新たな方法で遡及処理することが既に求められていた。わが国においても，平成18年5月に施行された「会社計算規則」により，これまでの商法では明示されていなかった過年度事項の修正を前提とした計算書類の作成及び修正後の過年度事項の参考情報としての提供が妨げられないことが明確化されている。これと並行して，ASBJはIASBとの共同プロジェクト（国際財務報告基準（IFRS）との差異の縮小化）の第3回会合（平成18年3月開催）で長期プロジェクト項目の中で，会計上の変更の遡及処理は，特に優先して取り組むべき項目の1つとして位置付けられた。さらに，ASBJとIASBは，平成19年8月に「東京合意」（会計基準のコンバージェンスの加速化に向けた取組みへの合意）を公表し，過年度遡及修正のプロジェクトは，平成23年6月末までにコンバージェンスを行うことが目標とされた（「基準」27項）。

　このような国内的事情と会計基準の国際的コンバージェンスを背景にして，平成21年12月4日にASBJから「基準」が公表された。

　「基準」の公表によって「会計方針の変更」，「表示方法の変更」，「会計上の見積りの変更」及び「過去の誤謬の訂正」に対する会計処理は，抜本的に改正された。そのため，他の会計処理・表示基準も連動的に改正されることになる。これから改正が予定されている「企業会計基準」等は，企業会計基準第2号「1株当たり当期純利益に関する会計基準」，企業会計基準第6号「株主資本等変動計算書に関する会計基準」，企業会計基準第7号「事業分離等に関する会計基準」，企業会計基準第12号「四半期財務諸表に関する会計基準」，企業会計基準第17号「セグメント情報等の開示に関する会計基準」，企業会計基準第21号「企業結合に関する会計基準」，企業会計基準第22号「連結財務諸表に関する会計基準」，企業会計基準適用指針第4号「1株当たり当期純利益に関する会計基準の適用指針」，企業会計基準適用指針第6号「固定資産の減損に係る会計基準の適用指針」，企業会計基準適用指針第9号「株主資本等変動計算書に関する会計基準の適用指針」，企業会計基準適用指針第10号「企業結合会計基準及び事業分離等会計基準に関する適用指針」，企業会計基準適用指針第14号「四半期財務諸表に関する会計基準の適用指針」，実務対応報告第18号「連結財務諸表作成における在外子会社の会計処理に関する当面の取扱い」，実務対応報告第19号「繰延資産の会計処理に関する当面の取扱い」，実務対応報告第24号「持分法適用関連会社の会計処理に関する当面の取扱い」に及ぶ（「基準」70項）。

● 「基準」設定前の制度との相違点

　「企業会計原則注解」（注1-2）の定義によれば，「会計方針」とは，企業が損益計算書及び貸借対照表の作成に当たって，その財政状態及び経営成績を正しく示すために採用した会計処理の原則及び手続並びに表示の方法をいう。「基準」では，「会計方針」は会計処理の原則及び手続に限定され，「表示方法」を含めていない。

「会計方針」の定義の変更

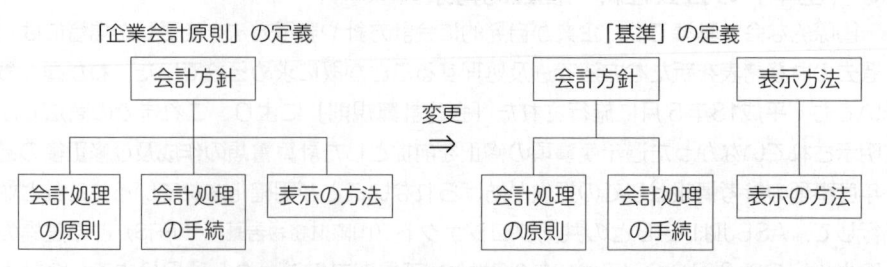

```
   「企業会計原則」の定義                    「基準」の定義
        会計方針                      会計方針        表示方法
       ┌──┼──┐        変更       ┌──┐
    会計処理 会計処理 表示の方法    ⇒    会計処理 会計処理   表示の方法
    の原則  の手続              の原則  の手続
```

　従来,「会計方針の変更」は注記されるに止まっていたが,「基準」では,「会計方針の変更」に対しては「遡及適用」,「表示方法の変更」に対しては「財務諸表の組替え」が行われる。つまり,「注記」から「遡及処理」による方法に転換された。

　「会計上の見積りの変更」に関しては,現行の会計処理を踏襲し,遡及処理を行わず,その影響を当期以降の財務諸表において認識する。ただし,従来,当該影響額を変更期間に一時に認識する「キャッチ・アップ方式」が用いられていたが,「基準」では,変更期間以降に費用配分する「プロスペクティブ方式」が採用された。したがって,「臨時償却」は廃止され,当該影響額は当期以降の費用配分に影響されることになった。

　「過去の誤謬」の取扱いに関しては,「企業会計原則注解」(注12)では,前期損益修正として当期の損益で修正されていたが,「基準」では,過去の財務諸表への「修正再表示」が行われることになった。

Column

理論問題の攻略法

　採点者の立場から言えば,出題の趣旨(題意)を正しく把握し,それに基づいたキーワードやキーセンテンス(正確な専門用語や文章・内容)による解答を期待しています。理論問題の採点は,キーワード重視であると言えます。中核となる専門用語(キーワード)の一語が足りないだけで,解答全体が低く評価される場合もあります(解答に関係のないような重要性の乏しい専門用語は避けて解答すべきです)。言葉を換えますと,問われた論点について正確な専門用語を使い,明確な文章で解答すれば,高い評価が得られるはずです。受験者諸賢の健闘を祈ります!!

〔問題46〕（包括利益の表示に関する会計基準）

1(1)

①	新株予約権 ❶	②	非支配株主 ❶	③	当期純利益 ❶
④	退職給付に係る調整額 ❶	⑤	税効果 ❶		

(2)

(イ)	株価変動（価格変動）❶
(ロ)	価格・金利・為替変動等（又は，デリバティブ取引）❶
(ハ)	為替変動 ❶
(ニ)	不確定要因・変動要因の強い外部的経済事象から生じている点に共通点がある。❷

2(1)

「包括利益」の内訳を表示する目的は，期中に認識された取引・経済的事象により生じた純資産の変動を報告するとともに，経営者がコントロールできない外部的経済事象から生じる「その他の包括利益」の内訳項目をより明瞭に開示することである。「包括利益」の表示は，財務諸表利用者が企業全体の事業活動について検討するのに役立つ。❸

(2)

(a)	ある期間における資本の増減（資本取引による増減を除く）が当該期間の利益と等しくなる関係 ❶
(b)	「その他の包括利益」が認識される場合，「クリーン・サープラス関係」を維持するためには，損益計算書の範囲を「その他の包括利益」を含む「包括利益」にまで拡大する必要がある。❷

(3)

純資産に直入されていた「その他の包括利益累計額」のうち，当期に実現される部分は当期純利益に算入する必要があるので，二重計上を避けるために，当期純利益に振り替えられる。「その他の包括利益」は，リサイクリングによって当期純利益に還元されている。❸

3(1)

2計算書方式とは，当期純利益を表示する「損益計算書」のほかに，当期純利益に「その他の包括利益」の内訳項目を加減して包括利益を表示する「包括利益計算書」を作成する方式である。当期純利益と包括利益を二つの財務諸表で明確に区別できるので，配当可能利益と配当制限のある利益がそれぞれ判別できる。❸

(2)

1計算書方式とは，当期純利益を構成する項目と「その他の包括利益」の内訳項目を表示する「損益及び包括利益計算書」を作成する方式である。この方式には，一覧性，明瞭性，理解可能性等の点で利点がある。❸

〔問題46〕（包括利益の表示に関する会計基準）

1

「包括利益」は，ある企業の特定期間の財務諸表において認識された純資産の変動額（純資産の期間差額）のうち，当該企業の純資産に持分所有者との直接的な取引によらない部分をいう。企業の純資産に対する持分所有者には，当該企業の株主，新株予約権の所有者が含まれ，連結財務諸表においては，子会社の非支配株主が含まれる（「基準」4項）。

つまり，「包括利益」とは，特定の会計期間に認識され，持分所有者に帰属する純資産の変動額（ただし，資本取引による増減を除く）をいう。したがって，会計方針の変更・誤謬の訂正に関する累積的影響額に係る期首の利益剰余金の修正額は，前期以前に帰属する純資産の変動額を当期に表示しているに過ぎないので，当期の包括利益には含められない（「基準」26項）。

「その他の包括利益」とは，包括利益のうち「当期純利益」に含まれない部分をいう。連結財務諸表における「その他の包括利益」には，親会社持分に係る部分と非支配株主持分に係る部分が含まれる（「基準」5項）。すなわち，包括利益に関する算式は次のように示すことができる。

> 包括利益＝当期純利益＋その他の包括利益

「その他の包括利益」の内訳項目としては，「その他有価証券評価差額金」，「繰延ヘッジ損益」，「為替換算調整勘定」，「退職給付に係る調整額」，「持分法適用会社に対する持分相当額」がある。これらの「その他の包括利益」には，基本的には，不確定要因・変動要因の強い外部的経済事象，すなわち価格変動・金利変動・為替変動等から生じている点に特徴がある。例えば，「その他有価証券評価差額金」は株価変動（価格変動），「繰延ヘッジ損益」はデリバティブ取引（ヘッジ手段）による価格変動・金利変動・為替変動等，「為替換算調整勘定」は為替変動から生じる変動額である。これらの変動は，経営者がコントロールできない外部的経済事象でもある。

なお，「当期純利益」は，特定期間の期末までに生じた純資産の変動額（資本取引による部分を除く）のうち，当該期間中にリスクから解放された投資の成果であり，持分所有者に帰属する部分である。

2

(1) 事業活動の遂行上，経営者がコントロールできない外部的経済事象（価格変動・金利変動・為替変動等）から生じる純資産の変動（あるいは，これらの市場相場変動リスクにより将来生じるかもしれない損失）も発生している。「包括利益」及び「その他の包括利益」の内訳を表示する目的は，期中に認識された取引・経済的事象（資本取引を除く）により生じた純資産の変動を報告するとともに，経営者がコントロールできない外部的経済事象から生じる「その他の包括利益」の内訳項目をより明瞭に開示することである。「包括利益」の表示によって提供される情報は，投資家等の財務諸表利用者が企業全体の事業活動について検討するのに役立つことができる（「基準」21項）。

「包括利益」の表示の導入は，「包括利益」が企業活動に関する最も重要な指標として

位置づけられることではなく,「当期純利益」に関する情報と併せて利用することにより,企業活動の成果に関する情報の全体的な有用性を高めることを目的とすることである。「当期純利益」は,依然として市場関係者にとって有用性のある情報であり,「包括利益」の表示によってその重要性を低めるものではない(「基準」22項)。

(2) 「その他の包括利益」の内訳を表示する目的としては,貸借対照表との連携(純資産と包括利益とのクリーン・サープラス関係)を明示することによって,財務諸表の理解可能性と比較可能性を高め,また,国際的な会計基準とのコンバージェンスにも資することである(「基準」21項)。ここに「クリーン・サープラス関係」とは,ある期間における資本の増減(資本取引による増減を除く)が当該期間の利益と等しくなる関係をいう(「基準」注1)。

　つまり,「クリーン・サープラス関係」とは,貸借対照表上の純資産(=資産-負債)が必ず損益計算書上の収益・費用の変動により変動させられ,特定の会計期間における貸借対照表上の純資産の変動額(資本取引の部分を除く)と損益計算書上の当期純利益が常に一致する関係をいう。したがって,経営者がコントロールできない市場相場変動を原因とする「その他の包括利益」を認識する場合に「クリーン・サープラス関係」を維持するためには,損益計算の範囲が「その他の包括利益」を含む包括利益にまで拡張する必要がある。「当期純利益」とともに「その他の包括利益」を提供する「包括利益計算書」の表示・提供は,企業全体の事業活動を検討したい財務諸表の利用者にとって有用となる。

(3) 純資産に直入されていた「その他の包括利益累計額」について,例えば実現時には当期純利益に算入されるので,それに対応する過年度分は二重計上を避けるために控除される。このような「その他の包括利益」からの当期純利益への振替を「リサイクリング」(組替調整)という。「その他の包括利益」は,リサイクリングによって当期純利益に還元されたことになる。つまり,「リサイクリング」とは,過年度に計上された「その他の包括利益」が,当期に投資のリスクから解放され,当期純利益に含められることをいう。

　当期純利益を構成する項目のうち,当期又は過去の期間に「その他の包括利益」に含まれていた部分は,「組替調整額」として「その他の包括利益」の内訳項目ごとに注記しなければならない(「基準」9項)。「その他の包括利益」の内訳項目の分析を容易にする観点から,当期又は過去の期間に「その他の包括利益」に含められていた項目の当期純利益への組替調整額の開示が求められている。ただし,開示の簡素化・迅速化のために,個別財務諸表(連結財務諸表を作成している場合に限る)及び四半期財務諸表(四半期連結財務諸表又は四半期個別財務諸表)においては当該注記を省略することができる(「基準」30項)。

　「組替調整額」は,当期及び過去の期間に「その他の包括利益」に含まれていた項目が当期純利益に含められた金額に基づいて計算される。具体的には,次のように計算する(「基準」31項)。

(イ)「その他有価証券評価差額金」に関する組替調整額は,当期に計上された売却損益・減損損失等,当期純利益に含められた金額による。

(ロ)「繰延ヘッジ損益」に関する組替調整額は,ヘッジ対象に係る損益が認識されたこ

と等に伴って当期純利益に含められた金額による。

(ハ) 「為替換算調整勘定」に関する組替調整額は，子会社に対する持分の減少（全部売却・清算を含む）に伴って取り崩されて当期純利益に含められた金額による。

(ニ) 「退職給付に係る調整額」に関する組替調整額は，「その他の包括利益累計額」に計上されていた「未認識数理計算上の差異」及び「未認識過去勤務費用」のうち，当期に費用処理される部分による。

なお，「土地再評価差額金」は，再評価後の金額が土地の取得原価（帳簿価額）とされているので，売却損益・減損損失等に相当する金額が当期純利益に計上されない取扱いとなっているために，その取崩額は組替調整額に該当しない。これは，「株主資本等変動計算書」において利益剰余金への振替として表示される。

「その他の包括利益」の内訳項目は，税効果控除後の金額で表示する。ただし，各内訳項目を税効果控除前の金額で表示し，それらに関連する税効果の金額を一括して加減する方法で記載することもできる。いずれの場合でも，「その他の包括利益」の各内訳項目別の税効果の金額を注記しなければならない（「基準」8項）。

表46-1 「その他の包括利益」の内訳の注記例

その他の有価証券評価差額金：	
当期発生額	400
組替調整額	△150
税効果調整前	250
税効果額	△100
その他有価証券評価差額金	150
繰延ヘッジ損益：	
当期発生額	100
税効果額	△40
繰延ヘッジ損益	60
為替換算調整勘定：	
当期発生額	200
組替調整額	△100
税効果調整前	100
税効果額	40
為替換算調整勘定	140
退職給付に係る調整額：	
当期発生額	200
組替調整額	△80
税効果調整前	120
税効果額	48
退職給付に係る調整額	72
持分法適用会社に対する持分相当額：	50
その他の包括利益合計	472

出所：企業会計基準第25号「包括利益の表示に関する会計基準」30頁一部修正。

3

　包括利益を表示する方法には,「2計算書方式」と「1計算書方式」が選択適用される（「基準」11項）。「2計算書方式」とは，従来の「損益計算書」又は「連結損益計算書」と，当期純利益に「その他の包括利益」の内訳項目を加減して包括利益を計算する「包括利益計算書」又は「連結包括利益計算書」で表示する形式方法である。「1計算書方式」とは，当期純利益の計算と包括利益の計算を一つの計算書（「損益及び包括利益計算書」又は「連結損益及び包括利益計算書」）で表示する形式方法をいう（「基準」33項）。

　つまり，包括利益の表示の形式としては，当期純利益を構成する項目と「その他の包括利益」の内訳を単一の計算書に表示する「1計算書方式」，当期純利益を構成する項目を表示する第1の計算書（従来の損益計算書）と「その他の包括利益」の内訳の表示する第2の計算書（包括利益計算書）から成る「2計算書方式」の選択適用が認められている。

　なお，連結財務諸表においては，包括利益のうち親会社株主に係る金額及び非支配株主に係る金額を付記しなければならない（「基準」11項）。

表46-2　包括利益の表示例

【2計算方式】		【1計算書方式】	
<連結損益計算書>		<連結損益及び包括利益計算書>	
売上高	10,000	売上高	10,000
⋮		⋮	
税金等調整前当期純利益	2,200	税金等調整前当期純利益	2,200
法人税等	900	法人税等	900
当期純利益	1,300	当期純利益	1,300
非支配株主に帰属する当期純利益	300		
親会社株主に帰属する当期純利益	1,000	（内訳）	
<連結包括利益計算書>		親会社株主に帰属する当期純利益	1,000
当期純利益	1,300	非支配株主に帰属する当期純利益	300
その他の包括利益：		その他の包括利益：	
その他有価証券評価差額金	530	その他有価証券評価差額金	530
繰延ヘッジ損益	100	繰延ヘッジ損益	100
為替換算調整勘定	△180	為替換算調整勘定	△180
退職給付に係る調整額	200	退職給付に係る調整額	200
持分法適用会社に対する持分相当額	50	持分法適用会社に対する持分相当額	50
その他の包括利益合計	700	その他の包括利益合計	700
包括利益	2,000	包括利益	2,000
（内訳）		（内訳）	
親会社株主に係る包括利益	1,600	親会社株主に係る包括利益	1,600
非支配株主に係る包括利益	400	非支配株主に係る包括利益	400

出所：企業会計基準第25号「包括利益に関する会計基準」一部修正。

包括利益の表示（包括利益計算書の作成）は，当面の間，個別財務諸表には適用されない（「基準」16-2項）。連結財務諸表上は，これまでに公表された会計基準等で使用されている純資産の部の「評価・換算差額等」という用語は，「その他の包括利益累計額」と読み替えるものとする（「基準」16項）。したがって，個別財務諸表上は，「評価・換算差額等」という用語が引き続き利用される。

　平成25年の改正により，従前の「少数株主損益調整前当期純利益」は「当期純利益」，「少数株主利益」は「非支配株主に帰属する当期純利益」，「当期純利益」は「親会社株主に帰属する当期純利益」，「少数株主に係る包括利益」は「非支配株主に係る包括利益」に改称された。なお，1計算書方式においては，「当期純利益」の直後に「親会社株主に帰属する当期純利益」及び「非支配株主に帰属する当期純利益」を付記しなければならない（「基準」20-3項）。

● 「基準」の公表経緯・社会的背景

　わが国の会計基準では，国際的な会計基準（国際財務報告基準，米国会計基準）において「その他の包括利益」とされている項目の貸借対照表残高は，純資産の部の中の株主資本以外の項目として「評価・換算差額等」に表示され，それらの当期変動額は「株主資本等変動計算書」に表示されていたが，その当期変動額と当期純利益との合計額を表示する「包括利益計算書」の作成は要求されていなかった（「基準」18項）。

　国際的な会計基準の動向に対応するため，当期純利益の表示の維持を前提とした上で，「包括利益計算書」の導入が検討され，平成22年6月30日に企業会計基準第25号「包括利益の表示に関する会計基準」がASBJから公表された。企業会計基準第26号「退職給付に関する会計基準」が平成24年5月17日に公表されたのに伴い，平成24年6月29日に改正されている。さらに，「連結財務諸表に関する会計基準」が平成25年9月13日に改正されたのに伴い，再改正されている。

● 「基準」設定前の制度との相違点

　従前には，企業の財務業績を表示する財務諸表としては「損益計算書」しか存在していなかった。「基準」の公表後では，「包括利益計算書」の作成が要求される（ただし，当面の間，個別財務諸表には適用されない）。

　包括利益を表示する方式には，「2計算書方式」と「1計算書方式」との選択適用が認められている。2計算書方式では，「連結損益計算書」と「連結包括利益計算書」が作成され，1計算書方式では，「連結損益及び包括利益計算書」が作成される。

　また，「基準」の設定により，連結財務諸表上，これまでに公表されている会計基準等で使用されている「評価・換算差額等」という用語は，「その他の包括利益累計額」と読み替えられることとなった。

　平成25年の改正により，例えば，「少数株主利益」が「非支配株主に帰属する当期純利益」，「少数株主損益調整前当期純利益」が「当期純利益」，「当期純利益」は「親会社株主に帰属する当期純利益」に改称されている。

〔問題47〕（退職給付に関する会計基準）

1(1)

① 積立状況を示す額 ❶	② 退職給付見込額 ❶	③ 全勤務期間 ❶
④ 各勤務期間 ❶		

(2)

退職一時金 ❶	退職年金 ❶

(3)

予想される将来の給付水準の上昇率（将来の昇給率）❶

(4)

退職給付引当金 ❶

2(1)

測定方法	具体的内容
確定給付債務	年金資産の範囲を法的に確定する年金受給権取得日から退職日までの受給権取得期間に限定する。❷
累積給付債務	入社から年金受給権取得日までの受給権未取得期間も含めて，従業員が既に提供した勤務に対し測定時点の給与水準を反映した年金債務を算定する時点の給与水準を反映した年金債務を算定する。❷
予測給付債務	入社から年金受給権取得日までの受給権未取得期間も含めて，従業員が既に提供した勤務に対し将来の給与水準の上昇率等，確実に見込まれる退職給付の変動要因を反映した年金債務を算定する。❷

(2)

給付算定式基準では，勤務期間の後期における給付算定式に従った給付が初期よりも高い水準となるので，勤続年数の増加に応じた労働サービス向上を考慮すれば，毎期の費用を定額とする期間定額基準よりも，費用が増加する給付算定式基準の方が実態をより表している。❹

3(1)

資産とは，企業が支配している経済的資源であり，収益獲得のために所有されている。収益獲得のために企業が所有する内部運用資産とは異なり，外部に積み立てられている年金資産は，退職給付の支払のみに使用されることが制度的に担保されているので，当該年金資産を貸借対照表に計上することには問題があり，財務諸表の利用者に誤解を与える恐れがある。つまり，年金資産は，退職給付債務から直接控除され，貸借対照表上，表示されることはない。❹

(2)

退職給付に充てるために企業内部で資産を運用する場合，当該資産は企業が支配している経済資産であり，収益獲得のために貢献できるので，資産性を有する。したがって，他の内部運用資産と同様に，貸借対照表上，資産として計上される。❸

〔問題48〕 （退職給付に関する会計基準）

1(1)

①	退職給付見込額 ❶	②	退職給付債務 ❶	③	期待運用収益相当額 ❶
④	平均残存勤務期間 ❶	⑤	その他の包括利益 ❶		

(2)

(イ)	一期間の労働の対価として発生したと認められる退職給付 ❷
(ロ)	期首時点の退職給付債務について，期末までの時の経過により発生する計算上の利息 ❷

(3)

各期年度末に計上される退職給付債務は，時の経過により年々割引期間が短くなるので，それに応じて退職給付債務そのものが増加していく。その増加部分が利息費用であり，一種の金融費用としての性格を有する。 ❸

2(1)

(a)	退職給付水準の改訂等に起因して発生した退職給付債務の増加部分又は減少部分 ❷
(b)	年金資産の期待運用収益と実際の運用成果との差異，退職給付債務の数理計算に用いた見積数値と実績との差異及び見積数値の変更等により発生した差異 ❸

(2)

過去勤務債務に遅延認識が認められる理由は，過去勤務債務の発生原因である給与水準の改訂等により従業員の勤務意欲が向上し，将来の収益向上が期待されるからである。数理計算上の差異に認められる理由は，予測と実績の差異のみならず，予測数値の修正も調整され，平準化されるからである。 ❹

3

企業年金制度を採用している場合，基金等の外部機関に拠出された資金は年金資産として運用されることにより，運用収益を生むが，当該年金資産は退職給付の支払のみに使われる。その運用収益は退職給付費用と関連して発生したものであるので，退職給付費用から控除される。 ❹

〔問題49〕 (退職給付に関する会計基準)

1(1)

①	その他の包括利益 ❶	②	その他の包括利益累計額 ❶
③	職給付に係る負債 ❶	④	退職給付に係る資産 ❶
⑤	組替調整額 ❶		

(2)

(a)	過去勤務債務 ❶
(b)	年金財政計算上の「過去勤務債務」とは異なることを明瞭にするため ❷

(3)

退職給付債務から年金資産の額を控除した額 ❶

2

> 「数理計算上の差異」は，年金資産の期待運用収益と実際の運用成果との差異等であり，「過去勤務費用」は，退職給付水準の改訂等に起因して発生した退職給付債務の増減部分である。これらは，見積事象，将来の予測等の不確定要因・変動要因の強い経済事象から生じる純資産の変動額であるので，当期に費用処理されなかった「未認識数理計算上の差異」及び「未認識過去勤務費用」は，損益計算上，「その他の包括利益」に含めて計上し，貸借対照表上，税効果調整後，純資産の部における「その他の包括利益累計額」に計上・表示する。 ❿

3

> 「その他の包括利益」に計上された「数理計算上の差異」及び「過去勤務費用」，「その他の包括利益累計額」に計上された「未認識数理計算上の差異」及び「未認識過去勤務費用」については，その内容の注記が求められていること，「その他の包括利益」の内訳項目ごとに組替調整額の注記が求められていることを踏まえ，包括利益計算書上では，区分表示を求めず，それらを一括して計上することが認めれる。 ❻

〔問題47〕（退職給付に関する会計基準）

1

「退職給付」とは，一定の期間にわたり労働を提供したこと等の事由に基づいて，退職以後に従業員に支給される給付をいう。

退職給付は，退職時に一括して支払う「退職一時金」，企業年金制度（退職給付に充てる資金を基金等の外部機関に拠出・積立して，管理を委託する外部積立制度）に基づいて退職後一定期間にわたって分割払いされる「退職年金」（企業年金ともいう）から成る。

「退職給付債務」は，一定の期間にわたり労働を提供したこと等の事由に基づいて，退職以後に従業員に支給される「退職給付」（すなわち「退職給付見込額」）のうち，認識時点までに発生していると認められる部分を割り引いて測定される（「基準」6項）。具体的には，当期末（認識時点）における退職給付債務として，将来の給付時点から現在までの貨幣の時間価値を割り引いた現在価値を示すために，一定の割引率及び予想される退職時から現在までの期間に基づき現在価値に割り引く「現価方式」が採用される。

つまり，「退職給付債務」は，退職により見込まれる退職給付の総額である「退職給付見込額」のうち，当期末（認識時点）までに発生していると認められる額を割り引いて計算される（「基準」16項）。

「退職給付債務」から「年金資産」の額を控除した額を「退職給付に係る負債」として固定負債にする（「基準」27項）。ただし，個別貸借対照表上，当面の取扱いとして，従来の「退職給付引当金」が使用できる（「基準」13項，39項）。したがって，退職給付に係る負債（退職給付引当金）は，次のような算式によって示される。

> 退職給付に係る負債（退職給付引当金）＝退職給付債務－年金資産

なお，「年金資産」とは，企業年金制度に基づき退職給付に充てるため積み立てられている資産であり，退職給付に充てるための基金等，外部に積み立てられている資産を「年金資産」という。

「年金資産」は，特定の退職給付制度のために，その制度について企業と従業員との契約（退職金規程）等に基づいて積み立てられた，次のすべてを満たす特定の資産に限定されている（「基準」7項）。
(1) 退職給付以外に使用できないこと
(2) 事業主及び事業主の債権者から法的に分離されていること
(3) 積立超過分を除き，事業主への返還，事業主からの解約・目的外の払出し等が禁止されていること
(4) 資産を事業主の資産と交換できないこと

「年金資産」は，退職給付の支払いのためのみに使用されることが制度的に担保されているので，これを収益獲得目的保有の「一般資産」と同様に企業の貸借対照表に計上することには問題があり，かえって，財務諸表の利用者に誤解を与える。つまり，年金資産は退職給付債務から直接控除されることになり，貸借対照表上に計上されることはない。

退職給付債務の額より控除される年金資産の額は，期末における時価（公正な評価額）により計算する（「基準」22項）。「公正な評価額」とは，資産取引に関し十分な知識と情報

を有する売り手と買い手が自発的に相対取引するときの価格を指す。

退職以後に従業員に支払う「退職給付」(退職一時金及び退職年金の総称)は，従業員の勤務期間にわたって労働の提供により発生するものであり，その発生が当期以前の事象に起因する将来の特定の費用的支出であるので，退職給付の認識基準として発生主義が採択されることになる。

　　　(借) 退職給付費用　　×××　　(貸) 退職給付に係る負債　　×××

図表47－1　退職給付に係る負債の計算構造

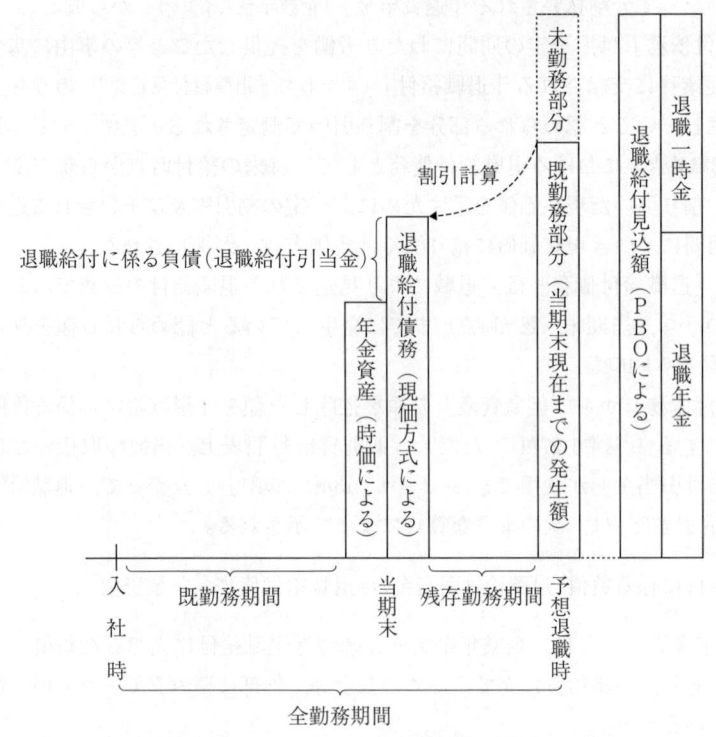

[図表]

出所：菊谷正人＝石山　宏，前掲書，61頁一部修正。

2

「退職給付債務」は，予想退職時の「退職給付見込額」に基づき，当期末(認識時点)までの発生額を割り引いて計算されるので，まず最初に，予想退職時の「退職給付見込額」を見積もる必要がある。「退職給付見込額」の算定については，次のような3つの考え方がある。

(a) 年金債務の範囲を法的に確定する年金受給権取得日から退職日までの受給権取得期間に限定する「確定給付債務」(vested benefit obligation：VBO)

(b) 入社から年金受給権取得日までの受給権未取得期間も考慮して，従業員がすでに提供した勤務に対し測定時点の給与水準を反映した年金債務を把握する「累積給付債務」(accumulated benefit obligation：ABO)

(c) 将来の給付水準の上昇率等，確実に見込まれる退職給付の変動要因を勘案して算定した「予測給付債務」(projected benefit obligation：PBO)

図表47-2　退職給付見込額の範囲

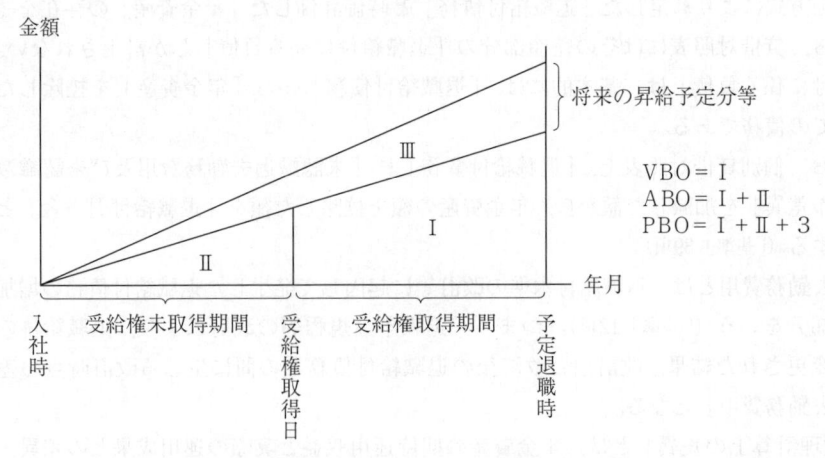

```
VBO = Ⅰ
ABO = Ⅰ + Ⅱ
PBO = Ⅰ + Ⅱ + 3
```

（図中ラベル：金額／将来の昇給予定分等／Ⅲ／Ⅱ／Ⅰ／年月／入社時／受給権未取得期間／受給権取得日／受給権取得期間／予定退職時）

出所：菊谷正人＝石山　宏，前掲書，66頁

「退職給付見込額」は，合理的に見込まれる退職給付の変動要因を考慮して見積もられる（「基準」18項）。「退職給付見込額」の見積りにおいて合理的に見込まれる退職給付の変動要因には，予想される見込まれる昇給等が含まれる。また，臨時的に支給される退職給付等であってあらかじめ予測できないものは，「退職給付見込額」に含まれない（「基準注解」注5）。

このように，「退職給付見込額」は，現在の給与水準ではなく，将来の給与水準によって算定されるので，将来の昇給部分等を含む「予測給付債務」（PBO）が採用されている。

なお，「退職給付見込額」のうち期末までに発生したと認められる額には，次のいずれかの期間帰属が選択適用される。この場合，いったん採用した方法は，原則として，継続適用しなければならない（「基準」19項）。

(1) 退職給付見込額について全勤務期間で除した額を各期の発生額とする「期間定額基準」

(2) 退職給付制度の給付算定式に従って各勤務期間に帰属させた給付に基づき見積もった額を，退職給付見込額の各期の発生額とする「給付算定式基準」（勤務期間の後期における給付算定式に従った給付が初期よりも著しく高い水準となる場合には，当該期間の給付が均等に生じるとみなして補正した給付算定式基準）

「退職給付見込額」のうち当期末現在までに発生した額（既勤務期間相当額）が算定されれば，次に，これを割引計算して「退職給付債務」が計算される。

「退職給付債務」の計算における割引率は，安全性の高い債券の利回りを基礎として決定する（「基準」20項）。なお，割引率の基礎とする安全性の高い債券の利回りとは，期末における国債，政府機関債及び優良社債の利回りをいう（「基準注解」注6）。

要するに，「退職給付債務」を計算するためには，合理的に見込まれる退職給付の変動要因を考慮して算定された「予測給付債務」（PBO）のうち，認識時点（当期末）までに発生したと見込まれる金額（全勤務期間のうち当期までの勤務期間の割合により計算した既勤務部分）を国債等の安全性の高い債券の利回り（割引率）で割り引いた「現在価値」が採用される。ただし，「退職給付債務」は，簿外で計算されるものであり，帳簿上記録するもの

ではない。

　現価方式により算定した「退職給付債務」と時価評価した「年金資産」の存在を認識しながら，貸借対照表にはその差額部分の「退職給付に係る負債」しか計上されない。「退職給付に係る負債」は，基本的には，「退職給付債務」から「年金資産」を控除した純額としての債務である。

　なお，個別貸借対照表上，「退職給付債務」に「未認識過去勤務費用及び未認識数理計算上の差異」を加減した額から，年金資産の額を控除した額を「退職給付引当金」として計上する（「基準」39項）。

　過去勤務費用とは，退職給付水準の改訂等に起因して発生した退職給付債務の増加又は減少部分をいう（「基準」12項）。つまり，退職年金規程等の改訂により，退職給付の給付額が変更された結果，改訂前と改訂後の退職給付債務との間に生じる改訂時点の差額が「過去勤務費用」となる。

　「数理計算上の差異」とは，年金資産の期待運用収益と実際の運用成果との差異，退職給付債務の数理計算に用いた見積数値と実績との差異及び見積数値の変更等により発生した差異をいう（「基準」11項）。

　具体的には，「数理計算上の差異」には，あらかじめ定められた期待運用収益率により予定された期待運用収益と実際の運用成果との差異，基礎率を変更した場合に生じる差異がある。例えば，退職給付算定方法や給付期間など，給付水準自体の変更により生じる差異は「過去勤務費用」となるが，退職給付計算の基礎となる給与額の増加が，予定していた昇給率と異なることにより，「退職給付見込額」に差異が生じる場合，その差異は「数理計算上の差異」となる。

3

　平成18年12月にASBJから公表された『討議資料』（第3章4項）によれば，「資産」とは，過去の取引又は事象の結果として，報告主体（企業）が支配している経済的資源をいう。企業に支配されている経済的資源は，当該企業の収益獲得のために保有されている。

　前述したように，「年金資産」は，企業年金制度に基づき退職給付に充てるために積み立てられている資産をいう。すなわち，「年金資産」は，退職給付に充てるため基金等，外部に積み立てられている資産であり，退職給付の支払のためのみに使用されることが制度的に担保されている。収益獲得のために保有する「一般資産」と同様に，「年金資産」を企業の貸借対照表に計上することには財務諸表の利用者に誤解を与える恐れがある。したがって，「年金資産」は「退職給付債務」から直接控除されることになる。

　「退職給付に係る負債」を算定する場合，必ずしも退職給付債務が年金資産額を上回るとは限らない。退職給付債務額が年金資産額より下回る場合には，控除しきれなかった金額は「退職給付に係る資産」（個別貸借対照表上，「前払年金費用」）として資産計上される（「基準」13項）。「退職給付に係る資産」（個別貸借対照表上，「前払年金費用」）が生じる原因として，次のような場合が考えられる。

　① 期待運用収益よりも実際運用収益が多く獲得され，数理計算上の差異の発生によって年金資産の額が退職給付債務の額を超過した。

　② 給付水準の引下げによって退職給付債務が減少し，結果として年金資産の額が退職

給付債務の額を超過した。
　③　毎期の退職給付費用の額を超えて退職年金の掛金が拠出された。

〔問題48〕（退職給付に関する会計基準）

1

　当期の「勤務費用」及び「利息費用」は「退職給付費用」として処理される。企業年金制度を採用している場合には，年金資産に係る当期の「期待運用収益」が差し引かれるが，「過去勤務費用」及び「数理計算上の差異」に係る当期の費用処理額は退職給付費用に含まれる（「基準」14項）。したがって，「退職給付費用」は，下記算式により示される。

> 退職給付費用＝勤務費用＋利息費用－期待運用収益±過去勤務債務の償却額±数理計算上の差異の償却額

　なお，「退職一時金」は，「退職年金」と異なり外部拠出型でないために，運用収益は生じないので，「退職一時金」しか設定していない場合には，上記算式から「期待運用収益相当額」が除かれる。

　「勤務費用」とは，一期間の労働の対価として発生したと認められる退職給付をいい，割引計算により測定される（「基準」17項）。つまり，「勤務費用」は，「退職給付見込額」のうち当期に発生した額を一定の割引率及び残存勤務期間に基づき割り引いて計算される。従業員の勤務に伴い毎期新たに発生する労務費のうち，将来，退職給付として支給される部分が「勤務費用」となる。

　「利息費用」とは，割引計算により算定された期首退職給付債務について，期末までの時の経過により発生する計算上の利息をいい，下記算式のように，期首の「退職給付債務」に割引率を乗じて計算する（「基準」21項）。

> 利息費用＝期首退職給付債務×割引率

　各期末に計上される「退職給付債務」は，時の経過に従って年々割引期間が短くなるが，それに応じて退職給付債務そのものが増加していく。その増加部分が「利息費用」であり，一種の金融費用としての性格を有する。「利息費用」は，上記の「勤務費用」と合わせ，経常的性格を有する「退職給付費用」を構成する。

2

　「過去勤務費用」とは，退職給付水準の改訂等に起因して発生した退職給付債務の増加部分又は減少部分である。退職給付水準の改訂により給付の引上げがあれば，退職給付債務の増加となり，退職給付費用に加算され，給付の引下げが実施されれば，退職給付債務の減少となり，退職給付費用を減額させる。

　「数理計算上の差異」とは，年金資産の期待運用収益と実際運用成果との差異，退職給付債務の数理計算に用いた見積数値と実績との差異及び見積数値の変更等により発生した差異をいう。例えば，実際運用収益が期待運用収益を超過すれば，退職給付費用の計算で少ない金額を控除したのであるため，当該超過額は「数理計算上の差異」とされ，退職給

付費用の計算の際に控除される。期待運用収益が実際運用収益を超過すれば，当該超過額は退職給付費用に加算される。割引率の変更があった場合，割引率の引下げにより増加する退職給付債務は退職給付費用に加算され，割引率の引上げにより減少する退職給付債務は退職給付費用から控除されることになる。

「過去勤務費用」及び「数理計算上の差異」は，原則として，各期の発生額について平均残存勤務期間以内の一定の年数で按分した額を毎期費用処理しなければならない（「基準」24項，25項）。ただし，「過去勤務費用」は発生時に全額を費用処理することができ，「数理計算上の差異」の当期発生額は翌期から費用処理することができる（「基準注解」注7，注8）。

このように，「過去勤務費用」の会計処理方法としては，過去勤務費用が把握された時点で全額を負債・費用として認識する方法のほかに，一時の費用として認識せず，将来にわたり徐々に認識する「遅延認識」が原則として採用されている。「遅延認識」の場合，過去勤務費用及び数理計算上の差異でありながら費用処理されていない「未認識過去勤務費用」及び「未認識数理計算上の差異」が生じるが，「未認識過去勤務費用」及び「未認識数理計算上の差異」は，税効果を調整した後に，「その他の包括利益」を通じて純資産の部に計上する（「基準」24項，25項）。

過去勤務費用に「遅延認識」が認められる理由としては，過去勤務費用の発生要因である給与水準の改訂等により従業員の勤労意欲が向上し，将来の収益向上が期待されるからである。「数理計算上の差異」については，予測と実績の差異のみならず，予測数値の修正も調整・平準化させる必要があるからである。

3

企業年金制度が採用されている場合，基金等の外部機関に拠出された資金は「年金資産」として運用され，運用収益を生むことができる。当該年金資産は退職給付の支払のみに利用されるので，その運用益は退職給付費用と関連して発生し，退職給付費用から差し引かれることになる。その場合の「期待運用収益」は，下記算式のように，期首の年金資産の額に「長期期待運用収益率」を乗じて計算される（「基準」23項）。

> 期待運用収益＝期首年金資産額(時価評価による)×長期期待運用収益率

年金資産の「長期期待運用収益率」を合理的に予測するためには，退職給付の支払時まで保有している年金資産のポートフォリオ，過去の運用実績（3年程度），将来の運用方針，市場の動向等が考慮される。

「期待運用収益」は，「退職給付費用」の額の算定上，勤務費用と利息費用の合計額から控除される。したがって，将来的に株式市場・債券の市場相場が上昇すると期待できる場合には，長期期待運用収益率が上昇すると予測されるので，退職給付費用は減少すると予定される。

運用収益に実績値ではなく期待値が用いられる理由としては，年金資産の収益が毎年変動することは，結果として，年金費用にも影響を及ぼすため，そのような変動を回避することにある。

実際運用収益と期待運用収益との差は，「数理計算上の差異」に含めることになるが，

期待運用収益が実際運用収益を上回る場合には「数理計算上の差損」，期待運用収益が実際運用収益を下回る場合には「数理計算上の差益」となる。

〔問題49〕（退職給付に関する会計基準）

1

　平成10年６月16日に企業会計審議会から公表された「退職給付に係る会計基準」（以下「平成10年会計基準」という）で呼称されていた「過去勤務債務」は，平成24年６月29日にASBJにより改正された「基準」では，「過去勤務費用」という名称に改められた。これは，年金財政計算上の「過去勤務債務」とは異なることを明瞭にするためであり，その内容の変更を意図したものではない（「基準」52項）。

　また，「退職給付引当金」は「退職給付に係る負債」，「前払年金費用」は「退職給付に係る資産」に改称された。ただし，個別貸借対照表上では，負債として計上される額については，従来の「退職給付引当金」の科目をもって固定負債に計上し，資産として計上される額については，従来の「前払年金費用」等の適当な科目をもって固定資産に計上する（「基準」39項）。

　複数の退職給付制度を採用している場合，１つの退職給付制度に係る年金資産が当該退職給付制度に係る退職給付債務を超えるときは，当該年金資産の超過額を他の退職給付制度に係る退職給付債務から控除してはならない（「基準注解」注１）。

　「平成10年会計基準」においても，「退職給付見込額」は，合理的に見込まれる退職給付の変動要因を考慮して見積もることとされていたが，「合理的に見込まれる退職給付の変動要因」として，「確実に見込まれる昇給等」を挙げていた。

　しかしながら，「退職給付債務」及び「勤務費用」の計算基礎の１つである予想昇給率について，(a)確実なものだけを考慮する場合，割引率等の他の計算基礎との整合性を欠く結果になると考えられること，(b)国際的な会計基準では確実性までは求められていないことを勘案し，「基準」では，確実に見込まれる昇給等ではなく，「予想される昇給等」を考慮すべきこととしている。また，臨時に支給される退職給付等であってあらかじめ予測できないものは，退職給付額に含まれない（「基準注解」注５）。

　なお，「退職給付債務」の割引計算における割引期間としては，退職給付の支払見込日までの期間が適当であると考えられるが，「平成10年会計基準」は，必ずしもこれと一致しない退職日までの期間を前提とした定めを置いていたことから，「基準」ではそうした部分の記載を削除している（「基準」66項）。

　「積立状況を示す額」とは，退職給付債務から年金資産の額を控除した額をいう。退職給付債務が年金資産の額を上回る場合には，「退職給付に係る負債」として固定負債に計上し，年金資産の額が退職給付債務を上回る場合には，「退職給付金に係る資産」として固定資産に計上する（「基準」27項）。

2

　「数理計算上の差異」とは，(1)年金資産の期待運用収益と実際の運用成果との差異，(2)退職給付債務の数理計算に用いた見積数値と実績との差異，(3)見積数値の変更等により発生した差異をいう。「数理計算上の差異」は，原則として各期の発生額について，予想さ

れる退職時から現在までの平均的な期間（以下「平均残存勤務期間」という）以内の一定の年数で按分した額を毎期費用処理する。なお，このうち当期純利益を構成する項目として費用処理されていないものを「未認識数理計算上の差異」という（「基準」11項，24項）。

「過去勤務費用」とは，退職給付水準の改訂等に起因して発生した退職給付債務の増加又は減少部分をいう。「過去勤務費用」は，原則として各期の発生額について，「平均残存勤務期間」以内の一定の年数で按分した額を毎期費用処理する。なお，このうち当期純利益を構成する項目として費用処理されていないものを「未認識過去勤務費用」という（「基準」12項，25項）。

このように，「数理計算上の差異」及び「過去勤務費用」は，見積事象，将来の予測等の不確定要因・変動要因の強い経済事象から生じる純資産の変動額であるので，「基準」では，当期に費用処理されなかった「未認識数理計算上の差異」及び「未認識過去勤務費用」は，損益計算書上では「その他の包括利益」に含めて計上され，貸借対照表では，税効果調整後，純資産の部における「その他の包括利益累計額」に「退職給付に係る調整累計額」等の適当な科目をもって計上されることとなった（「基準」15項，27項）。

また，当期に発生した「未認識数理計算上の差異」及び「未認識過去勤務費用」は，税効果を調整した上，「その他の包括利益」を通じて純資産の部に計上する（「基準」24～25項）。

「平成10年会計基準」では，費用処理されない部分（「未認識数理計算上の差異」及び「未認識過去勤務費用」）については貸借対照表に計上せず，これに対応する部分を控除した「積立状況を示す額」を負債（又は資産）として計上していたが，一部を除いた「積立状況を示す額」が貸借対照表に計上される場合，積立超過のときに負債（退職給付引当金）を計上し，積立不足のときに資産（前払年金費用）を計上することがあり得るなど，退職給付制度に係る状況について財務諸表利用者の理解を妨げる欠陥が内在していた（「基準」55項）。

3

退職給付に係る注記事項として，下記事項が列挙されている。ただし，(2)から(11)について，連結財務諸表に注記されている場合には，個別財務諸表には記載を要しない（「基準」30項）。

(1) 退職給付の会計処理基準に関する事項
(2) 企業が採用する退職給付制度の概要
(3) 退職給付債務の期首残高と期末残高の調整表
(4) 年金資産の期首残高と期末残高の調整表
(5) 退職給付債務及び年金資産と貸借対照表に計上された退職給付に係る負債・資産の調整表
(6) 退職給付に関連する損益
(7) 「その他の包括利益」に計上された「数理計算上の差異」及び「過去勤務費用」の内訳
(8) 貸借対照表の「その他の包括利益累計額」に計上された「未認識数理計算上の差異」及び「未認識過去勤務費用」の内訳
(9) 年金資産に関する事項（年金資産の主な内訳を含む）
(10) 数理計算上の計算基礎に関する事項

⑾ その他の退職給付に関する事項

　上記(7)・(8)のように，当期に発生した「未認識数理計算上の差異」，「未認識過去勤務費用」及び「当期に費用処理された組替調整額」については，その内訳の注記が求められている。さらに，企業会計基準第25号「包括利益の表示に関する会計基準」に従って，「その他の包括利益」の内訳項目ごとに組替調整額を注記しなければならない。このような事情を考慮して，「連結包括利益計算書」（又は「連結損益及び包括利益計算書」）上では区分表示を求めず，それらを一括して計上することとされた（「基準」76項）。

● 「基準」の公表経緯・社会的背景

　企業会計審議会が昭和43年11月11日に「企業会計上の個別問題に関する意見第二　退職給与引当金の設定について」（以下,「個別意見第二」という）を公表していたが,「退職一時金」を対象とするに過ぎなかった。「個別意見第二」では, 退職一時金費用を各期に割り当てる方式として,「将来支給予測方式」,「期末要支給額計上方式」及び「現価方式」（将来支給予測方式の現価方式と期末要支給額計上方式の現価方式）が解説されている。「企業会計原則」も, 退職給与引当金を引当金の1つとして例示列挙するにとどまっていた。

　「企業年金」に関しては, 会計基準等が存在しなかったため,「企業年金制度」を採用している場合, 拠出金（年金掛金）を当期の費用として処理する現金主義が実務上適用されていた。つまり, 直接給付について退職給与引当金制度（内部積立制度）による一方, 企業年金制度（外部積立制度）には現金主義が実務化され, 退職給付に関する会計処理の統一性が欠如していた。

　近年, 直接給付による退職給付の一部を「企業年金制度」による給付に移行し, 両者を併用する企業も多くなり退職給付全般に係る会計基準の設定が要請されていた。退職一時金と退職年金は, 支給方法（一時金支給と年金支給）や退職給付積立方法（内部積立と外部積立）の相違があったとしても, いずれも「退職給付」である。退職一時金と退職年金の両者を含む「退職給付」に関する包括的な基準として「退職給付に係る会計基準」（以下「退職給付基準」と略す）が企業会計審議会により平成10年6月16日に公表された。

　なお,「退職給付基準」は, ASBJによって平成17年3月16日, 平成19年5月15日, 平成20年7月31日に修正・公表されている。

　ASBJは, 平成19年8月に国際会計基準審議会（IASB）と締結・公表した「東京合意」（「会計基準のコンバージェンスの加速化に向けた取組みへの合意」）に基づいて, 退職給付に関する会計基準の見直しに関して, 中長期的に取り組むこととした。退職給付に関する会計基準の見直しとして,(1)「未認識数理計算上の差異」及び「未認識過去勤務費用」の処理方法の見直し,(2)退職給付債務及び勤務費用の計上方法の見直し,(3)開示の拡充が取り扱われ, 平成24年5月17日に「基準」が公表された。

● 「基準」設定前の制度との相違点

　「退職給付基準」設定前の会計処理では,「退職一時金」には引当経理する発生主義, 退職年金掛金には拠出時に費用計上する「現金主義」が混在していたが,「退職給付基準」は, 退職一時金と退職年金を包括する「退職給付」について, 発生主義に基づく会計処理に統一された。

　従来の会計処理法としては,「将来支給予測方式」,「期末要支給額計上方式」及び「現価方式」が容認されていたが,「退職給付基準」では, 退職給付負債（退職給付引当金）を算定する場合, 現価方式（退職給付債務の割引計算）と時価評価（年金資産の評価）が導入された。

平成24年に修正・公表された「基準」では，平成10年公表の「退職給付基準」における「過去勤務債務」又は「未認識過去勤務債務」は，「過去勤務費用」又は「未認識過去勤務費用」に改称された。

　また，連結財務諸表上，「退職給付引当金」は「退職給付に係る負債」，「前払年金費用」は「退職給付に係る資産」という科目に変更された。ただし，個別財務諸表上では，当面の間，従前の「退職給付引当金」，「前払年金費用」が使用される。

　「退職給付見込額」に考慮すべき変動要因としては，「退職給付基準」は「確実に見込まれる昇給等」を要求していたが，「基準」では，「予想される昇給等」が考慮されることになった。

　「退職給付見込額」の期間帰属方法としては，「期間定額基準」と「給付算定式基準」の選択適用に限定された。

　「未認識数理計算上の差異」及び「未認識過去勤務費用」は簿外処理され，貸借対照表に計上されていなかったが，「基準」では，税効果を調整した後に，純資産の部（「その他の包括利益累計額」）に計上される。ただし，個別財務諸表においては，当面の間，これらの取扱いを適用しない。なお，「数理計算上の差異」及び「過去勤務費用」の当期発生額のうち，費用処理されない部分を「その他の包括利益」に含めて計上し，「その他の包括利益累計額」に計上されている「未認識数理計算上の差異」及び「未認識過去勤務費用」のうち，当期に当期純利益を構成する項目として費用処理された部分については，「その他の包括利益の調整」（組替調整）を行うこととした（「基準」55～56項）。

Column

百尺竿頭進一歩（百尺の竿頭に一歩を進む）

　「百尺竿頭進一歩」（百尺の竿頭に一歩を進む）という禅語があります。「長い竿の先からさらに一歩を進めるように，どこまでも向上心をもって物事に当たれ！」という意味です。難解かつ複雑・多様な会計手法・内容を具有している新会計基準を修得するためには，それ相当の向上心と忍耐力を必要とします。国家試験の合格という目標に向かって，ただひたすらに邁進・精進し，良い結果を勝ち取って下さい。

答案用紙

　本問題集は各問題専用の解答用紙を用意しておりません。
　代わりに次ページにおいて全問題共通の答案用紙を収録しております。
　お手数をお掛けいたしますが，Ｂ４又はＡ３サイズの設定で複写いただき，繰り返しご使用いただきたくお願い申し上げます。

【著者紹介】

菊谷　正人（きくや　まさと）

昭和23年　長崎県に生まれる。
昭和51年　明治大学大学院商学研究科博士課程修了。
現　　在　法政大学教授。会計学博士。財務会計研究学会会長，国際会計研究学会理事，
　　　　　日本社会関連会計学会理事等。
　　　　　公認会計士第二次試験試験委員（平成10年度～平成12年度）。

〈主要著書〉（初版のみの記載）

『英国会計基準の研究』（同文舘，昭和63年）
『企業実体維持会計論－ドイツ実体維持会計学説およびその影響－』（同文舘，平成3年）
『ゼミナール　財務諸表論』（中央経済社，平成4年）
『国際会計の研究』（創成社，平成6年）
『精説　法人税法』（テイハン，平成8年）
『多国籍企業会計論』（創成社，平成9年）
『国際的会計概念フレームワークの構築』（同文舘出版，平成14年）
『法人税法要説』（同文舘出版，平成15年）
『税制革命』（税務経理協会，平成20年）
『「企業会計基準」の解明』（税務経理協会，平成20年）

〈主な共著書〉（初版のみの記載）

『精選　簿記演習』（稲垣冨士男共著，税務経理協会，昭和59年）
『国際取引企業の会計』（稲垣冨士男共著，中央経済社，平成元年）
『上級　学習簿記』（稲垣冨士男共著，同文舘，平成2年）
『税法入門』（前川邦生共著，同文舘，平成2年）
Accounting in Japan（T.E.Cooke 共著，テイハン，1991年）
Financial Reporting in Japan（T.E.Cooke 共著，Blackwell，1992年）
『英・日・仏・独会計用語辞典』（林　裕二＝松井泰則共著，同文舘，平成6年）
『新会計基準の読み方』（石山　宏共著，税務経理協会，平成13年）
『金融資産・負債と持分の会計処理』（岡村勝義＝神谷健司共著，中央経済社，平成14年）
『所得税法要説』（依田俊伸共著，同文舘出版，平成17年）
『連結財務諸表要説』（吉田智也共著，同文舘出版，平成21年）
『簿記論　重点整理Ⅰ－個別問題編－』（井上行忠共著，税務経理協会，平成22年）
『簿記論　重要整理Ⅱ－総合問題編－』（井上行忠共著，税務経理協会，平成23年）
『コンパクト上級商業簿記　テキスト』（井上行忠共著，税務経理協会，平成23年）
『租税法要説』（前川邦生＝依田俊伸共著，同文舘出版，平成24年）
『ナゾかけ問答でわかる　遺言書と相続』（肥沼　晃共著，税務経理協会，平成24年）

〈主な編著書〉（初版のみの記載）

『精説会計学』（同文舘，平成5年）
『会計学基礎論』（前川邦生＝林　裕二共編著，中央経済社，平成5年）
『環境会計の現状と課題』（山上達人共編著，同文舘出版，平成7年）
『租税法全説』（前川邦生共編著，同文舘出版，平成13年）
『財務会計の入門講義』（岡村勝義共編著，中央経済社，平成16年）
『財務会計学通論』（税務経理協会，平成21年）
『IFRS・IAS徹底解説』（税務経理協会，平成21年）

著者との契約により検印省略

平成22年7月1日　初　版　発　行	税理士・会計士試験対策
平成25年4月15日　追補版発行	新会計基準（財務諸表論）
平成26年5月1日　三訂版発行	想定理論問題集　全49問
	〔三訂版〕

著　者　菊　谷　正　人
発行者　大　坪　嘉　春
印刷所　税経印刷株式会社
製本所　牧製本印刷株式会社

発行所　〒161-0033　東京都新宿区　　株式　税務経理協会
　　　　下落合2丁目5番13号　　　　　会社
　　振　替　00190-2-187408　　　電話　(03)3953-3301（編集部）
　　ＦＡＸ　(03)3565-3391　　　　　　　(03)3953-3325（営業部）
　　　　　URL　http://www.zeikei.co.jp/
　　　　乱丁・落丁の場合は，お取替えいたします。

Ⓒ　菊谷正人　2014　　　　　　　　　　　　　　Printed in Japan

本書を無断で複写複製(コピー)することは，著作権法上の例外を除き，禁じられています。
本書をコピーされる場合は，事前に日本複製権センター（ＪＲＲＣ）の許諾を受けてください。
　JRRC〈http://www.jrrc.or.jp　eメール：info@jrrc.or.jp　電話：03-3401-2382〉

ISBN978-4-419-06108-1　C3034